論語心解（下）

无生 著

SPM
南方出版传媒
广东人民出版社
·广州·

目录

（下）

论语正解

先进篇第十一

（凡二十五章）

【〇一】子曰："先进于礼乐，野人也；后进于礼乐，君子也。如用之，则吾从先进。"

孔子说："先进于礼乐，野人也；后进于礼乐，君子也。"先进指先辈，后进指后辈，有不少古今大师、学者就是此种解读，我个人保留意见。依个人体会，孔子说的"先进"与"后进"是当时社会的两个群体。先进是代表越接近生命源头的人，譬如孔子、颜回、老子等。后进代表离生命源头较远的人，也就是还没有体道、悟道的人，譬如子贡、子路、子夏等一大群人。

野人，是描述先进者在礼乐方面流露出来的生命状态，像返璞归真的野人一样，清水出芙蓉，天然去雕饰。实实在在，真诚真心，清清净净，没有过多形式的浮华。就如孔子的"饭疏食饮水，曲肱而枕之，乐在其中矣"，颜回的"一箪食，一瓢饮，居陋巷，不改其乐"。还有老子的小国寡民，"使民复结绳而用之"，"邻国相望，鸡犬之声相闻，民至老死不相往来"。

君子，文质彬彬，然后君子，就是形式与内容相匹配，很协调。但这里面的君子还不是生命至高境界。《论语》有言"质胜文，则野"。这里的"野"与本章中的"野"有本质上的不同。

禅宗有一公案讲到三个层次。第一层是"看山是山，看水是水"，就是"质胜文，则野"的"野"的状态，还处于无智、无污染状态，如婴儿乎。第二层是"看山不是山，看水不是水"，是"文质彬彬，然后君子"的生命状态，还是有我、有欲、有求、有苦呀！第三层是"看山还是山，看水还是水"，是经历红尘洗礼，洗尽铅华，回到生命的原点，处在归零的生命状态。也就是真正的赤子之心，是经过有我、有欲、有求、有奋斗后，回到"野人也"。真正来到心与空相应又融入空，心包太虚，无有挂碍。无智亦无得，真的像野人一样，这是拥有高等心灵品质的人呀！

有什么样心灵品质的人，自然就会把这种心灵品质融入礼乐中，也自然融入生活的点点滴滴里，自然而然就会呈现出"于礼乐，野人也"。所以孔子深观当下的实相，自然流露出"如用之，则吾从先进”。就是说：“但若用礼乐的话，吾还是愿从先进者这一类呀！”

从这句话的流露，可以体会孔子的心灵品质。他是与返璞归真、纯净本心的“野人”相应，是饱受风霜后的天真、淳朴。这才是真正如如不动，无所住而生其心，可以经历任何境界的考验，在尘不染尘，享受当下存在的一切。不论有多艰辛，多不好，一切都是上帝的美意，也都是大自然法界的恩赐。只有心存感恩、知足、快乐呀！

【〇二】子曰：“从我于陈、蔡者，皆不及门也。”德行：颜渊，闵子骞，冉伯牛，仲弓。言语：宰我，子贡。政事：冉有，季路。文学：子游，子夏。

孔子说：“从我于陈、蔡者，皆不及门也。”陈、蔡，就是陈国、蔡国，孔子周游列国时有陈蔡之厄。他六十岁那年在陈国绝粮，在蔡国遭厄，困顿于陈蔡。意思是：“陈蔡时跟随我的弟子们，当下此刻都不在门下了。”这是实相的描述，是孔子看到在陈蔡时跟随他的弟子或死或散。此时他七十余岁，自己的生命也走到了尽头，面对这一切，无能为力。

生、老、病、死不是你我能决定的，是每个当下遍一切处都在发生，这与年龄辈分、地位、名望、财富、权力等无关呀！譬如颜回是德行第一，三十二岁就去世了，“今也则亡”。当下唯一能选择的就是全然接纳当下这一切，彻证无常、无我、缘起性空，融入一体世界，就在不生不死涅槃寂静的世界，净土、天堂就在当下，极乐世界就在眼前，不在他方。

孔子深知要实现礼运大同的世界，关键是迈向高等心灵品质。万物各安其位，唯人类的心不知足、不安分。要让人类迈向高等心灵品质，唯一的出路就是教育。孔子是中国历史上第一位办私学的人，提出“有教无类”，超越了种族、年龄、等级、国界、宗教、宗派等。天下有志于学、志于道的青年，纷纷从各地来到孔子身边。

他因材施教，设有四科，分别是德行、言语、政事、文学。这四科每个人都学。其中德行科最突出的代表有颜渊、闵子骞、冉伯牛、仲弓。言语科就是外交之辞令，有宰我、子贡二人。在政事方面有冉有、季路。在文学方面有子由、子夏。其一方面特别突出的是自己的所长，就扬其所长。其他三科也是要学，不是不行，只是不是特长而已。

孔子弟子三千，七十二贤人，孔门十哲，为大同世界种下种子。由各种复杂因缘和合，种子慢慢地生长、发芽，长成幼苗、小树，最终将长成大树。这棵树就是大同世界，树上的叶子就是你、我、他，天下本是一家人，我们就是生命共同体。这棵树已长了两千五百多年，还一直在成长，还需家人一起来呵护。唯有提升人类心灵品质，才能实现呀！生命教育也就是教育的核心呀！

【〇三】子曰："回也，非助我者也，于吾言无所不说。"

孔子说："回也，非助我者也。"意思是，"颜回呀，他不是一个有助于我的人呀。"从表层的含义看，有点贬义。但为什么"非助于我也"，孔子却又是对颜回如此喜爱、赞叹呀！譬如"贤哉回也！一箪食，一瓢饮，在陋巷，人不堪其忧，回也不改其乐。贤哉回也！"

道本无名，又是无形无相，很难穷尽，问题越多，精微益显。孔子也曾说："吾与回言终日，不违如愚。"颜回是一听就能心领神会，闻一知十，又是勤而行之。

"于吾言无所不说"。说同悦，内心的喜悦法喜充满。孔子说："颜回对我说的话没有不感到喜悦的。"孔子之言是从纯净本心流露出来，是来自灵山的声音，没有污染，如源头活水，清清净净，超越二元对立。颜回用纯净的心灵来听，用归零的心来接收，没有添油加醋地去污染，自然也是得到清净甘甜源头活水，心领神会，心心相印。

就如佛陀与迦叶的拈花微笑，无需言语、文字、经典。不立文字，就是融入了言语道断的一体世界，当下遍一切处存在的实相世界。心花朵朵开，法喜充满。这实相的世界就是当下存在大自然、宇宙的一切。颜回是直截回到活生生的大自然，向大自然学习，不断求真求证，格物致知，发现孔子说的每一句话都是真实语。

此章的言外之意其实是孔子深喜颜回，夫子赞叹他的心灵品质之高，闻语即解，心领神会，喜悦于心，不复问难。有此知己者，孔子能不高兴吗？能不赞叹吗？真的如孟子所云：“得天下英才而教育之，一乐也。”孔子是真乐了！

【〇四】子曰：“孝哉闵子骞！人不间于其父母昆弟之言。”

孔子赞叹闵子骞说：“孝哉闵子骞！”闵子骞与颜回同科，是德行科特别突出的弟子之一。孔子在这里是赞叹闵子骞真孝呀！孔子心目中的孝是什么呢？在《孝经·开宗明义章第一》中，孔子与曾子对话时说：“身体发肤，受之父母，不敢毁伤，孝之始也。立身行道，扬名于后世，以显父母，孝之终也。夫孝，始于事亲，中于事君，终于立身。”能让孔子如此赞叹的人，即使不及颜回，最起码也是在立身行道之上。

孔子其实也是在告诉弟子们和今人真正的孝是什么？孝的核心、精髓是什么？孝的终极目标是立身行道，扬名于后世，以显父母。两千多年来，有宰相，有状元，有大富翁，也有无数修道人，又有几人能做到立身行道，扬名于后世呢？孝不是停留在物质层面，给予父母金钱与食物，也不是停留在口头上。孝的真正精神在《孝经》里是描述得很清楚，孝是要真的做出来。

《大学》有言：“自天子以至于庶人，一是皆以修身为本。”真的只有身修才能齐家，治国，平天下。行孝也是修身的一个法门而已，这法门与闵子骞特别相应。《艺文类聚·孝部》引《说苑》记载，闵子骞后母偏爱自己生的两个儿子，冬天给自己的两个儿子穿又厚又暖的衣服，给闵子骞穿的却是以芦花冒充的棉衣。闵子骞的父亲发现了，要逐出后母。他却向父亲苦苦哀求说：“母在一子单，母去三子寒。”这一番话出自肺腑，他父母昆弟都被感动、震撼了，父亲取消原意，后母也因感激而成为他的慈母，两个异母弟弟也是行悌道。

“人不间于其父母昆弟之言”。间，与《论语·泰伯·二一》的“禹，吾无间然矣”之“间”是一样的，就是“非议”的意思。也就是“让他人对父母昆弟无话可说。”其父母昆弟之言，正是其父母昆弟之所为。真的是知行合一，名副其实，自然是没有人有话可说啦！

闵子骞做得特别棒，已感动孔子，家里的父母、昆弟也是感动效仿，也做得相当不错。他一个转念，一家子变成了和和睦睦，家自然就齐了，天堂、净土自然现前。转念就是修行的核心呀！

【〇五】南容三复白圭，孔子以其兄之子妻之。

“南容三复白圭”。南容，就是南宫适，此人在《论语·公冶长》出现过。三，表示多次。复，表反复。这是描述南容多次反复地在念《诗经·大雅·抑》：“白圭之玷，尚可磨也；斯言之玷，不可为也。”意思是：“白玉的污点尚可磨去，若言语有缺失，则无能为力，不可磨呀！”

南容反复多次地吟咏，又正思维，深知修行是修正身行、口行、意行。他是通过口行不断自我反观反省，净化意根，心灵纯净清静。也就是“诸恶莫作，诸善奉行，自净其意，是诸佛教。”也是《道德经》里的“为道日损。损之又损，以至于无为。”

说话冲动正是南容特别突出的缺点，他有时候是无意识地讲话，伤害了他人，自己还不以为然，结了恶缘也不知道。即使是自己不知道，也不会因为自己不知道、不以为然，就没有因果，那是不可能的。南容深知其中之害处，即“斯言之玷，不可为也”。南容三复此言，有意用此警言自戒。

在《论语·公冶长》篇，孔子也曾为他点赞，说：“邦有道，不废；邦无道，免于刑戮。”南容真的是做到能慎言。所以“孔子以其兄之子妻之”。孔子把侄女嫁给了他，其实这是对南容最大的肯定。能让孔子把自己的侄女嫁给他，他的心灵品质是很高的。反过来，南容也是孔子的一面镜子，我们可以通过南容更全面了解孔子的心灵品质。

孔子也是告诉弟子们可以通过身边的人，看到自己是什么样的人，想藏也藏不住。你的身、口、意及身边的人、事、物，都会告诉他人你是什么样的人。你是赌徒、酒鬼，身边就是赌徒、酒鬼，身上也流露出赌徒、酒鬼的身口意。你是商人，身边就是一群商人，自然满口商人用语。真的是一目了然。

【〇六】季康子问："弟子孰为好学？"孔子对曰："有颜回者好学，不幸短命死矣。今也则亡。"①

【〇七】颜渊死，颜路请子之车以为之椁。子曰："才不才，亦各言其子也。鲤也死，有棺而无椁。吾不徒行以为之椁，以吾从大夫之后，不可徒行也。"

颜路，名无繇，是颜回的父亲，也是孔子的弟子，小孔子六岁。椁，古代的棺材，内棺曰棺，外棺曰椁。颜回死了，他父亲颜路请求孔子把车卖了，为颜回做一副外棺。孔子聆听之后说："才不才，亦各言其子也。鲤也死，有棺而无椁。"鲤，名伯鱼，孔子的儿子，先于颜回去世。就是说，论才华，伯鱼不及颜回。论父子之亲，两人是相同的。这是实相，永远不会变。伯鱼是我的儿子，颜回是你的儿子。伯鱼也死了，他也只有内棺而没有椁。

孔子是深知棺椁制度有规定，天子四重，上公三重，侯伯子男二重，大夫一重，身为"士"以下则不可以加椁。孔鲤、颜回均为"士"，"有棺而无椁"正合乎他们的身份，也合乎礼呀！孔子是要恢复礼乐制度推行礼运大同世界，他自然就会在人们日常工作、生活中点点滴滴、一步一脚印地去做出来，以身作则，自然坚持"有棺而无椁"，坚持合乎礼。孔子也是了解能"克己复礼曰仁"又能"箪食、瓢

① 本章可与《论语·雍也·〇三》合参。

饮”弟子颜回的本意，唯有颜回与孔子是心心相印，心有灵犀。这是颜回父亲颜路所不能的呀！

孔子为了让颜路心服口服，又说：“吾不徒行以为之椁，以吾从大夫之后，不可徒行也。”徒行，出入无车，就要徒步走。也就是说，我儿子孔鲤死时，我未曾卖车为他作椁。我做过大夫，虽然今天不在位，但国有大事，仍然要上朝，不可以无车徒行呀。

此章又有一启示，孔子的话里未说一句未可或责备的话，说的句句是当下实相。颜路没有不明白的，都能在当下现观到，是清清楚楚，也是心服口服。这里流露出了孔子的智慧，他身心柔软，能够很柔和地与颜路沟通，做到了动之以情，晓之以理，将心比心。这整个场景、过程、实相，都是活生生的，这本身就是身教。老师自己先做到了，就是行不言之教，无须太多言语。而弟子无不震撼、感动。这与读千卷万卷的经典、学历、地位、权力、财富等没有关系。静下心来叩问自己，能做到吗？

【〇八】颜渊死，子曰：“噫！天丧予！天丧予！”

颜渊三十二岁死了，此时孔子是七十一岁的智慧老人，到了“随心所欲而不逾距”的境界，为什么还说“噫！天丧予！天丧予！”呢？天，指宇宙、大自然。“予”即我，我就是宇宙中的微尘中的微尘……在浩瀚宇宙之中，真的是微不足道。我也是宇宙众多因缘和合而生的，没有一个人不是，真的像《道德经》说的“疏而不漏”。每个人都是大自然之子，上帝之子。每一个生命的存在又都是如此神圣的，独一无二的。没有谁比谁高级，实相是人人平等，只是因缘不同，使命不同而已。

在大自然中只有变化，没有生死，只是缘聚而生，缘散而灭。生不是你我能决定的，死也不是你我能主宰的。不是有神通、博学，或是大师等就不会死，佛陀、老子、孔子也都去世了。生死变化是整个宇宙大自然的事，不是我们能主宰的。

大家静下心来，用宁静的心灵深观，这里是不是句句是实相呀！没有大自然就没有孔子，这一点孔子一定非常清楚。他也知道自己无法决定自己的生死，但知道唯一能解脱生死的就是心融入大自然，与道合一！孔子曾说过："朝闻道，夕死可矣。"这是体道、悟道、得道之人所流露出的心声。他当然也知道颜回是不是一位得道之人。自己已经是七十一岁的老人，生命将尽，而颜回在三十二岁先自己死去。大道无人相传，若天丧己呀！自然就会说："啊！天丧了我，天丧了我。"这是常情，也是合乎中道呀！

【〇九】颜渊死，子哭之恸。从者曰："子恸矣！"曰："有恸乎？非夫人之为恸而谁为？"

"颜渊死，子哭之恸。"恸，哀伤过度。孔子到颜家吊哭，哀伤过度。随行的弟子们看到了，提醒他说："子恸矣！"就是说："先生过哀了。"孔子全然融入，恸而不自知，一下子没有回过神来，疑问道："有恸乎？"意思是："我有过度哀伤吗？"继而回神一想，真的太投入啦。又说："非夫人之为恸而谁为？"夫人，当此人讲，是指颜回。意思是："我不为颜回恸哭，当为谁恸呢？"若只是为了颜回这一肉身而恸哭，那真的是过度哀伤。但为这位体道、悟道、行道、得道弟子颜回而恸哭，那是不过分的。

"朝闻道，夕死可矣。"孔子、颜回都闻道了，深知生死真的没有什么，只是变化而已。颜回与每一个人都一样，都是由地、水、火、风加空，众因缘聚合而生成的。每个人都有眼、耳、鼻、舌、身、意，有一副肉身，有一颗明觉的心，还有受、想、行呀！为什么孔子只为他恸哭呢，真正的不同在哪里呀？颜回经商比不上子贡，勇猛比不上子路，文学比不上子游、子夏，又不是高富帅，他最根本的核心是什么？

颜回是找到生命的核心，生命的源头。当然也知道生从何处来，死往何处去。他与孔子心心相印，是孔门的真正传人，是人类的一盏明灯，可以协助人类走向光明。今也则无，能不恸乎？

梅贻琦先生说：“大学者，乃有大师之谓也，非大楼之谓也。”大师在，大学存；大师去，大学亡。有大师才有大学，不是美丽的校园加钢筋水泥的校舍就是大学。今日全世界有几所大学能称得上是真正意义的大学呢？培养出来的大学生们，心量真的是大得无边无际吗？心又能安详、自在、知足、博爱吗？

【一〇】颜渊死，门人欲厚葬之。子曰：“不可！”门人厚葬之。子曰：“回也，视予犹父也，予不得视犹子也。非我也，夫二三子也！”

颜渊死了，门人想厚葬他。门人，指孔子的弟子，也就是颜回的同学。厚，是指逾其家之财力而言。颜子家贫，厚葬不合乎礼。孔子说：“不可！”厚葬逾礼，不是生前“箪食瓢饮，居陋巷，不改其乐”的颜子本意。只有孔子才知道他的原意，连他父亲颜路都不知道儿子的本意。父母不一定是最了解自己孩子的人。孔子不许可厚葬，是呵护颜回心中的礼，爱之以德，但未能阻止。

“门人厚葬之”。颜回的同学还是厚葬了他。事已至此，孔子只能感叹地说：“回也，视予犹父也，予不得视犹子也。非我也，夫二三子也！”犹，如。意思是：“颜回呀！你看待我如同父亲一样，而我却不得看待你如伯鱼一样，使你的丧葬不合乎礼呀！不是我要如此，都是你的同学们做的主。”

这里不是孔子要推脱干系，厚葬颜回真的不是孔子本意，孔子内心其实是自歉又责备门人。他自己曾说过：“礼，与其奢也，宁俭。丧，与其易也，宁戚。”颜回死后，孔子从“请车”“天丧予”“哭之恸”到“厚葬”之事，一直在践行这句话。他努力做出来，情深而礼薄，爱之以德。但在现实生活中，约礼之难，真的要做到“礼乐，野人也”是真的不易呀！这里个中的奥妙不是门人所能体悟的，只有颜回才能体会到老师的苦心，孔子真的是掏心掏肺呀！

【一一】季路问事鬼神。子曰："未能事人，焉能事鬼？"曰："敢问死。"曰："未知生，焉知死？"

这章的意思是，子路问："如何事鬼神呢？"孔子说："不能侍奉好人，怎么能侍奉好鬼神呢？"子路又说："我斗胆请问，人死后如何？"孔子很肯定地说："还没真正知道生，怎么能知道死呢？"

这两句话很精彩，关乎每一个生命的终极目标。这是每一个人都要面对的，谁都逃脱不了，而且是每一个当下都存在的，是遍一切处。这是实相，人人平等。人与鬼神，生与死，就是大自然中存在的现象，像阴阳一样，来自无极。无极生太极，太极生两仪，即阴阳……只是因缘不同，而生成不同的现象。譬如人活着时为人，人死后尸体化为一缕青烟和一点灰，而那个能动、能说、能工作的人去哪里呢？它又是什么呢？是鬼吗？是神吗？名相不同，但所指是一样的。

一个人生时是活在宇宙中，死时也是回归到宇宙中，以不同形态存在。对整个宇宙来讲，是不生不灭，不增不减。譬如在气温零度以下，水生为冰；零度以上，冰融为水，冰死了生为水；继续升温，水死了生为云。可以视冰为人，水为鬼，云为神。这其中H_2O是没有变化的，只是形象不同。

不论是人，还是鬼神，一定是由地、水、火、风加上空，众因缘聚合而成。人、鬼、神是一如也，都有一颗与空相应的清净本心，能真诚真心地事人，自然也能真诚真心地事鬼。还有特别提醒的是，神也可以解读为那些立功、立德、立言的人，如关羽、诸葛亮等，他们死后被人们称之为神，我不反对。但我深知真正的神一定和每一个人生命都息息相关，没有它，我们就会死。也就是大地、阳光、空气、流水，这才是我们真正的生命之神呀！

那生死呢？生死也就是一如也，而且就是存在于当下这一刹那，是方生方死，方死方生。当下实相的存在是没有生死，只有变化，过去是如此，未来也是如此。只有心澄静下来，才能深观当下整个宇宙是无常流动变化。前一秒钟的你和整个宇宙是不是不存在？而当下还是在不断生生灭灭，不断变化呀。你只有融入当下无常法流，行走在中道上，空明觉活在当下，才能真正亲证当下一切活生生的存在，也即是“知生”。当下“知生”，自然也就“知死”。生即是死，死即是生，是同时存在于当下，不在未来，也不在过去。

此章是孔子回答子路的问题，他的答案是肯定的。只要随顺当下因缘，清醒明觉地活在当下，当下即是在“事人”，又是“知生”，就能安心自在。其余的不是你我能决定、能主宰的，就交给最伟大的大师大自然吧！

【一二】闵子侍侧，訚訚如也。子路，行行如也。冉有、子贡，侃侃如也。子乐。“若由也，不得其死然。”

“闵子侍侧，訚訚如也。”訚訚，中正又和颜悦色。如也，……的样子。闵子骞侍奉在孔子身旁，流露出一派中正和悦的气象。“子路，行行如也。”行行，刚强的样子，像《三国演义》张飞的怒目圆睁状。子路侍奉在孔子身边则是一派刚强之气。“冉有、子贡，侃侃如也。”侃侃，和悦的样子。冉有、子贡也是侍奉在孔子身旁，流露着一派和悦之气。

这是描述孔门十哲中的四位弟子，他们通过孔子因材施教、诲人不倦，自净其意，扬其所长，各尽其性，生命得以舒展。就像是长在大地上的苍松一样全然伸展舒放，充满着生机勃勃的生命力，而不是像种在花盆里的松树，给人的感觉是病态，有气无力。为什么在大地与花盆里面的松树会有如此之大的差别呢？

如实地见到这四位弟子，清水出芙蓉，天然去雕饰，自然流露各自的性情，“子乐”是真的呀！能得天下英才而教授之，乃人生一大乐也。孔子现观身旁的弟子，他是从心底流露出的快乐，真很高兴呀！孔子真不愧是至圣先师，是当下所有老师的楷模，也是世界教育界的明灯。

当下应试、标准化、流水线的教育不断抹杀孩子的灵性与慧命。一个有灵性充满生命力的孩子，进入学校这加工厂，流出一个个标准化工具型人才，丧失人的灵性。值得全人类深思呀！

孔子看了看子路，对着他说：“若由也，不得其死然。”然，是未定之辞，并非是必然。意思是：“由呀！我想你会不保天命呀！”后来子路果然死于卫乱呀。如果孔子真的可以预测到子路一定会不得其死，而且快被人剁成肉酱了，他就会阻拦他。孔子并不肯定，他只是看到子路这种刚强的性格，又是在卫国做事，深观当下众多因缘，子路“不得其死”的几率是大大增加。

孔子是易学大师中的大师，《易传》是由他亲自编撰的，他深知宇宙中奥秘。其实生死不是你我能决定的，也不是孔子自己能预测的，是大自然决定的。这里孔子只是对子路一种告诫而已，就好比一位十分熟悉水性又很自负的人，是不是比不敢到水边玩的人更易溺水身亡呢？还有知法的人易犯法，钻法律空子，锒铛入狱。身边有很多鲜活例子。

空明觉活在当下比所有预测大师还灵，坚持“诸恶莫做，众善奉行，自净其意”。当下转念，这是最好的消灾呀！

【一三】鲁人为长府。闵子骞曰：“仍旧贯，如之何？何必改作？”子曰：“夫人不言，言必有中。”

“鲁人为长府。”鲁人指鲁君，即鲁昭公。称“鲁人”是春秋笔法，讳言而言。长府，是鲁国储存钱粮、武器的大仓库，是国家的钱袋子和兵器库，对于国家的统治来说可谓至关重要。《左传·昭公二十五年》载，当时昭公居长府，欲讨伐季氏。因其毁坏，略加修缮改作，以备不时之需。

意思是，鲁昭公计划要改作长府。“訚訚如也”的闵子骞知道这一计划，他就说：“仍旧贯，如之何？何必改作？”仍，因袭。旧，以前。贯，事也、事例。意思是：“照原来的样子不好吗？为什么要翻建呢？”

孔子听到这句话，就在朋友圈给闵子骞点赞，又给他一句评论：“夫人不言，言必有中。”就是说：“别看闵子骞这个人平时寡言少语，没想到在关键时候一语中的呀！”孔子一方面是肯定闵子骞的智慧，能够在“鲁人为长府”这背后复杂因缘、背景中，看得如此透彻一语中的。唯有他心能宁静下来，达到“致虚极，守静笃”，才能看得如此清楚，孔子为此点赞。

还有更深一层的含义，孔子是肯定“仍旧贯，如之何？何必改作。”时下不论是经济、政治、文化，对鲁国来说，改作长府都是不合时宜的，会劳民伤财，还可能会引起国家内乱。季氏得民已久，非武力可相制，昭公伐季氏是力不足。两者力量悬殊太大了，此时昭公改建长府是会打草惊蛇，也会成为引起内乱的导火线，后来昭公自己也真的不能自保。同年九月，鲁三家大夫一起攻打昭公，昭公奔于齐。

孔子认同闵子骞，是劝鲁人不可为长府，照旧的样子下来就可以。至于鲁昭公有没有听进是他自己的事，但有没有说是孔子的责任。若鲁昭公也能静下心来，听进一番对话，深观当下自己的因缘，也不至于后来的结果。能在未然时转念，大事化小小事化无，又能利益百姓，这才是真正的大智慧呀！

【一四】子曰：“由之瑟，奚为于丘之门？”门人不敬子路。子曰：“由也升堂矣，未入于室也。”

瑟是一种乐器，七弦为琴，二十五弦为瑟。《白虎通·礼乐篇》论五声八音说：“瑟者，啬也、闲也，所以惩忿窒欲，正人之德也。”弹瑟是要流露出心平气和、闲啬之状。而子路性情是“行行如也”，一派刚强之气，弹瑟缺少和平之气。《说苑·修文篇》以及孔子《家语》都说子路鼓瑟有杀伐之声，其实这是孔子在子路的瑟声之中听到的。

孔子是一位音乐大师中的大师，不会随便乱讲，是如实说。他自己也是游于艺，入于道，与道合一，自然对自己的弟子也是要求来到此境，所以才说：“由之瑟，奚为于丘之门？”意思是：“仲由的鼓瑟声，为何发在我的门内呀？”

这里孔子并没有责备子路的意思。这句话是有所指，只是门人不了解孔子的用意，听到孔子这么说，就表现出不恭敬子路的神色。子路毕竟是大弟子，孔子也非此意，他只是点出子路瑟中的不足，是为了协助子路更进一步提升。门人会错意了，其实这种误解曲解在现实生活中也是经常发生。

孔子马上补充一句说："由也升堂矣，未入于室也。"就是告诉门人们，子路的造诣已是升堂，尚未入室而已，只是我的要求高一些。

孔门弟子求学，就是入门、上阶、升堂、入室，由浅入深，程度不同，因材施教。入室即是与孔子心心相印，如颜回是也。入室固然最难，子路升堂也是真的不易。

此章是描述孔子从鼓瑟来步步引导子路进入道，看到弟子有不足之处，帮助他改进。他自己已全程走过、亲证过，与道合一，才能协助弟子子路也渐渐地进入道，与道合一。如果自己没有先做到，没有闻道，本身还是处在无明是瞎子，那就是以盲引盲，误人子弟，断人慧命，贻害无穷。要慎之又慎呀！

【一五】子贡问："师与商也孰贤？"子曰："师也过，商也不及。"曰："然则师愈与？"子曰："过犹不及。"

"师与商也孰贤？"师，子张。商，子夏。此章是子贡问老师，子张和子夏两位同学哪一位更贤明呢？子贡是想知道师、商两人谁高于谁，其实他自己心中是有预设答案的，只是想看看孔子是不是和自己的判断一样。

孔子的回答是："师也过，商也不及。"就是说："子张是有过之，子夏是有不及呀！"孔子是依据两人当下所流露出的身、口、意，即实际存在的实相来如实描述的。子张这个人好高骛远，过于张扬，而子夏是很拘谨、内敛，又很笃信。这两个人，一个是又放又狂，一个是又收又狷；一个是过之，一个是不及。

子贡的心中是有自己的标准框框，有自己喜欢和不喜欢的，也有我要和我不要的，是逆我者非、顺我者是，不能清清净净，超越二元对立看人、事、物。子张与子贡内心的框框标准相符合，即"顺我者是"，他言不由衷地说："然则师愈与？"就是说："那么应该是子张胜些了？"

孔子发现子贡还是活在有比高比低、比大比小的二元对立世界之中，不能全然融入当下，行走在中道上。于是孔子见机而教，直入当下点醒梦中人子贡，说："过犹不及。"过与不及都是一样的，未达目的地呀！

譬如煮饭、焙茶、泡茶等，没有一个不是中道的展现呀，真的是百姓日用而不知。饭太过了就烂了、焦了，茶太过就碳化了，失去生命力。不及则还没有熟得通透，就很生硬又淡薄，缺乏神韵。这里是没有标准答案的，每种茶的生产季节、天气、嫩度、发酵度，还有制作人的心情等因缘不同，烘焙的温度和时间自然也要随之变化，才能让茶本有的神韵流露出来，这是焙茶的心法呀，也就是无过无不及的中道，不在中间，也不在两头，是灵活变化，每点都是也都不是。

譬如，活在过去即不及，活在未来即过之，都不是活在当下，不能与宇宙无常法流一起流动变动。也还不是恰到好处，无过无不及，没有行走在中道上，活在梦幻的世界里。若能在日常生活中学习、亲证、彻证中道，就能渐渐与道合一了，终至大彻大悟，就是觉醒者，就是佛，就是天人合一呀！

【一六】季氏富于周公，而求也为之聚敛而附益之。子曰："非吾徒也！小子鸣鼓而攻之可也。"

"季氏富于周公，而求也为之聚敛而附益之。"季氏，即季康子，是当朝大夫，也是鲁国三家权臣之一。周公是天子之臣，季康子是诸侯之臣。当时季氏在鲁国的权力最大，拥有最多土地，比宰卿周公还要富有，但他还不知足，欲壑难填，要向民众增加赋税。冉求，孔门十哲之一，擅长理财，为季氏多方聚敛而增加财富。

季氏此举表面上是贪财，而孔子是深知其中危害。如《大学》所言："与其有聚敛之臣，宁有盗臣。"又言："财聚则民散，财散则民聚。"聚敛之事是出于季康子，在《左传·哀公十一年》里记载得很清楚。这些都是真实存在的事实，是实相的描述，不是孔子创造出来的。当下因缘是如此，孔子只能责备自己的弟子，还不足以责备身居当朝大夫的季康子。他责备冉求，实则是责备季氏。

孔子说："非吾徒也！小子鸣鼓而攻之可也。""非吾徒也"，这里不是孔子要与冉求断绝关系，也不是他不认冉求为弟子，只是冉求没有办法明白老师的心声，孔子又不能说。冉求还没有入室，不能与孔子心心相印，还是按照季氏的吩咐去做事，为季氏聚敛大量财富，不能从天下大局来协助季氏成长，利益百姓。孔子让弟子们可以打响鼓去声讨冉求，其实是爱弟子冉求；也是要协助季氏回来看到自己的贪婪及危害而能改之，实则是救季氏，也是为百姓谋利呀！

孔子所做的每一件事都是从他纯净本心道心流露出来，充满仁慈与智慧，是都有他的用意，不做多余的动作、无用功。这里有一启示，《论语》用无我的心去体会，若从自我意识去解读，就会离开《论语》的深意原意呀!

【一七】柴也愚，参也鲁，师也辟，由也喭。

"柴也愚"。柴，高柴，字子羔，也是孔子弟子。愚，愚直。高柴呆板但好仁有余，做事很有原则而灵活不足。

"参也鲁"。参，曾参，是子思的老师，也是《孝经》中的曾子。他和父亲曾皙（曾点）都是孔子弟子。曾参有点迟钝、鲁钝，不够灵敏，但他是孝子，又用功恒勤，"吾日三省吾身"，又有笃学忠恕之道补其不足。颜回死，他成了孔门的传人。

"师也辟"。师，颛孙师，字子张。辟，偏也。子张其志过高，流于形式，偏在文过。

"由也喭"。由，仲由，字子路。喭，鲁莽。子路鲁莽，性刚直。

此章又是描述孔子因材施教，协助子羔、曾参、颛孙师、子路四位弟子回来看到自己身上的缺点，修正自己的不足、偏颇，净化心灵，有助于弟子心灵成长、提升，迈向高等心灵品质。更重要的是让弟子看到自己的脸上也有黑点，并没有比别人白，能包容自己的缺点、不足，慈悲善待自己，全然接受自己的不完美，成为完整的人。他内心不再拉扯，也自然而然就会接纳他人的不完美、缺点、不足，包容他人。

譬如一个人曾经急于求成，经商失败，欠有很多债务还不起，内心极度痛苦不安。他今天遇一位与自己过去经历相似的人，就会包容、理解他，也不会随便指责他，还会想办法去协助他走出困境。因为他也苦过、痛过、流泪过，深知其中之痛苦、不易与无奈。这也就是以身观身，将心比心，设身处地为他人着想。

一个人有缺点、有不足之处并不可怕，关键是能够温故知新，将这些痛苦转为生命成长资粮，化腐朽为神奇，转烦恼为菩提，自然而然就会心花朵朵开。他开启自身无尽宝藏，成为无限可能，让生命意义发挥出来，利益天下百姓！

【一八】子曰："回也其庶乎，屡空。赐不受命而货殖焉，亿则屡中。"

孔子说："回也其庶乎，屡空。"庶乎，几乎差不多，是几近于道，也就是"存天理"。屡空，屡，常常、当下。空，从外相看是"贫"，也即"灭人欲"，如"箪食瓢饮，居陋巷"的颜回；"饭疏食饮水，曲肱而枕之"的孔子；放下太子的荣华富贵去苦行，彻悟之后穿粪扫衣（弃置的破旧衣），赤脚托钵化缘的佛陀；还有骑着青牛在田间小路上悠悠漫步，无忧无虑、自由自在的老子……他们在世俗人的眼中、心中是失败者。

真正的圣者，如老子、佛陀等出现在世人的面前时，能有几人识得出来呢？他们没有宝马，没有腰缠万贯、金玉满堂，没有高官厚禄，也没有豪宅，四处为家。他们只有最基本的生理需求，但乐在其中，心是"屡空"，每个当下保持空明觉，心与空相应又融入空。他们内心是常虚而无累，所以孔子"空空如也"，老子在无为世界"致虚极，守静笃"，佛陀在涅槃寂静世界，颜回"屡空"呀！

而子贡则不然，孔子描述说：“赐不受命而货殖焉，亿则屡中。”赐，端木赐，是贤人子贡，也是孔门十哲之一。不受命，子贡给人的印象是百发百中，人定胜天，事在人为，没有不成功。他的心中是十分乐观，不受命运束缚，不断在展示我能我是我慢。子贡是外交家又是大商人，富可敌国，就像今日世界首富比尔盖茨一样。他能让自己的财富不断增长，也能猜度物价贵贱，屡试不爽，又可称之为今日股神巴菲特。

在世俗人眼中，子贡是时代的风云人物、成功人士。一般人都是受命所束缚，失意时认为自己歹命，就认命而不去努力。而子贡的财富一直增长，好像不受命所缚。但子贡崇拜孔子，他从孔子身上看到自己的不足。孔子也了解子贡是有很强的自我意识，如实地指出了子贡的不足。

至于颜回，他是志于道之人，是知命的人，不必去转命。一切皆是上天的美意，他能化腐朽为神奇，随缘不变，不变随缘，俟命而已。也就是因上努力，果上随缘。待因缘成熟，自然瓜熟蒂落，花开蝶自来。也可以说是春有百花，夏有凉风，自然而然地到来。

孔子以“屡空”二字传颜回之神，作子贡之药。子贡一生，吃了“亿则屡中”之亏，在他心目中只有成功没有失败，便不受命。孔子深知一切财富都是无常流动变化的，是抓不住的，生不带来死不带走。人没有这一切财富还能活着，没有五分钟的空气就不能活。财富也换不回真诚心安。真正的生命归依处不是财富，而是道，所以孔子说：“朝闻道，夕死可矣。”子贡看似是非常成功但他不知命，还没有闻道，不能心安自在，所以才要向“饭疏食饮水”的孔子学习呀！世间法与出世间法，真是有天壤之别呀！

【一九】子张问善人之道。子曰：“不践迹，亦不入于室。”

“子张问善人之道。”就是子张问孔子，什么是善人呀？善人是什么人呢？如果不知何谓善人，此章是解读不清楚的。

这里的善人，就是大彻大悟者，他是超越世间二元对立的人，是融入一体世界，与道合一，来到天人合一的境界。他所作所为都是从纯净本心良心流露出来，自我意识已消融，放下头脑推理，用明觉的心觉知当下实相世界。那是言语道断的世界，不是能用言语文字进行描述的。也就是《六祖坛经》中的“善知识”，是《道德经》所说的“天道无亲，常与善人”的“善人”。这里有一启示，孔子自己如果不知善人之道，怎么能协助弟子成为善人呢？

孔子很肯定地回答说：“不践迹，亦不入于室。”“不践迹”，就如大雁飞过水面，无影亦无痕，也就是《金刚经》里说的“无所住而生其心”。譬如三轮体空布施，不执著能施、所施及施物三轮，也即不住色、声、香、味、触、法布施。做事亦如是，就是在尘不染尘。“不入于室”，就是以大自然为师，向大自然之中的万物学习思齐。自然是常师，也就是处处必有我师，是以天地为舞台，当下处处是道场，也就无所谓升堂入室。此即是不入于室之境界。

真正的善人，做事是从本心出发，不留名，不留痕，随顺因缘，自然如《永嘉禅师证道歌》所言：“或是或非人不识，逆行顺行天莫测。”已溶入一体世界，是无出入于室。我是大自然，大自然是我。不论是刮风下雨，还是蓝天白云、晴空万里；不论是柳绿花红的春天，还是寒风刺骨的冬天，都无我无私、无欲无求地自然流露着。也就是《道德经》里的“万物作焉而不辞，生而不有，为而不恃，功成而弗居”的心灵品质。这就是善人之道呀！

【二〇】子曰：“论笃是与，君子者乎？色庄者乎？”

孔子说：“论笃是与，君子者乎？色庄者乎？”论笃，就是言语诚恳笃实。是与，给予赞许，给予肯定。君子，是名词作形容词，内心是像君子那样的心灵品质。色，脸色。色庄，即是装出一副庄严的脸色，是为了讨好他人的赞许，不是自然流露出来的。意思是：“言语诚恳笃实之人，给予他赞许与肯定。但哪里知道他是一位君子呢，还是仅在容貌上装出一副很庄严的样子呢？”孔子弟子三千，阅人无数。但他是超越二元对立，清清净净地去如实观，即听其言，再观其色。

此章是孔子教弟子去觉知、反省自己是否只停留在口头上，说的是一套，私下做的是另一套。譬如现今所说的卖概念，或说概念营销，挂着羊头卖狗肉。这也常被叫做文化包装，表面上装出一副文化人的样貌，也即“色庄”，而在私下独处时深知自己内心深处长满了野草，是荒芜的。或是公司包装成很有文化的样子，但内部是没有半点人文底蕴。

是不是这样，可以静下心来问问自己是“君子者乎”？真的没有谁比自己更了解自己。自己所作所为可以细微到起心动念，只有自己是知道自己。也只有自己真正如实面对自己，看到自己的不足，才能知己知彼，以身观身，将心比心，看到他人的真面目。

正如自然农法的推广，关键在于心法。亲证到我们与自然本来就是一体，没有大自然就没有我，保护大自然就是保护每一个人自己，所作所为自然而然就会从本心道心流露出来，这是真正的知行合一，而不会是流于卖概念了。

也就是说，一个人体会了君子之风，自然渐渐地流露出君子的心灵品质，温良恭俭让，无我无私，内心安详、自在，知足、感恩、幸福！所作所为自然就是“君子者”，而非“色庄者”呀！

【二一】子路问：“闻斯行诸？”子曰：“有父兄在，如之何其闻斯行之？”冉有问：“闻斯行诸？”子曰：“闻斯行之。”公西华曰：“由也问：‘闻斯行诸？’，子曰：‘有父兄在。’求也问：‘闻斯行诸？’子曰：‘闻斯行之。’赤也惑，敢问。”子曰：“求也退，故进之。由也兼人，故退之。”

子路问孔子，他说：“闻斯行诸？”诸，合音字，用在句末尾，就是“之乎”。“之”字就是指所闻的那件事情。就是说：“听到这件事情就去做，可以吗？”孔子说：“有父兄在，如之何其闻斯行之？”意思是：“有父兄在，你怎么可以听了就去做呢？”

孔子知道子路是“行行如也”，一派刚强之气，见义勇为，性子特别急。他是希望子路可以先请示父兄，心先静下来再行动。给自己留白、留空，用宁静明觉的心去觉知当下存在的一切，刚好是对治子路性子急的不足，有助于他做出合乎道的选择。方向的选择比努力更重要呀！

冉有听到了，也问孔子同样的问题："闻斯行诸？"但孔子的答复是："闻斯行之。"就是听到了就立刻去做，不必请示父兄。

公西华问："由也问：'闻斯行诸？'子曰：'有父兄在。'求也问：'闻斯行诸？'子曰：'闻斯行之。'赤也惑，敢问。"意思是："仲由、冉有都问同一个问题，'闻斯行诸？'夫子您的回答不同。回答子路'有父兄在'。回答冉有是'闻斯行之'。赤很迷惑，斗胆问其中的道理。"

孔子回答公西华说："求也退，故进之。由也兼人，故退之。"退，畏首畏尾，爱退怯。兼人，一人可办两人的事，过于快进。意思是，冉求个性退缩，所以对他是鼓励前进，让他立刻去做。而仲由办事急进，一人就兼办两人份，所以让他身心慢下来，能觉知退，能身心对焦合一。

这就是孔子因材施教，也正是他的伟大之处。他视每一个生命都是活生生的，所行也是善观当下活生生的因缘，灵活变化。一进一退，无过也无不及，不是古板教条的一刀切，也不是有标准化的答案。他协助弟子当下就亲证了何谓行走在中道上，读这一部呈现在眼前活生生的无字天书。他本身在教导弟子们的这件事，正是行走在中道上的最好案例，让弟子们现观、效法。他这行不言之身教，胜于千言万语的言教，不愧是人类至圣先师呀！

【二二】子畏于匡，颜渊后。子曰："吾以女为死矣！"曰："子在，回何敢死！"

"子畏于匡，颜渊后。"畏，作被围解。这句话是事实、史实的描述，是真实存在的，这也是四书之一《论语》的内容，《论语》绝对是经典，堪称中国人的圣经。今日学人要深知，经典是述而不作，是描述宇宙人生、身心内外真实存在的一切活生生有趣的生活。这样才不会被经典束缚死，不会成为“之乎者也，多乎哉不多也，读书人偷书不算偷”的孔乙已。

此章是孔子经过匡国时，被匡人所围困，后来虽脱险，但与部分弟子失散。颜回是其中失散的一位，落在后面。混乱之中，孔子担心颜回会有不测，后来看到颜回完好地回到他身边，惊喜交集，直言自己担忧。他说：“吾以女为死矣！”女，你。就是说：“我以为你死了。”这绝对是孔子的心里话，他特别担心在乎颜回，在乎这位体道、悟道、得道的弟子。他是孔门传人，也是人类的明灯，他能指引协助人类走向光明。

颜回深知孔子的用心良苦，明白自己的使命，也明白闻道传道之责任重大，不敢轻死。他也知道弟子事师如事父，父在，子不敢轻死。所以颜回就说：“子在，回何敢死！”就是说：“夫子尚在，我颜回哪敢轻易去死呀。”这也是颜回的真实语，是真诚真心的流露，也是来自纯净本心的声音。

再次告诫大家，事与愿违。颜回不论是德行还是才学，在当时，乃至当今，能有几人与之相当？他也定是易学大师，但生死也真不是他自己能决定的、能预测的。颜回在孔子七十一岁时去世，享年三十二岁。白发人送黑发人，孔子能不悲恸吗？

颜回就是现身说法，再次告诉世人，生死不是你我的事而是大自然的事，是众多因缘和合而成，不是你我能决定的。当真的能做到空、明、觉活在当下，彻证无常、无我，还有缘起甚深，了悟宇宙人生身心内外真理实相，就能解脱生死，就能真正大心安大自在呀！

【二三】季子然问：“仲由、冉求可谓大臣与？”子曰：“吾以子为异之问，曾由与求之问！所谓大臣者，以道事君，不可则止。今由与求也，可谓具臣矣。”曰：“然则从之者与？”子曰：“弑父与君，亦不从也。”

季子然问孔子说：“仲由、冉求可谓大臣与？”就是说：“你的弟子仲由、冉有可以称得上大臣吗？”季子然是季氏的子弟。仲由、冉求这时都是季氏的家臣。孔子并没有先回答可与不可，而是说：“吾以子为异之问，曾由与求之问！”曾，乃。就是说：“我以为你有特别的事情来问，结果是问仲由、冉求两人的事呀！”

孔子深观当下实际存在的实相，内心是清清净净，毫无保留，为季子然解读。他说：“所谓大臣者，以道事君，不可则止。今由与求也，可谓具臣矣。”道，就是本自具足的纯净本心。每个人都是大自然之子，都有一颗与大自然相同的清净本心，清清净净，无欲无求。具臣，充数的臣子而已。

意思是说：“真正的大臣，是有大格局，心与空相应的人，能用清净本心侍奉国君。如果不能够这样就只好辞职了。今日的仲由与冉有呀，两个人只能算是充数的臣子而已。”孔子依据活生生的实相，无我无私，自然答得恰到好处，而且句句是实话，经得起季子然去求真求证。

季子然是从自我立场出发，自然所考虑的是自己的利益，每一问都是围绕自己的利益，心量狭小。他接着问孔子说：“然则从之者与？”就是说：“这样的话，他们的一切会听从季氏吗？”

孔子知道当下的季氏在鲁国三家权臣中权力最大，上欺君，下欺民。明眼人一听就知道季子然心里想什么，仲由与冉有是不可能事事服从的。孔子就说：“弑父与君，亦不从也。”孔子没有直接回答仲由、冉有两人是从或不从，而只讲何事不能从。也就是十分明确地告诉季子然，如果要让仲由、冉求去弑父弑君，他们俩是肯定不会去做的。深意是他们俩是不会与季氏一起犯上作乱的。

“司马昭之心，路人皆知。”季氏犯上的事注定不会成功。此句字字鈇钺，足以使季子然丧胆，不敢为也。孔子是在救季氏，也是为了让鲁国免受动乱之苦呀！他所作所为都是从清净本心出发，都是为了你好、我好、大家好，为了全天下人好呀！

【二四】子路使子羔为费宰。子曰：“贼夫人之子。”子路曰：“有民人焉，有社稷焉，何必读书，然后为学？”子曰：“是故恶夫佞者。”

“子路使子羔为费宰。”子羔就是孔子的弟子高柴，年龄比较小，尚未成熟。费，鲁国的费邑，当时是季氏的封邑。宰，相当于今日县长。意思是，子路为季氏家臣，推举年少的子羔为费城的地方官。

孔子知道这件事，就对子路说：“贼夫人之子。”贼，害之意。就是说：“你害了人家子羔，误人子弟。”让一个十几岁的人当县令，这是典型的好心办坏事。此事发生在今天也可以说是新闻，譬如今人追求的“少年得志，事业有成”，是很多孩子父母梦寐以求的，也是今日很多孩子的学习榜样。

孔子说子路害他人的孩子，子路觉得很委屈，说出自己的真实想法，他说：“有民人焉，有社稷焉，何必读书，然后为学？”社，土神。稷，谷神，二者共祀一坛。就是说：“那里有人民有社稷，可以服务人民，临祀事神，都是在学习，何必读有文字的书籍才是学呢？”子路是振振有词，有理有据，听起来非常在理。当时的确有很多做官的人，并没有读很多有文字的书籍。譬如在抗日战争胜利，新中国成立之后，有不少地方领导是经历长征、抗日战争、解放战争的人，他们真的是没有读多少书的。

其实子路是并没有真正理解孔子这句话的深意，以为孔子是要让子羔多读些有文字的书。并非如此，孔子是了悟宇宙人生的真理实相，明了宇宙大自然的运转法则。他一眼看穿子路此举是拔苗助长，不尊重事物的发展规律，也不尊重一个人的成长规律。

孔子再次点醒子路，否定子路所要做及所说的。他一针见血地说：“是故恶夫佞者。”恶，厌恶、讨厌。佞，狡辩、诡辩。就是说：“正如你这样，所以我讨厌那些巧言狡辩的人呀!”

这里又是一启示，今日有很多权威人士、专家、大师等。他们说出来的话，听起来是很慈悲，很符合逻辑，很在理，又符合人情，但不要信以为真。包括一切的经典文字也是一样。一定是要回到活生生的实相中来，用科学家的精神去求真求证过，这样才是正信，不然就是盲信迷信。

【二五】子路、曾皙、冉有、公西华侍坐。子曰："以吾一日长乎尔，毋吾以也。居则曰：'不吾知也。'如或知尔，则何以哉？"子路率尔而对曰："千乘之国，摄乎大国之间，加之以师旅，因之以饥馑，由也为之，比及三年，可使有勇，且知方也。"夫子哂之。"求，尔何如？"对曰："方六七十，如五六十，求也为之，比及三年，可使足民。如其礼乐，以俟君子。""赤，尔何如？"对曰："非曰能之，愿学焉。宗庙之事，如会同，端章甫，愿为小相焉。""点，尔何如？"鼓瑟希，铿尔，舍瑟而作，对曰："异乎三子者之撰。"子曰："何伤乎？亦各言其志也。"曰："莫春者，春服既成，冠者五六人，童子六七人，浴乎沂，风乎舞雩，咏而归。"夫子喟然叹曰："吾与点也！"三子者出，曾皙后。曾皙曰："夫三子者之言何如？"子曰："亦各言其志也已矣。"曰："夫子何哂由也？"曰："为国以礼，其言不让，是故哂之。""唯求则非邦也与？""安见方六七十如五六十而非邦也者？""唯赤则非邦也与？""宗庙会同，非诸侯而何？赤也为之小，孰能为之大？"

此章回放到今天，就是弟子四人陪孔子坐着品茶，个个一言不发，保持圣默然。孔子打破这寂静，他说："以吾一日长乎尔，毋吾以也。居则曰：'不吾知也。'如或知尔，则何以哉？"尔，你们。毋，无。居，平时。

就是说："不要以为我比你们年长一些就都不敢说了。你们平时常说：'怀才不遇，没有人了解我呀'。今日如果有人知道你们的本事，想请你们，那你们能做些什么呢？"

孔子将他们一军，是协助他们反躬自问而已，也是一次面试。这给我一点启示，反问自己，人类既然是万物之灵，那能为养育我们的天地父母做些什么？带来些什么呀？

子路率尔而对曰："千乘之国，摄乎大国之间，加之以师旅，因之以饥馑，由也为之，比及三年，可使有勇，且知方也。"夫子哂之。率尔，急切。摄，迫于。比及，等到。方，方向。哂，露龈大笑。

也就是说，子路急切地回答："有千辆马车的国家，夹在大国之中，又受到大国的侵犯，国内又有饥荒。我去治理三年之后，那里的百姓勇敢善战，而且遵守礼仪的原则。”子路说的句句是心里话，他是真的能做到的，说得很高兴、热情万丈。孔子听了，为之抚掌大笑。

他又问道：“求，尔何如？”就是说：“冉求，你会怎么样呢？”冉求就回答说：“方六七十，如五六十，求也为之，比及三年，可使足民。如其礼乐，以俟君子。”就是说：“方圆有六七十里或五六十里的国家，我去治理三年之后，就能让百姓丰衣足食。至于礼乐方面，就交给君子推行！”孔子是没有标准答案，无可无不可。

孔子又问公西华说：“赤，尔何如？”就是说：“公西华，你会怎么样呢？”公西华答道：“非曰能之，愿学焉。宗庙之事，如会同，端章甫，愿为小相焉。”端，古代礼服的名称。章甫，古代礼帽的名称。相，司仪。也就是说：“我哪敢说能做得好，只是愿意学习。在祭祀之事或者诸侯会见时，我愿意穿上礼服，带上礼帽，做一位司仪呀。”公西华很谦虚，没有我是我能我慢。孔子是心知肚明，也保持圣默然。

孔子又问曾点说：“点，尔何如？”就是说：“曾点，你会怎么样呢？”“鼓瑟希，铿尔，舍瑟而作。”希，同稀，琴声稀疏。铿，以手推瑟而其声锵然。作，站起来。曾皙是边鼓瑟边听师友之语，是一一入耳。他听到孔子问他，此刻便瑟声稀疏，“铿”一声响，放下瑟站起来。他回答说：“异乎三子者之撰。”意思是，我所想的和他们三人不一样呀！孔子回答道：“何伤乎？亦各言其志也。”意思是：“有什么关系呢，只是各自谈谈自己的志向而已。”

曾皙明白孔子的意图，他就把自己心中的理想道明：“莫春者，春服既成，冠者五六人，童子六七人，浴乎沂，风乎舞雩，咏而归。”莫，同暮。冠者，成年人。沂，水名。舞雩，地名，祭天祈雨之处。

曾皙描述的实相是，“暮春三月，卸下冬装，换上春装，带上五六位成年人、六七个童子，结伴前往沂河洗澡。一行人在舞雩台下，春风拂面，歌咏一番，然后又潇洒地走回家。”话犹未尽，夫子喟然叹曰：“吾与点也！”孔子长叹一声说：“我和曾皙的想法一样呀！”

“三子者出，曾皙后。”子路、冉有、公西赤先出去了，曾皙没有走。他问孔子：“夫三子者之言何如？”就是说：“他们三人说得怎样呀？”孔子心里是十分明白，对曰：“亦各言其志也已矣。”也就是说：“他们各自说说自己的志向罢了。”

曾皙又问：“夫子何哂由也？”那为什么要哂笑仲由呢？孔子说：“为国以礼，其言不让，是故哂之。”其中的缘由是：“治国要礼让，可仲由一点也不谦让，所以我抚掌大笑他。”

曾皙又问：“唯求则非邦也与？”那冉求讲的是为国吗？孔子很肯定地说：“安见方六七十如五六十而非邦也者？”意思是，"怎么能说方圆六七十里或五六十里的土地就不算国家呢？"

曾皙又问：“唯赤则非邦也与？”就是说：“那公西赤讲的是为国吗？”孔子是这么回答的：“宗庙会同，非诸侯而何？赤也为之小，孰能为之大？”就是说：“宗庙祭祀，诸侯会见，不是诸侯国之事，那是什么呢？像公西赤这样的人还只是去当小相，那谁能去当大相呢？”

此章是《论语》最长的一章。孔子了解四弟子有不足之处，今日机缘巧合，刚好子路、冉有、公西赤、曾皙在一起，就巧用钳锤，以曾点之病为三子之药，又以三子之病为曾点之药也。所以孔子回答“吾与点也”，是借此点化三弟子的执著呀。后面两人又一问一答，如：曾皙不哂“为国以礼”之事，又说“非邦也与？”这正是曾皙所不足之处。孔子正是用三子以补曾点之虚证，真的是因材施教，诲人不倦，不愧是人类史上最伟大的教育大师呀！

颜渊篇第十二

（凡二十四章）

【〇一】颜渊问仁。子曰："克己复礼为仁。一日克己复礼，天下归仁焉。为仁由己，而由人乎哉？"颜渊曰："请问其目。"子曰："非礼勿视，非礼勿听，非礼勿言，非礼勿动。"颜渊曰："回虽不敏，请事斯语矣。"

"颜渊问仁。"仁，就是爱、慈悲，与快乐、喜悦、安详自在、智慧、勇敢、感恩、知足等是同源头，是从本自具足的清净本心流露出来的。意思是，颜回问孔子怎么能得到仁？

孔子是过来人、明眼人，他肯定地说："克己复礼为仁。一日克己复礼，天下归仁焉。"己，私欲，小我，也就是贪、嗔、痴、我慢等自我意识。克己，就是朱熹所言之"存天理，灭人欲"中的"灭人欲"，是贪、嗔、痴、我慢等止息，自我意识消融，即自我死亡。也就是战胜自己的人，是自胜者，是大雄，是大丈夫。佛陀、老子是也，孔子、颜回是也。他们只要几近零的基本生活需求，这不是将相所能为也。复，返回、恢复、回归。礼，理也，亦履也，践行、履行。

"礼"字在此处有深意，意思是指所有外在一切形式的礼仪、礼节都是从纯净本心流露出来，是真诚真心、清清净净的。这绝非是咬着筷子露出八颗牙齿的微笑，那样的微笑是训练出来的，皮笑肉不笑，是僵硬又紧绷的。而自然流露出来的微笑是放松、亲切、祥和的，十分舒服，是发乎于真心、本心的。

意思是："当一个人贪、嗔、痴止息了，就会恢复、践行发乎真心流露出来的礼，那就是仁了。只要一天能这样，这天下便尽回归每个人的仁心了。"就是说心仁天下仁，心净佛土净，处处是有仁爱，净土遍一切处。

孔子接着说："为仁由己，而由人乎哉？"的确是这样，为仁完全是由自己，仁就在自己的心中不在心外，自然也不在他人。颜渊听了十分相应，他说："请问其目？"目，条目。就是说："请问有详细的条目吗？"

孔子回答说："非礼勿视，非礼勿听，非礼勿言，非礼勿动。"就是说："凡不合乎礼的便不看；凡不合乎礼的便不听；凡不合乎礼的便不说；凡不合乎礼的便不行。”这里与佛家的“诸恶莫作，众善奉行，自净其意”是异曲同工，即非礼勿行，合礼奉行。颜渊深知为仁由己。他说：“回虽不敏，请事斯语矣。”就是说：“我颜回虽然迟钝，但会依照老师这番话一件事一件事去实行。”

孔子是让颜回把仁落实到日常生活中的视、听、言、动等，点点滴滴去做出来，而不是只停留头脑知见上。这样也自然就会做到“克己复礼”，心就有了仁，天下自然也归仁呀。

【〇二】仲弓问仁。子曰：“出门如见大宾，使民如承大祭。己所不欲，勿施于人。在邦无怨，在家无怨。”仲弓曰：“雍虽不敏，请事斯语矣。”

仲弓，弟子冉雍。孔子曾说：“雍也，可以使南面。”这里仲弓也问孔子怎么做才是仁呢？孔子是针对当下仲弓的个人实际情况，依据实相做出如实回答。他是没有标准答案，但核心都是协助弟子开启本自具足仁爱、仁心、慈悲的心灵品质。上一章颜回问仁，下一章司马牛也问仁，他都是如此，只是使用的方便法、工具、语言不同而已。所以不要以方便法、工具、语言为究竟。那是在研究手指头，看不到月亮，也就是见指不见月呀！

孔子说：“出门如见大宾，使民如承大祭。己所不欲，勿施于人。在邦无怨，在家无怨。”这里的意思是：“日常出家门去做事，就要有像见大宾一样的气象。在上位要让百姓来协助自己时，就要有像亲临大祭一样的神色。自己所不想要的，就不要施加于他人。自然就会做到在邦国中无有怨恨，在自己家族中也无有怨恨呀！”

这三句话中是有深意。譬如“如见大宾”，孔子难以用自己的言语描述清楚明白，但又不能不说。他就描述一个画面，也是仲弓很熟悉又亲自参加过的画面，用“如见大宾”来描述整个人出门时的气象。为什么要这样做呢？是要让仲弓去体证庄重、自重，又收摄六根。冉雍既然是“可以使南面”，也就是可以做官，那出门在外也是百姓的楷模，很多人会向他学习思齐。这是行不言之教，身教胜于言教。他自己身正，百姓也就自然正了。

“使民如承大祭”，这里是以“如承祭”那种诚敬的心来使民。怎样才能流露出这样诚敬的心呢？唯有真的是体会到每个人生命都是独一无二，是神圣、神奇的，没有谁比谁伟大。实相真的是人人平等，不论你是高官、博士、教授、董事长还是清洁工、司机、保安等，只是因缘不同、分工不同、使命不同而已。只要看到这实相，自然就会以爱己之心善待他人，自然而然流露出“如承大祭”那样的诚敬，也就能做到“己所不欲，勿施于人”。譬如你听到上司叫你“马仔”，心里很不舒服，那你有朝一日成为别人的上司，自然而然就不会叫别人“马仔”，将这种不舒服、痛苦的滋味带给他人。

若能遵照这样大原则，在日常生活、工作中点点滴滴地去落实，你的心中自然无怨，也就会处处无怨。不论是在邦国中还是在宗族中，都是无有怨恨，也没有抱怨。你所做的一切都是从纯净本心流露，是真诚真心，给自己带来喜悦快乐，也给他人带来幸福，也是示范给他人看，这就是仁呀。仲弓一听就明白了，说：“雍虽不敏，请事斯语矣。”意思是：“我虽然愚钝，但会遵照老师说的去做呀！”此章的内涵非常丰富，有志者可以好好体会呀！

【〇三】司马牛问仁，子曰：“仁者，其言也讱。”曰：“其言也讱，斯谓之仁已乎？”子曰：“为之难，言之得无讱乎？”

司马牛问仁。司马牛是孔子的弟子，字子牛。《史记·仲尼弟子列传》云：“牛多言而燥，问仁于孔子。”司马牛问怎么做才是仁呀？孔子说：“仁者，其言也讱。”讱，说话谨慎，讷于言。就是说：“仁者说话木讷谨慎。”司马牛听了，认为仁者就是把话说好而已。其实这是孔子因材施教，针对他这一类的人开出的药方，是纠正其偏而勉之。

而司马牛还不知不觉，不能如实回来看到自己多言而燥，不以为然地说：“其言也讱，斯谓之仁矣乎？”意思是：“说话木讷谨慎，这就叫做仁者吗？”对于司马牛来讲就是如此，他言多又出言快、心急躁，说话是在展现我是我能我慢，又容易伤害人。如果一个人真的做到“其言也仞”，也就是讷言敏行，身心柔软，言语柔和、温润，能一语中的。这样不会伤害人，又能更好协助他人成长，本身也是以身作则。这难道不是仁者吗？

司马牛还真是不明白这其中的深意。就像我在解读《论语》时常提到的“道在当下”“道在眼前”“道遍一切处”。很多人心里在想：是吗？我怎么没有见到？是真的吗？有这么简单吗？你又不是什么大师，只是做茶二十年而已，你怎么可能知道“道”是什么？怎么能见到呢？但实相告诉我，“道”就在眼前，就在当下遍一切处。真的很容易，容易到聪明的人类都不敢相信。如此简易，却变成很不容易呀！也就是孔子说的“为之难”，真的是容易到很难了。

孔子直入当下，应机而教，点醒司马牛。孔子说：“言之得无讱乎？”就是说：“你刚才不就没有做到说话木讷谨慎呀？”孔子就是在当下这活生生的实相中启发弟子，没有课本，没有作业，没有考试，没有课后补习。他只有对话，在一问一答间，一步步协助弟子回来反观自己，不断净化心灵，损之又损，提升心灵品质，成为高等心灵品质的人。

【〇四】司马牛问君子。子曰：“君子不忧不惧。”曰：“不忧不惧，斯谓之君子已乎？”子曰：“内省不疚，夫何忧何惧。”

司马牛问孔子怎么样才称得上君子。孔子说：“君子不忧不惧。”就是说：“能称得上君子的人，是不忧虑，也不畏惧。”司马牛听到之后，觉得跟他想象或与自己理解的君子不一样，就说：“不忧不惧，斯谓之君子已乎？”意思是：“不忧不惧，就能称得上君子吗？”

其实他是不明白孔子说的“不忧不惧”的深意。其中有一点是孔子常针对学生当下存在的实相开出药方，他观察司马牛的言语、神色，知道他正被忧惧所困。这不是孔子凭空想象出来的，司马牛本身这一部无字天书在喃喃细语，孔子听懂了也读懂了。正好又有司马牛问君子这一机缘。孔子的言语是不带个人主观色彩，是由清清净净的本心流露出来。

还有，“不忧不惧”是有更深意。当一个人内心有界线、条条框框，活在二元对立的世界中。他看到自己所要的、喜欢的，就产生贪爱，就想得到。得不到时担忧，得到了又害怕失去。他看到自己不要的、不喜欢的，也害怕逃不掉，又排斥不了，就产生嗔恨，活在忧惧之中。譬如老、病、死都是一般人不喜欢的，想逃避、排斥、去掉，但这些又都是如影随形，逃不了、去不掉。能做到不忧惧是不易呀！

司马牛不知其中的深意就不以为然。孔子又补充一句，说：“内省不疚，夫何忧何惧。”疚，病，说的是心病。不疚，就是心无界线，是“君子坦荡荡”，心量无有边际。心与空相应融入空，也就融入一体世界。天下就是一家人，自然就无得亦无失，无有恐怖，无忧无虑，无有愧疚。

说句心里话，能做到像孔子所说的静下心来内观省察自己，内心是否坦荡荡、无有界线，清清净净，才能真正让贪、嗔、痴、我慢止息，了悟生死大事。这样还会有“何忧何惧”吗？能如此不忧不惧的，当然是君子呀！

【〇五】司马牛忧曰：“人皆有兄弟，我独亡。”子夏曰：“商闻之矣；‘死生有命，富贵在天。君子敬而无失，与人恭而有礼，四海之内，皆兄弟也。’君子何患乎无兄弟也。”

司马牛很是担忧地说：“人皆有兄弟，我独亡。”亡，同无。意思是：“人人皆有兄弟，唯独我没有呀！”在前一章，孔子就针对他说：“君子不忧不惧”。真的是实相，此章又流露出司马牛是真的活在忧惧之中，他在忧愁自己没有兄弟。从这一句中可读出司马牛心中的“兄弟”只是限于自己的亲兄弟，只装着最亲的几个人，心量视野小。他心里还有很多界线，是活在二元对立的世界里，不能超越亲疏关系。这也是人之常情。一般人不去修身，都是五十步笑百步，彼此彼此，心量眼界都只有如此之大。可以静下心来反观自己是不是这样子，这里所说的是不是实相呢？

子夏听了司马牛的忧愁，针对这问题分享自己的心得。他说：“商闻之矣，‘死生有命，富贵在天。君子敬而无失，与人恭而有礼，四海之内，皆兄弟也。’君子何患乎无兄弟也。”命，是地、水、火、风、空因缘具足而生的。天，就是大自然、宇宙。患，担心。

这一句的意思是：“我子夏曾经听夫子说过：‘死生有命，富贵在天。君子心存诚敬又无得无失，同他人交往谦恭又有礼，则五湖四海到处都是自己的兄弟。’君子何愁没有兄弟呢？”

此章真的是十分精彩，实相真的是如此。生死都不是你我能决定的，而是众因缘和合而生的，生是有生的因缘，死是有死的因缘。富贵也不是我是、我能、我慢所能做到的，没有天，即没有大自然、道、上帝、空，当然也没有阳光、大地、流水、空气，又哪有富贵可言呢？

“死生有命，富贵在天”是实相，是真实语，对每个人都是如此。君子心量广大，无有边际，心融入空，万物同体，自然心存诚敬，看待一切无得无失。万物是大自然之子，人也是大自然之子。人人是平等的，每个人的生命都是独一无二，是神圣的。没有谁高谁低，都有自己的精彩，分工使命不同。所以君子在人与人之间的交往中，自然会充分尊重每一个人，也自然会心存恭敬有礼。

实相的确是“四海之内皆兄弟”，天下所有一切都是生命共同体，天地是我们的共同父母，天下是一家人，我们就是兄弟姐妹呀。真正的君子深明此理，他自然就不担心没有兄弟，心中也是无忧无虑、坦荡荡，没有拉拉扯扯，生命全然绽放、精彩无限、魅力四射呀！他清醒明觉地活在当下，哪还有时间在担忧呀？只有小人才会长戚戚呀！

【〇六】子张问明。子曰：“浸润之谮，肤受之愬，不行焉，可谓明也已矣。浸润之谮，肤受之愬，不行焉，可谓远也已矣。”

“子张问明。”“明”是真正明白人，空明觉活在当下，是由无明转为明，能在每一个当下保持觉知的人。子张问：“怎样算是有清醒明觉的人呀？”孔子说：“浸润之谮，肤受之愬，不行焉，可谓明也已矣。”谮，谗言。愬，诽谤。就是说：“像水润物细无声，不知不觉、久自润湿的谗言；像切肤般疼痛的诽谤，在他那里就都行不通了。他内心清清净净，可以算是空明觉的人呀！”

这样的人，他是真正的“八风吹不动”，就是不被利衰、毁誉、称讥、苦乐黏着，任八风东西南北，心净无住，无动于衷呀！也是《永嘉禅师证道歌》所言的：“从他谤，任他非。把火烧天徒自疲。我闻恰似饮甘露，销融顿入不思议。观恶言，是功德。此即成吾善知识。不因讪谤起冤亲，何表无生慈忍力。”

一位保持空明觉的人，他内心是清净无污染，如实深观到谮、愬如天空中的朵朵白云、乌云。心如虚空不碍云飞，无为而无不为。正如孔子所云：“浸润之谮，肤受之愬，不行焉，可谓远也已矣。”就是说：“那些能浸润的谗言、有切肤之痛的诽谤，在他这里是行不通的。空明觉的人是看得明明白白，也不去理它，自然而然就可以远离它。它们因缘尽了自然就会销声匿迹。”

这里告诉我们实相，如果你是太阳，就永远是阳光普照、光芒四射。虽然有时候被乌云、白云遮住，但云不能阻碍你的普照。被云遮住只会暂时光芒黯淡，也是当下因缘，全然接受。太阳还是太阳，仍旧发光发热，利益众生，发挥生命的意义！

【〇七】子贡问政。子曰：“足食，足兵，民信之矣。”子贡曰：“必不得已而去，于斯三者何先？”曰：“去兵。”子贡曰：“必不得已而去，于斯二者何先？”曰：“去食。自古皆有死，民无信不立。”

子贡问孔子为政之道，孔子说：“足食，足兵，民信之矣。”

“足食”。我想起了毛主席在延安提出的“自力更生，丰衣足食”。人的欲望无穷，是无底洞。这里的“足食”不是有积粟万担仍不满足，而是满足最基本的生活物质需求。

“足兵”。兵，兵器，引申为军队、军事。“足兵”并不一定是拥众百万，也可无一兵一卒。如《道德经》里的“虽有甲兵，无所陈之”。还可如周武王观兵于孟津，诸侯不期而会者八百，率兵拥之伐商。这些皆可称是“足兵”呀！也是“大道之行，天下为公”大同世界里的足兵。

信，是用科学家精神去求真求证，是体会了道无处不在而生信，这才是正信，而不是崇拜偶像、权威等迷信盲信。

意思是：“能满足吃饭的基本需求，也满足武备的需求，百姓有信，自然就来到‘邦有道’，即构建“大道运行、天下为公”的大同世界，是你好我好大家好的和谐社会。”

子贡听到孔子谈及此三者，想了解其中哪一样是必不可少的。他接着问道：“必不得已而去，于斯三者何先？”假如逼不得已要去掉其中一样，在这三者当中先去除哪一样呢？孔子十分清楚，胸有成竹，很肯定地说：“去兵。”可以先去除军事方面的。当一个国家有道，百姓又足食，民信之。这样的国家，全国上下所作所为都是从纯净的本心本性流露，顺道而行，就会得到其他兄弟国家的协助与尊重，自然就会大大减少战争。

子贡又问：“必不得已而去，于斯二者何先？”意思是，余下的二者之间，必去其一，又先去除哪个呢？孔子肯定地说：“去食。”为什么呢？孔子自己回答道：“自古皆有死，民无信不立。”就是说：“自古以来，人有谁不死呢？如果百姓没有回到真正生命归依处——道、大自然，是不能安心自在的。”

这句话，孔子是描述实相。人皆有死，不归依道回归大自然，没有自信，心不安，又立什么呢？真的知道了死生，又立在道上，也就溶入了道，与道合一，也就是知道了生从哪里来，死往何处去，知道“朝闻道，夕死可矣”的深意。生死只是自然界现象变化而已，并无真正的死亡。去食，人虽然会死，但民有信，得道了心会安。而去“民之信”，即是远离真正生命归依处——道，即大自然，内心就不会安详、自在、快乐。顺天之道，乃万古不易之良政。

【〇八】棘子成曰：“君子质而已矣，何以文为？”子贡曰：“惜乎！夫子之说君子也。驷不及舌。文犹质也，质犹文也。虎豹之鞟犹犬羊之鞟。”

棘子成曰：“君子质而已矣，何以文为？”棘子成是卫国大夫。文，同纹，形式、纹饰。意思是：“君子只要本质就行了，还要那些枝枝叶叶外在形式干什么呢？”从个人自利层面来讲，棘子成没有错，他抓住了核心，注重本质。但真正的君子是心量广大、有使命，他的气象是通过文，即礼节外相，也就是在行走坐卧、语默动静间等流露展现，让周围的人直接去现观，亲证君子活生生的样子，而不是经典文字堆中的君子。无声的身教胜于言教，君子做出来给现场的人去思齐，去效仿学习，利益更多人。

子贡听到后，觉得这句话当中是有不足，他感叹又警示地说：“惜乎！夫子之说君子也。驷不及舌。”此处“夫子”是指棘子成，当时的人称大夫都叫夫子。驷，四马，古代用四马驾一车。“驷不及舌”，舌是用于言语，一旦脱口，四马追不及。有一成语，“一言既出，驷马难追”，就是这样的意思呀！子贡的意思是：“可惜了！您这样解读君子呀！即便有四匹骏马也追不到你的舌头呀，这是失言了。”他是告诉棘子成之论君子有不足，不够圆满。

子贡是孔门言语科第一，是外交家。他为了让棘子成明白纹饰、外相也是相当重要的，又举了一个实际存在的案例：“文犹质也，质犹文也。虎豹之鞟犹犬羊之鞟。”鞟，皮去毛曰鞟。意思是：“纹饰如同本质，本质又如纹饰，二者是一样重要。去了毛的虎皮、豹皮，就如同去了毛的犬皮、羊皮，没有差异呀！”

此章有一重要启示，实相呈现出来，如君子与小人、圣贤与凡夫、悟者与迷者等，都有眼耳鼻舌身意。假若人人都坐着不言不动，又没有任何着装的差异，你能分辨出谁是君子、谁是小人吗？谁是圣贤，谁是凡夫？谁是悟者，谁是迷者？大家分辨不出来，那君子的使命是什么呢？又如何发挥生命意义，利益百姓呢？

还有一更深启示，色即是空，空即是色。色是物质，是色身。空是本质，本体本心，是精神。没有色，是不能了解空的伟大、神圣。空是玄之又玄，众妙之门，能生万有即色。当心与空相应又融入空，与空是一体，就明白为什么一切皆为心造，山河大地、日月星宿、花鸟虫鱼、泉流溪涧等都是由清净心造出来。也就是万法唯识，是一生万，万法归一，一就是空、法界、大自然。万物本来就是一体，质文也是一体呀，是君子也一定有君子的文饰呀！

【〇九】哀公问于有若曰："年饥，用不足，如之何？"有若对曰："盍彻乎？"曰："二，吾犹不足，如之何其彻也？"对曰："百姓足，君孰与不足？百姓不足，君孰与足？"

哀公问于有若曰："年饥，用不足，如之何？"就是说："遇到了饥荒年，国用不足，你有什么办法呢？"有若回答说："盍彻乎？"盍，何不。彻，是西周的一种田税制度，税田十取一为彻。意思是："为什么不收十分之一的田租呢？"

哀公听到有若的提议，如实告诉他实相说："二，吾犹不足，如之何其彻也？"二，是收十分之二为税收。意思是："现在收十分之二的税，尚且感觉不足，怎么可以只收十分之一的田租呢？"

有若听到哀公这么说，就把其中的道理道明，让哀公自己去深思。他说："百姓足，君孰与不足？百姓不足，君孰与足？"意思是："百姓都富足了，那国君还会不富足吗？如果百姓都不富足，那国君又怎么能富足呢？"

此章最精彩的就在于有若的这句回答，他深知百姓与国君本来就是一体，是相互协助，共同成长。如果没有众多百姓，还要国君干什么呢？《大学》有言："有德此有人，有人此有土，有土此有财，有财此有用。德者本也，财者末也。外本内末，争民施夺。是故财聚则民散，财散则民聚。"其实，有若为哀公指明一条治国之道，德者本也，财者末也。本末是一个整体，也就是生命共同体，相辅相成，切勿与百姓争呀！

百姓与国君就是一家人，只是他们之间因缘不同、分工不同，自然使命也不同。国君协助百姓富足，百姓自然就拥护国君。百姓拥有大量土地，再加阳光、流水、空气的支撑与化育，还有彼此协助，就有了大量食物、财富。百姓富足，国用也就自然而然水涨船高。若是不断依赖苛捐杂税，如果百姓本身就十分贫困，国君再怎么收税，还是很有限。而且百姓也不会从内心拥护国君。唯有国君百姓一起来做好做大蛋糕，提升各自的心灵品质，自然就会知足、富足、快乐呀！

【一〇】子张问崇德辨惑。子曰："主忠信，徙义，崇德也。爱之欲其生，恶之欲其死。既欲其生，又欲其死，惑也。'诚不以富，亦只以异。'"

"子张问崇德辨惑。"崇，当高字讲，作动词，崇高起来或彰显。崇德，崇高其德行，与《大学》中的"明明德"是相同义。每个人都是大自然之子、道之子，都具有道的特征特性，即"德"。辨，分辨、辨别。惑，迷惑、疑惑。子张问孔子"崇德辨惑"这古时成语有何深意。

孔子分别答复，他说："主忠信，徙义，崇德也。"主，有主体，是有我、有主见、见解，也就是正知正见。王阳明称之为良知。忠，忠于自己纯净本心本性，王阳明称之为良心。信，自信，不自欺亦不欺人，是如实知，相信人人皆可为圣贤，"满街都是圣人"（见于《传习录》）。义，宜也。徙，迁徙、改变。譬如所做的事不合乎道，也即不义、不宜，马上改过来，使它合乎中道。

意思是："一个人有正知正见，能忠于自己的良心，又亲证了本自具有圣贤的心灵品质，当在日常生活所做有不合乎道的，马上改过。让生活的点点滴滴，每一个当下都合乎中道，自然就合宜了，也就恰如其分呀！"

孔子再说："如何辨惑呢？"文字难以给解释清楚，他就举了一个例子来描述："爱之欲其生，恶之欲其死。既欲其生，又欲其死，惑也。"爱，就是贪爱，是符合自己内心的条条框框、标准；是自己所要的，顺我则生，即是“欲其生”。恶，厌恶、厌恨，不合乎自己心中的标准框框；不是自己所要的，自然是逆我则死，即是“欲其死”。但有时，一个人身上刚好有他所要的，又有他所不要的，就会“既欲其生，又欲其死”。

在现实生活中，情人给所包养的人带来刺激，但又有很严重的后遗症。还有官商之间的关系，高官可以带来商机，同时紧跟着东窗事发的危险，如影随形，真的是“既欲其生，又欲其死”，是两难，活在二元对立之中，处在无明之中，是惑也。唯有超越二元对立，所作所为从本心本性流露，自然而然就明了、不惑了。

最后，孔子想起了《诗经》中的一句：“诚不以富，亦只以异。”诚，确实。富，财富。异，脱胎换骨即不同。意思是说：“崇德辨惑，确实不能让你增长财富，只是能让人脱胎换骨，与过去不同。心灵品质提升，生命获得重生。”

【一一】齐景公问政于孔子。孔子对曰：“君君，臣臣，父父，子子。”公曰：“善哉！信如君不君，臣不臣，父不父，子不子，虽有粟，吾得而食诸？”

“齐景公问政于孔子。”齐景公，名杵臼。齐桓公以管仲为相，齐景公以晏子为相，管子、晏子都是了不起的人物。鲁昭公末年，孔子适齐。此时齐大夫陈氏专政，齐国政治不安定，所以齐景公问为政之道于孔子。孔子深观齐国的政治风云变幻，依照实相提出了为政之根本，他回答说：“君君，臣臣，父父，子子。”就是说：“君要尽君的本分；臣要尽臣的本分；父亲要尽父亲的本分；子女要尽子女的本分。”

这是孔子为齐景公讲明人伦常道，不论君臣还是父子都能各行其道、各尽其本分。也如《中庸》所言：“万物并行而不相害，道并行而不相悖。”整个大自然实相就是如此，人类除外。若人能守住“君君，臣臣，父父，子子”这八个字，便能使个人以至邦国家族等一切都上轨道，社会自然清明安定。

这里也可以这样解读，君为公司或单位的领导，臣为下属。这样一个人可能就是君，是臣，也可能是父，但一定是子，也有可能四个角色存在于当下。譬如我是公司负责人，是两个孩子的父亲，也是父亲的孩子，同时是太太的丈夫，多重角色身份为一身。我叩问自己，做好公司负责人的本分了吗？像不像父亲的样子？有没有尽儿子的本分？丈夫做得怎么样呢？不论做什么角色，关键是自利利他，相互协助，相互影响，共同成长，一起迈向高等心灵品质，成为完整的人。其实就是自护护他，自度度人。

齐景公一听，他说："善哉！"意思是："太棒了！"他接着说："信如君不君，臣不臣，父不父，子不子，虽有粟，吾得而食诸？"信，确信,是深观实相后的信，是正信。诸，疑问词。意思是："确信!君不尽君道,即不仁，臣不尽臣道,即不忠，父不尽父道,即不慈爱，子不尽子道,即不孝，则国家必然大乱。即便有大量的粮食，我哪能吃得到呢？"

齐景公真的听懂了孔子的话，深知自己能否安详自在与天下、大自然是密不可分的。唯有天下太平，国家不乱，风调雨顺，国强民安，国君才能安居其位。不然生命不保，怎么能心安自在呢?

这里还有一个启示，自然农法是保护青山绿水，蓝天白云。没有纯净、无污染的大自然，一切都是浮云，没有意义。

【一二】子曰："片言可以折狱者，其由也与！"子路无宿诺。

孔子说："片言可以折狱者，其由也与！"片言，古注解读为偏言，或半言，其实就是片面之词。折，断也。狱，诉讼。其，大概。意思是："凭着片面之词，而能断讼案的，大概只有子路吧！"这里孔子只是如实说出，并无肯定，也无否定，他只是把子路是如何断案的实相如实告诉他人。

这里大致有两种解读。一种解读是子路断讼案时依片面之词，即一方之词，即可断狱。其实审理诉讼案件，先要听原告、被告两方的言辞，然后判决，而子路可以片言折狱。另一种解读是子路平日言辞信实，听讼人听子路一面之词，不待对验，即可判明案情。很多的解读是说孔子赞许子路片言可以折狱，因为子路为人忠信刚直，绝无诬妄，听其一面之词亦可凭以断狱。我是保留意见。

孔子没有肯定和否定，没有标准答案。这正是孔子的伟大之处，是超越了二元对立，也是给弟子们留下无限的思维空间。孔子说的这句“片言可以折狱者，其由也与！”这是指月手指，所指向的是现实生活中活生生的子路，一切问题的答案就在他的性格、为人处世及日常的语默动静、行走坐卧间，中道也在其中。孔子这句话语是褒是贬，只有当下的弟子们才能知道。但唯一可以知道的是，孔子是协助弟子们在当下体会中道，开启本自具足的无尽宝藏，成为无限可能。

整理《论语》的弟子们也慈悲，为了让其他弟子及后人更清楚了解其中之深意，就加了句“子路无宿诺”。宿，一夜义。子路从不将诺言拖过一夜，也就是今日答应的事今日兑现。这是在描述子路怎么取信于人，但又从中看出他这个人是很急躁、急于践行，不能深思熟虑，容易好心办坏事。若将孔子所描述的话与“子路无宿诺”合参，是赞是贬，答案就在其中矣。

这里有一启示，孔子所描述的都是真实存在的真理实相，无有个人好恶，任何答案不在孔子身上找，而是存在实相之中，只有在实相中能找到答案。实相真的有般若呀！

【一三】子曰：“听讼，吾犹人也，必也使无讼乎！”

孔子说：“听讼，吾犹人也。”听讼，听双方讼词，以判曲直。就是说：“若论听讼，我和他人差不多呀！”这是实相的描述。孔子在鲁国做司寇，也就是掌管刑法的官时，那些强盗、小偷纷纷逃离鲁国，因为此地已不再有这些人生存的土壤。孔子表面上是“吾犹人也”，但他所流露的实相差别却是如此之大。孔子内心是清清净净，无有好、恶的标准，是超越二元对立的，自然超越了亲疏，没有偏私。他听讼是如同包青天，也就是如同青天白日，无有亲疏，平等对待，平等去爱护普照，正如《道德经》所言：“天地不仁，以万物为刍狗。圣人不仁，以百姓为刍狗。”

孔子听讼的更大不同，是“必也使无讼乎！”就是说：“必然是天下人与人之间，不兴讼才好呀！”这又是孔子的过人之处，他不是讲自己多么能听诉讼，或是多么清明公正、多么厉害，与他人比高比大，而是希望全天下“无讼乎”。不是有忙不完的听讼，而是无事无讼。他是从根源上去解决人与人之间的关系，真正地做到治未病。

这让我想起一个故事，扁鹊与扁鹊的大哥。人人皆知扁鹊是神医，因为他能让病入膏肓的人起死回生。每个人都赞叹他的医术，而扁鹊自己却不是这么认为。他告诉世人，他的大哥才是真正的神医、大医，能在疾病未然时就治好病了，也就是治未病。而他只能治已病，那已是亡羊补牢，是没有办法的办法。这就是为什么“必也使无讼乎”！这也是孔子真正的伟大之处呀！

【一四】子张问政。子曰：“居之无倦，行之以忠。”

子张问为政之道。孔子说：“居之无倦，行之以忠。”居，处在，可说是在家、在官位、在心里。为政是无处不在，不限于在家，在官位，更重要的是在心里。政者，正也。心正，处处正。这里的“正”是超越正邪之正，是一体世界，有二元但没有对立，是真诚真心，全心全意。倦，懈怠。行，所作所为，即身、口、意三妙行。忠，自始至终，将真心融入每一个当下，不偏私，这就是忠。意思是：“心里有正，自然而然能做到治家、治国既公正又无懈怠、勤勤恳恳，所作所为都出之以忠心，全心全意去服务，不偏私。”

如何做到“居之无倦，行之以忠”呢？有谁真正体会到小家、公司、国家、全世界乃至整个宇宙本就是一体的。这些名相是为了方便才出现，如果被名相遮障，就看不到一体世界。当体会到一体世界，自然你的内心就没有亲疏，没有正邪等二元对立，也就是心正。全天下所有万物就是生命共同体，我们就是一家人，都是兄弟姐妹，所作所为都是为家人，就是顺天之道。真诚真心，重复正确，乐此不疲，不知疲倦，自然无倦呀！

譬如自然农法，整个大自然就是一体，一虫、一草、一木、一鸟、一竹都有生命。大自然没有杂草、恶草，全都是宝。也没有害虫、益虫，全都是昆虫，也是大自然之子。还有，每块土地都是肥料块，充满着生命力、肥力，有无限可能。当真正了悟生命实相，自然就不会在天地父母的肌肤上喷洒农药、除草剂，施大量化肥。也自然就会以身作则，心正，身正，行也正，一切也就都正，处处毫无保留，无欲无求，协助家人们做好自然农法，保护天地父母，留给下一代青山绿水，蓝天白云，鸟语花香。也自然就会“居之无倦，行之以忠”。我在老家福建安溪祥华东坑村有百亩自然农法茶园，就是自己亲自去做出来，让这理念流露，其余就交给最伟大的法界大师呀！

【一五】子曰：“博学于文，约之以礼，亦可以弗畔矣夫。”①

【一六】子曰：“君子成人之美，不成人之恶。小人反是。”

孔子说：“君子成人之美，不成人之恶。小人反是。”意思是：“君子是无条件协助他人成就美事善事，不会协助他人成就恶事。而小人与君子是刚好相反，见人做善事便生嫉妒、嗔恨，心中不爽。见他人做恶事便认同赞成，心中暗爽，或是无明、无知而从中协助。”

这一章是孔子对实相的描述，文简意深。君子不器，其心与空相应，心量无边无际，深观万物本是一体，天下是一家人。深知我们是生命共同体，你我都是大自然之子，有共同的天地父母，本是同根生呀！真实存在的空、道、无极是每个生命的总源头，这是实相。认识知道了

① 本章与《论语·雍也·二七》重出，可与之合参。这里不再作解读。

这实相，自然就会己善，亦乐人之善也；也就会己能，亦乐人之能也。也就会成人之美，不说他人之过。朝有过夕改则给予点赞，夕有过朝改也给以点赞，是不成他人之恶事。

小人则不同，有自己的条条框框、标准，内心不清净，心量狭小，活在二元对立的世界里。他担心自己不如他人，又害怕他人比自己好，常常在比高比大，比自己好就产生自卑、嫉妒，不如自己则产生我慢，心中暗爽。有时候为了自己的利益，设法阻挠他人成事，是“成人之恶，不成人之美”。他的内心是“长戚戚”，活在担心恐惧受怕之中。

君子与小人，外相都有眼、耳、鼻、舌、身、意，都有色、声、香、味、触、法，也都有一自性，无形无相，能生万法，又是本无生灭、本不动摇，还是本自清净又本自具足的。唯一不同的是,君子的心与空相应又融入空。心量无边无际又无有挂碍。而小人心量狭小，活在二元对立的世界中，内心有很多界线、条条框框，逆我则非，顺我则是，不能大安心、大自在。

【一七】季康子问政于孔子。孔子对曰：“政者，正也。子帅以正，孰敢不正？”

“季康子问政于孔子。”季康子是鲁国三家大夫之一，他问孔子为政之道。孔子回答说：“政者，正也。子帅以正，孰敢不正？”率，是表率、率先。正，是公正无私，也即超越二元对立，是超越是非、善恶、黑白、美丑、亲疏等二元，活在有二元无对立的一体世界里，内心是真诚真心，清清净净。《大学》也有云：“身有所忿懥则不得其正，有所恐惧则不得其正，有所好乐则不得其正，有所忧患则不得其正。”

这里的“正”不是正邪的正，而是超越正邪的正，存在于活生生的实相中，也存在于滚滚红尘的一切现象里。子，季康子。意思是说：“为政就是心正。你是鲁国大夫，只要你自己先行得正，处处表率，以身作则，还有谁敢不正呢？”政者正也，自己心先正了，其余一切自然境随心转，也就自然正了。

此章虽是孔子对季康子真实存在的问题所开出一副药方，但不论是在家中、企业单位里，还是治大国，此句都应奉为至理名言。譬如有的父母在家里要求孩子读书听话不贪玩，而作为家长的自己却是一年不读一本书，打麻将、看电视。如果自己没有做正做好，起表率，做出示范来，那你所说的一切都是毫无震慑力。孩子表面上是听从，内心是不服。若父母自身能做到有时间就读书看书，又少打麻将，不追连续剧、看八卦新闻，孩子自然而然也就会效仿父母，也会去找一本书翻阅，久而久之养成良好的阅读习惯。其他的行为习惯也是一样。

这里不是用权威、严厉训斥的言教，而是行不言之身教，润物无声，让人心服口服。这才能真正的家齐。以此类推，政者正也，家齐而后国治，国治而后天下平，自正一切正，这是根本的为政之道。

【一八】季康子患盗，问于孔子。孔子对曰："苟子之不欲，虽赏之不窃。"

"季康子患盗"。患，担心、害怕。当一个人已有很多财富，金玉满堂，内心还有贪欲不能知足，就会不断累积财富而未能用之以民，不断拉大贫富差距。他财富越积越多，内心越害怕失去，就会担心有人会来偷盗，常常内心不能安宁。季氏以盗为患，向孔子请教。孔子一眼就看穿，并不是偷盗的人很多，而是季康子太富有而百姓太贫困。季康子总以为有人会偷盗自己的财富，其实是他自己有心病，贪欲过强了，抓得过紧害怕失去，内心很不安很苦。

其实在现实生活中，很多富翁就是如此。他们远离贫民窟，往富人区搬，也不愿意与贫困之人交友，自然就形成阶层朋友圈，真的是人以群分，这是实相呀！孔子很明白，就回答说："苟子之不欲，虽赏之不窃。"就是说："如果季康子你自己没贪欲，即便你奖赏他人为盗，他人也不会去盗窃。"

孔子说的是实相。"不欲"不是不要财富，而是君子爱财，取之有道。财富就像是种苹果一样，是需要大地、阳光、流水、空气、虚空，还要农人来耕种，是众多因缘和合而生的。只要在因上努力，种下善缘，至于结果是钱多钱少，只能随缘。财富只是其中一种方便工具，万万不可成为工具的奴隶。挣钱是为了不用挣钱，欲是为了不欲呀！财富不是用来过奢华的生活，铺张浪费，满足个人贪欲私欲，更不是与他人比奢华比钱多，而是善用财富。譬如用之于民，协助他人开启智慧；用于保护天地父母，留给后代蓝天白云、青山绿水。这才是真正的“不欲”。

这样的上位者即长官或老板还担心偷盗吗？他们不但不用担惊受怕，还会拥有更多的财富，因百姓自愿将自己的所得财富交给予有这样心灵品质的人管理。人人内心不是自危忧患，而是特别放心、安详、自在呀！此生只为生命绽放呀！每个人皆是！

【一九】季康子问政于孔子，曰：“如杀无道以就有道，何如？”孔子对曰：“子为政，焉用杀？子欲善而民善矣。君子之德风。小人之德草。草上之风，必偃。”

季康子问孔子为政之道，他是先提出自己心底的看法、主见，让孔子给予指正。他说：“如杀无道以就有道，何如？”就是说：“假如杀掉无道之人以成就有道的人，怎么样呢？”在一般人看来，季康子是为民除害，替天行道，好像包青天。

其实这句话里面有一个很深的隐患，一般人是看不到也看不懂的。这里的“有道”与“无道”是谁在划分呢？又是怎样划分呢？季康子为人是从自我标准、自我意识出发，内心有很多条条框框、标准，还没有超越二元对立。他是“顺我者则是，逆我者非”，也就是符合自己内心框框标准则是、则活、则生、则昌，不符合的则非、则杀、则死。唯有彻悟者，他内心清清净净、超越二元对立，没有偏私，心量广大，所作所为是从纯净本心、良心流露，能如实深观“有道”与“无道”。这不是季康子所能为的。

孔子一眼望穿，知季氏与“政者，正也”相违背，就回答他说：

"子为政，焉用杀？子欲善而民善矣。"意思是："你是主政人，哪里还要用杀人的刑政呢？你若是像要满足贪欲那样要求自己为善、向善，民众自然而然就会效仿你向于善。"在本篇一十七章，孔子曾对季康子说："政者，正也。子帅以正，孰敢不正？"在此也可说是子帅一善，而民自善也。这是真正的无为而治。在日常生活中，从自身开始改变，外在一切也就随之改变，真的是一切皆为心造，心善一切自然就善了。

孔子担心季康子不明白，又举例说："君子之德，风。小人之德，草。草上之风，必偃。"偃，仆倒。意思是："真正的君子，即心量广大的人，他所流露出的特征如风一样；而小人，即心量狭小之人，就像地上的草一样。风从草上吹过，草自然而然仆倒。"

譬如风从东边吹来，草必向西边倒；风从西边吹来，草自然向东边倒。孔子使用活生生的实相启示，是要告诉季康子，自己做到了，必能感化一般民众，天下自然无不治呀！

【二〇】子张问："士，何如斯可谓之达矣？"子曰："何哉，尔所谓达者？"子张对曰："在邦必闻，在家必闻。"子曰："是闻也，非达也。夫达也者，质直而好义，察言而观色，虑以下人，在邦必达，在家必达。夫闻也者，色取仁而行违，居之不疑，在邦必闻，在家必闻。"

子张问："士，何如斯可谓之达矣？"士，是古代有志于道的读书人。达，通达，即所作所为从本心流露，自然达于外。意思是："一个士人怎样算是达呢？"

孔子想听听子张自己是怎么解读的，就对他说："何哉，尔所谓达者？"就是问他自己认为的"达"是怎样的。子张回答说："在邦必闻，在家必闻。"邦，邦国。家，大夫之家，也指当时鲁国掌权三家大夫的家。闻，名誉著闻，内无求必达之于外者，仅于外窃取名闻而已，此乃名存实无也。就是说："一位称得上达的人，在国内必有名闻，在卿大夫家中也必有其名闻。"

孔子听了后，知子张务外，协助子张去其病而导之正，就回答说：

“是闻也，非达也。夫达也者，质直而好义，察言而观色，虑以下人，在邦必达，在家必达。”质直，内在本质，即清净本心，也是道心、良心、直心。义，宜也，即恰如其分、合宜、无过无不及。察言，是用宁静的心去聆听他人的所言。观色，用宁静的心去观他人外在的一切。虑，就是禅思，是止观双运的观，也是将心比心。以下人，就是待人处下，柔和谦卑。

这句话的意思是：“那是名闻，而不是通达呀！一个真正通达的人，他必然是内在本质清净，有一颗清净本心，一心好义，又能察人言语，深观人的容色，将心比心，柔和谦退，总把自己处在人下面。这样的人，自然在国内、在卿大夫家中到处都能有所通达了。”

孔子指出所谓“闻”的人是怎样的呢，他说：“夫闻也者，色取仁而行违，居之不疑，在邦必闻，在家必闻。”色取，在表面上装点。居之不疑，专注于伪饰、外求，又自以为是，安于虚伪而不知，更不自疑。今日修行人、广告人居多呀。意思是：“那些有名闻的人，只在外表上装点出有仁爱的样子，所作所为却是违背仁爱，但他却是心安理得的样子，从来不懂自问自己，不去反省。这样的人能在国内有名闻，在卿大夫家中也有名闻了。”

此章是探讨“闻”与“达”，也就像今日探讨何谓真正的成功。这里可指导我们回到现实生活中去体会亲证呀！

【二一】樊迟从游于舞雩之下，曰：“敢问崇德、修慝、辨惑。”子曰：“善哉问！先事后得，非崇德与？攻其恶，无攻人之恶，非修慝（tè）与？一朝之忿，忘其身，以及其亲，非惑与？”

“樊迟从游于舞雩之下”。舞雩，是鲁国雩祭之处，其地有雩台、有树木，孔子常与弟子们到此游览。樊迟跟着孔子游览在舞雩台之下，虽是在游玩，但是仍然不忘求学。樊迟说：“敢问崇德、修慝、辨惑。”崇，提升，彰显。德，即《大学》中的明德，即清净本心、良心。每个人都是道之子，具有道的特征特性，是本自具足的。修，修正，治而去之。慝，邪念，恶之起于心。辨，分辨。惑，即迷，无明。意思是说：“我斗胆问怎样彰显清净本心，改正自己的恶念，辨别迷惑无明呢？”

孔子一听到樊迟的提问，就对他大赞说：“善哉问！”意思是：“你问得太好了，太棒了。”

接下来孔子分别对三个问题一一回答，他说：“先事后得，非崇德与？”事，在日常生活工作历缘对境中所作所为。得，反观到自己清净本心。这不就是彰显本自具足的本心吗？

那怎样是“修慝”呢？孔子说：“攻其恶，无攻人之恶，非修慝与？”攻，指改正。其，指自己。无，作“毋”。意思是：“一个能认真改正恶的人，见自己之恶太多，自改之而不暇，哪有时间去改正他人之恶呢。这不就是修去心中之恶吗？”

那怎样是“辨惑”呢？孔子说：“一朝之忿，忘其身，以及其亲，非惑与？”忿，气愤。就是耐不住一朝的气愤，忘了自己生命安危，连累了父亲家属。这还不是惑吗？

樊迟问孔子崇德、修慝、辨惑三个好问题，孔子协助他到日常生活中，历缘对境，去体会亲证。这些在现实活生生的实相中是真实存在的。唯有空明觉活在当下，深观其恶才能攻其恶，也就是修慝；也就能观其忿止其忿，才能不惑呀！也就是自净其意，贪嗔痴止息，恢复本自具足的清净本心，所作所为从本心、良心流露，生命全然绽放。

【二二】樊迟问仁。子曰：“爱人。”问知。子曰：“知人。”樊迟未达。子曰：“举直错诸枉，能使枉者直。”樊迟退，见子夏，曰：“乡也，吾见于夫子而问知，子曰：‘举直错诸枉，能使枉者直’，何谓也？”子夏曰：“富哉言乎！舜有天下，选于众，举皋陶，不仁者远矣。汤有天下，选于众，举伊尹，不仁者远矣。”

樊迟问：“什么是仁呢？”孔子说：“爱人。”“爱人”二字人们常说，看似言浅却意深。如何做到真正爱人？一个没有能力爱自己的人是没有能力爱他人。当一个人能让自己内心不染污、清清净净，所作所为都从本心、良心流露，内心是心安、自在、祥和，也就能协助他人成长，迈向心安、自在、祥和。

仁者就是以爱己之心去爱他人，所以“古之学者为己”，是自达达人、自利利人、自爱爱人。这才是真正的“爱人”，是无我无私、无欲无求、纯净的爱，而非男女之欲爱呀！一个没有打开智慧眼的人若去度他人，将会以盲引盲，要慎之又慎。

樊迟又问：“什么是知呢？”孔子说：“知人。”这两个字又是饱含深意。如何做到知人呢？要知人，先要自知，自知者明。只有真正了知自己才能了知他人。人同此心，心同此理。自知是知人的前提。譬如一位仁者、君子或是正直的人，一定知道谁是不仁者，谁是小人，谁是枉者，一览无余。而小人却是无法度君子之腹，井底之蛙焉能知天地之广呀！

樊迟未能通达“爱人”与“知人”之深意，孔子知道他未达，又进一步解读，说：“举直错诸枉，能使枉者直。”举，推举。直，从纯净本心流露，所作所为是真诚真心的人。错，放置。枉，曲而不直，为了目的谄媚、讨好，也就是表面很好，内心有污染、不正直的人。意思是：“推举正直的人放置在那些枉曲的人之上位，也能使枉曲的人正直了。”

樊迟不知怎么做到，不敢再问孔子，自己退下去，又见到子夏。他说：“乡也，吾见于夫子而问知，子曰：‘举直错诸枉，能使枉者直’，何谓也？”意思是说：“刚才我去见老师，请问什么是知，夫子说：‘举直错诸枉，能使枉者直’。这是什么意思呀？”

子夏说：“富哉言乎！”意思是：“这句话内涵太丰富呀！”他对孔子的话表示赞叹。

子夏为了让樊迟更一步去体会，又举上古案例解说：“舜有天下，选于众，举皋陶，不仁者远矣。汤有天下，选于众，举伊尹，不仁者远矣。”远，远离诸恶，即远恶行、近善行。也可以说是诸恶莫作，众善奉行，自净其意。

意思是说：“舜有了天下，在众人中选出一个人，举用了皋陶，那些不仁的人便远恶近善了；汤有了天下，也在众人中选人，举用了伊尹，那些不仁的人也都远邪枉而迁善了。”

此章深意是，自己先开启仁爱之心，才能举用有仁爱的人。当有仁爱的人被举用，他周遭的不仁之人也会被感化，去邪枉而迁善了。自己变了，一切随之改变，真的是心能转物，境自能随心转。正心而后自然身修、家齐、国治、天下平呀！

【二三】子贡问友。子曰：“忠告而善道之，不可则止，毋自辱焉。”

“子贡问友”。友，交友，是五伦之一，指朋友关系。子贡问何为交友之道。孔子说：“忠告而善道之，不可则止，毋自辱焉。”忠，忠于自己清净本心，真的做到视友如己。若只是在形式上或表面上说说而已，甚至有时还嘲笑、看不起朋友，都不是“忠”。真正的忠是超越二元对立，超越自他，来到一体世界。有缘成了朋友，对朋友说的每句话就如对自己说一样发乎心底，从纯净本心、良心流露，是真诚真心，毫无染污。譬如历史上有名的管鲍之交。

告，告诫。善，善道。道，即导，引导，是无条件协助朋友成长，迈向高等心灵品质。意思是：“朋友有不是的地方，应尽忠直言告诫，又须以善道引导他。若是无缘，朋友不听或还没有体会到，则该暂时停止劝告，不要为此使自己受辱。”

此章，孔子点明劝告朋友是要有智慧，一切还是要回到自己身上深观。若是自己做得不好或没有做到，只是一堆知见、观念，哪怕是写了再多的书，背了再多的经典，都是无济于事。朋友是听不进你的忠告。最好的忠告是，自己真的做出来了，是真实存在的实相，自然就会感动、感化他人。如实呈现胜于千言万语的劝告。连交友都是讷于言而敏于行。如果行之不得，也要反求自己呀！

【二四】曾子曰："君子以文会友，以友辅仁。"

曾子曰："君子以文会友，以友辅仁。"君子是相对于小人而存在的名相，但世上本无君子与小人之名相。佛家有言："一切众生皆有如来智慧德相，但以妄想执著，不能证得。"道本无名，是一体世界，因人有妄想、执著，有身见、我见，内心有很多的条条框框、标准、知见，故活在二元对立的世界中。

名相的产生是为了让世人了解心灵品质是有高低，如君子与小人，圣人与凡夫等。有了这些名相，因人而置，自然产生了经典，如三藏十二部、四书五经。这些就是此章所讲的"文"，都是指月的手指，是工具，是地图。通过文字、经典、图片的名相，协助人们读懂无字天书，读懂活生生的《大地风云经》。宇宙人生、身心内外真理实相是贯穿一切，无所不包遍一切处呀！

君子"以文会友"，是用经典文字去交友觅知音，找志同道合的朋友，也自然"以友辅仁"，相互协助、共同成长，迈向高等心灵品质。仁，仁爱之心，即佛家所言的"慈悲心"，也即"无缘大慈，同体大悲"。这些都是要自己体会到，才能做得到的，朋友真的却只是辅助、助缘、协助而已。可与共学的人较多，但可与适道、可与立、可与权的人是越来越少。真正有志于道的朋友是相互鼓励、相互协助，一起迈向高等心灵品质。

子路篇第十三（凡三十章）

【〇一】子路问政。子曰："先之，劳之。"请益。曰："无倦。"

子路请问为政之道。孔子说："先之，劳之。"先之，为政者自己先行。政者，正也，先超越二元对立，超越亲疏、上下、自他等，自然就会无条件又无我无私地先做出来，以身作则，百姓自然会思齐、效仿，如沐春风。劳之，自己要先辛勤劳动。譬如大禹治水，跋山涉水，三过家门而不入，为全天下人着想，心甘情愿辛苦备尝，所作所为是从道心、本心流露，百姓自然无不被感化。

百姓也都有良心、本心，每个人本自具足，只是绝大多数人不知道自己有无尽宝藏，没有去开启。唯有真正为政者，像大禹那样已开启自己无尽宝藏的人，才有能力协助百姓开启无尽宝藏，打开智慧眼、法眼、佛眼，发现圣凡一体，万物本是一体，发现我们就是生命的共同体，我们就是一家人。自然让自己勤劳，心甘情愿付出辛劳，无怨无悔，一切都是为家人，也是为自己。

子路听了之后，又"请益"。他是还不能完全理解孔子的深意，或是嫌孔子语少，请孔子多说一些或加以说明。

孔子就说两个字："无倦。"倦，厌倦、懈怠。就是为政者与百姓皆无倦。真正的无倦不是嘴巴上说的，而是从心灵深处流露出来的。唯有亲证了一体世界，才能做到真的无倦，也即为政者先做到服务百姓无倦无累无悔，百姓自然也是劳之无倦。双方都是相互协助，共同成长，迈向高等心灵品质。正如《礼记·礼运篇》之"货恶其弃于地也，不必藏于己；力恶其不出于身也，不必为己。"不为己即为大己，大我无我，自然无欲无求、无怨无悔付出呀！

【〇二】仲弓为季氏宰，问政。子曰："先有司，赦小过，举贤才。"曰："焉知贤才而举之？"子曰："举尔所知，尔所不知，人其舍诸？"

仲弓做了季氏的邑宰，请问孔子为政之道。孔子说："先有司，赦小过，举贤才。”有司，具体负责的官吏。赦，赦免。意思是：“诸事务先有具体负责人，他们有小过失当赦免，多推举贤才来分担各职务。”孔子是根据当下仲弓的实际情况，给了他具体方法，这方面是仲弓的弱项。至于为政之道的见地，正是仲弓的长项，他与颜回同是德行科。也就是说他对为政之理念是有见地，执行的功夫也是相当到位，只是方法欠缺，孔子指明并教他具体操作。

仲弓还不是很明白，又进一步问孔子说：“先焉知贤才而举之？”意思是：“哪里知道谁是贤才而举用他呢？”这的确是实际的问题。这里又有启示，经典是来自于生活，是由高等心灵品质的人流露出来，它可以协助人们回到活生生的生活中来。文字、经典只是工具，是指月手指。

孔子进一步针对仲弓当下的实际问题指明更具体的方法，他说：“举尔所知，尔所不知，人其舍诸？”意思是：“举用你所能知道的人，而你不知道不了解的人，难道他人会舍而不举吗？”这一方法是真究竟，物以类聚，人以群分。若是君子，一定能知君子与小人，也自然能举用君子。若是小人，他是无法度君子之腹，只能举用小人，即便举用君子也是包容不下。但君子是无法了知圣人的，这是属不知的部分，就交给大自然或他人去推举吧。自己心灵品质越高等，所举的人之心灵品质才越高。提升自己的心灵品质，必是整个生命的核心，重之又重呀！

【〇三】子路曰：“卫君待子而为政，子将奚先？”子曰：“必也正名乎。”子路曰：“有是哉！子之迂也。奚其正？”子曰：“野哉由也！君子于其所不知，盖阙如也。名不正则言不顺，言不顺则事不成，事不成则礼乐不兴，礼乐不兴则刑罚不中。刑罚不中则民无所措手足。故君子名之必可言也，言之必可行也。君子于其言，无所苟而已矣。”

子路说：“卫君待子而为政，子将奚先？”卫君，此处指卫出公，姬姓，卫氏，名辄。其父蒯聩是灵公的太子，因罪逃亡在外。灵公卒，由辄继为卫君，后来蒯聩回国取得君位，辄则出奔。奚，何。意思是：“如果卫君有意等待您来治理国家，您打算哪些事情先做呢？”

孔子说：“必也正名乎。”名，名相，未必是名符其实，是如《金刚经》所云，“所谓什么，不是什么，名是什么”。孔子深观卫国当时有名不符实。正，恢复名相本来面目。君是君，臣是臣，父是父，子是子。当时卫出公辄是取其父蒯聩的位置为卫国国君，是属于名不正。孔子深知若卫君让他来为政，是“必也正名乎”，就是一定要先正其名。

子路听到了就说：“有是哉！子之迂也。奚其正？”意思是说：“就这样吗？先生太过迂腐了吧！这名又何从正呀？”听到子路这么讲，孔子说：“野哉由也！君子于其所不知，盖阙如也。”阙，同缺，存疑。意思是说：“真太粗野了，仲由呀！君子对于自己不知道的事，该存疑不谈。”

孔子进一步把为什么要正名补充说明。他说：“名不正则言不顺，言不顺则事不成，事不成则礼乐不兴，礼乐不兴则刑罚不中。刑罚不中，则民无所措手足。”

意思是：“名真的是不正，便说起来不顺，很别扭又难受；说不出口，连说都不敢的，事自然不成；事不能做出来，人是看不懂，礼乐就难以兴起来；礼乐不能兴起，刑罚也就无有依据，自然就不中肯；刑罚不中肯，民众将感觉手足无措，不知如何是好，这就天下大乱呀！”孔子看问题是如此地深刻，又是从细微处入手，防患于未然。他是从源头、根本上去下功夫，既省力又无后遗症，真的是太伟大呀！

孔子又作了总结说明，他说：“故君子名之必可言也，言之必可行也。君子于其言，无所苟而已矣。”意思是：“所以君子所命名的就一定能够是可以如实说的，能如实说出来的也一定是能做出来的。君子对于自己所说的言语，不能有一点随便、马虎。”

此章是孔子自己的体会，他只是如实说，说的全是活生生的实相，值得大家静下心来，回到现实生活中自己去体会。名正是如此重要呀！所以自己说的每一句都要从纯净本心、良心流露出来，不能随着自己的妄心随便讲呀！

【〇四】樊迟请学稼。子曰："吾不如老农。"请学为圃。曰："吾不如老圃。"樊迟出，子曰："小人哉！樊须也！上好礼，则民莫敢不敬。上好义，则民莫敢不服。上好信，则民莫敢不用情。夫如是，则四方之民襁负其子而至矣，焉用稼？"

"樊迟请学稼。"樊迟向孔子请学如何种稼穑。稼穑，种植与收割，泛指农业劳动。稼，种五谷。孔子听了后说："吾不如老农。"意思是说："我是真的不如老农。"这是实相，孔子对此没有深入去实践，也不是他的特长。既然是这样，樊迟又"请学为圃"。圃，种蔬菜。他向孔子请教如何种蔬菜。孔子又如实说："吾不如老圃。"就是说："我不如老菜农。"孔子在这方面是真的不如老农老圃。

"樊迟出"。樊迟听完后，就出去了。孔子为在场的其他弟子阐述不用学稼、不用为圃的深意，他深知孔门弟子的使命、生命的意义。孔子说："小人哉！樊须也！"意思是："小人就像刚才的樊迟呀！"这里的"小人"不是贬义词，只是说他的心只专注种庄稼、为圃的这些技术上，然而这些已经有很多老农、老圃在承担。他并不是看不起老农、老圃，只是每个人的因缘不同、使命不同，孔门弟子是要"志于道，据于德，依于仁，游于艺"。如果只是游于艺，或只停留在学艺挣钱，都是心量狭小，所作所为只为私欲，满足自我小我。哪怕这个人是公司董事长，有亿万身家，或是今日所谓的大师，如果他只是停留在技艺上面而非志于道，都是小人也，非君子、大人也。是不是这样，自己回到活生生的生活中去体会。

孔子为让弟子更加清楚，进一步说明："上好礼，则民莫敢不敬。上好义，则民莫敢不服。上好信，则民莫敢不用情。"上，在上位，一般指的是君子。礼的核心是恭敬心。义，宜也，合宜、恰到好处。信，是自己亲证实相而后产生的"信"，不可动摇，也是自信，自证自知有清净本心、良心。情，实情，真实存在的情况，是实相。

意思是："君子、大人的心量与空相应，无边无际，若是这样的人在上位，又是喜好礼，流露出恭敬心，民众便不敢不恭敬。他只要能力求做到恰到好处，民众便不敢不心服口服，因为民众不易做到，自然就服。他能追求正信，又是从真心流露，民众便不敢不用真心与实情实况。”

孔子又说：“夫如是，则四方之民襁负其子而至矣，焉用稼？”襁，就是背婴儿的背带。意思是：“真能做到这样的境界，四方百姓都会背负着自己的孩子来归顺入籍，种稼能手也就日增，哪里还用自己去耕作呢？”

这里没有歧视，只是今日因缘不同。这时代更需要的是修身、齐家、治国、平天下的人，种谷子种蔬菜的事情自有老农、老圃去做。今日更需要孔门弟子志于道、修己安人，这才是孔门弟子的本分呀！

【〇五】子曰：“诵《诗》三百，授之以政，不达。使于四方，不能专对。虽多，亦奚以为？”

孔子说：“诵《诗》三百。”《诗》是《诗经》，有三百又五篇，分《风》《雅》《颂》三体，言三百，举成数。《诗经》是西周时期真实存在的描述，是描述实相。《风》即为民歌，其中《周南》《召南》二南是描述治闺门之道，《豳风》是描述农事富民之道。《大雅》《小雅》是描述平天下、接诸侯、待群臣之道。《颂》乃政成治定后始作，是描述歌功颂德。而得失治乱之情则见《变风》《变雅》悉之。故格物、致知、诚意、正心、修身、齐家、治国、平天下，其要旨核心皆备于《诗经》。

诵此三百首，到底是干什么呢？是为了展示我是我能吗？是为了能倒背如流吗？是为了解析很透彻吗？这些都不是诵《诗》三百的目的。《诗经》也是指月之指，是工具，千万别拿着工具比高比大比深。这样的比较是没有任何意义的，只能增加贡高我慢，这本身就是背道而驰了。只要回到活生生的日常生活、工作中去历缘对境，自证自知呀！

孔子具体指出现实存在的两件事：“授之以政，不达。使于四方，不能专对。”专，独，就是自己有独立之思考，自由之精神，又不违背纯净本心、良心。意思是：“授他政务处理，未能通达。派他出使四方，不能独立自主，无主见，不能应对。”如果一个人诵《诗》三百，读经千卷万卷，却如孔子说的那样“不达”“不能专对”，那“虽多，亦奚以为”，虽然背了很多，又有何用呢？

实相是存在于活生生的当下，遍一切处，是变化的，充满着生命力的。一切经典名相所指向的都是这一部无字天书，这一部活生生的大地风云经。回到当下来，以大自然为师，向大自然学习思齐。当真正能读懂大自然这一部无字天书，就可以放下一切经典。也可以验证经典的正确与否，能以简驭繁，一通百通，其乐无穷，远离“学海无涯苦作舟”，自然回到孔子快乐学习的生命状态，即“学而时习之，不亦乐乎！”

【〇六】子曰：“其身正，不令而行。其身不正，虽令不从。”

孔子说：“其身正，不令而行。”这里的身，是指身、心，也是清净本心加上身、口、意三妙行，当然也是《心经》所云：色、受、想、行、识。正，是超越二元对立，没有比高比大，比富比强，是在超越二元对立的一体世界中。每一个人都是独一无二的，都是第一，是神圣、神奇、奥妙的，所作所为都是从纯净本心、良心流露出来。意思是：“当一个人的身心正了，一切自然都自正，春风化育，譬如孔子温良恭俭让以得之。”不是说你做了董事长，或是元帅、大将军，发命令就有人服从，而是你真正做到了身正，周遭的人被你所流露的浩然正气震撼了，自然不令而自行。每一个人都有一颗纯净本心、良心，是被正气唤醒了。

孔子说：“其身不正，虽令不从。”譬如自然农法，是没有化肥农药、除草剂，哪怕你只是喷一点农药、除草剂，都是违背自然农法心法，相对一般耕作方法只是五十步笑一百步而已。这就是其身不正。你所作所为是从纯净本心、良心、道心流露，还是从欲心、妄心流出呢？表面上外人不知道，但你的良心、本心是一清二楚的。如果不能从心底感动、震撼自己，自然生不起来浩然正气，也就无法感动、震撼他人。要让周遭的人不令而自行，难矣！

一个人若身心不正，即便他是公司董事长、将军、大元帅，很懂制定法令制度，也很能指挥发命令，但周遭的亲人，或是士兵、下属都只是表面上的服从、应付而已，是上有政策下有对策。实相就是如此。唯有自身正，才能一切自然正，也自然能不令而自行，无为无不为呀！

【〇七】子曰：“鲁卫之政，兄弟也。”

孔子说：“鲁卫之政，兄弟也。”鲁，鲁国，是周公旦的封地。卫，卫国，是康叔的封地。周公旦与康叔是兄弟，是同祖同宗的。意思是：“鲁卫两国的政事，真是像兄弟一样相似呀！”这是孔子对实相的描述。孔子在卫国周游时，发现卫国当时的政事乱相和鲁国差不多，两国曾经都是礼仪之邦，如今鲁国是“君不君，臣不臣”，卫国是“父不父，子不子”。二者过去都是受圣人教化，今日又都是如此衰乱不堪呀！孔子不由发出这深沉的感叹，也流露出了自己的无奈与惋惜。

为什么两国的源头都是正本清源，流传至今却是此种现状？再看看当下存在的一切，虚空还是那个虚空，一样有流水、大地、空气、阳光、蓝天白云、青山绿水、飞禽走兽、鸟语花香。大自然还是那么纯净、寂静，又是一派生机勃勃，充满着生命力。人类也还是一样，有眼耳鼻舌身意，仍然生活在大自然之中。

虽然整个大自然是流动无常变化，但现象界的一切却是清清净净。真实存在的虚空也是不增不减、不垢不净、不生不灭。人类是大自然之子，他的本心、道心与空的特征特性是一样的，唯有人的妄想分别心是不安分、不清净。要恢复清净本心，让所作所为从清净本心流露出来。唯有慢下来、停下来、心静下来，以大自然为师，法天则地，无我无私，为而不恃，长而不宰，行走在世间克己复礼。周公所制定的周朝礼乐制度就能渐渐恢复，人人各安其位，各守其职，各自绽放生命，利益众生。孔子周游列国，办私学有教无类，核心目的也是为了这个理想，构建礼运大同世界，让天下家人过着安心、自在、快乐的生活。

【〇八】子谓卫公子荆善居室。始有，曰："苟合矣。"少有，曰："苟完矣。"富有，曰："苟美矣。"

"子谓卫公子荆善居室。"公子荆，卫大夫，因在鲁国也有同名的公子荆，特加上一个卫字。在春秋时期，诸侯之子除继承君位的称为世子之外，其余都称为公子。这里是孔子称赞卫国的公子荆善于治家而不奢侈。

卫国公子荆少年时居宫中，成年之后结婚成家，他的父亲，即当时的国君，给他一处田地，由他自己治理家室。"始有"是指房子刚刚落成。一开始只是简单装饰，只有一些必需的用具，如床、餐桌、椅、锅灶、碗筷等。可睡觉、做饭吃，满足最基本的生活需求。这样他就很满足了，说："苟合矣。"苟，将就苟且。这个字里有深意，公子荆是卫国国君的儿子，他所拥有的物质财富及地位是绝大多数人不可及的，他能够放下外在的物质财富，将就苟且，有了一些生活必需用品能过生活。意思是说："他可以将就凑合了。"这就值得称赞。

"少有"。少，稍。就是到了他稍多时，便说："苟完矣。"完，完备。就是说："将就完备了。"只是稍多有一些时，表面上看将就，但他自己心理上已觉得完备。"富有"时，也就是比"少有"更多一些，但比其他的王公贵族还是逊色许多，不奢侈，朴实而已，他就说："苟美矣。"美，美滋滋，太幸福了。意思是，他内心是美滋滋，很幸福呀！从物质层面看，还是将就苟且，但他自己心里是很知足、富足、幸福呀！

这里有一启示，当一个人只满足最基本的生活需求，能过着无欲无求的生活时，只要稍有一点盈余，心里就自然特别知足、感恩、自在、幸福呀！我们不难理解，佛陀放弃太子的荣华富贵，过着托钵乞食的生活；孔子"饭疏食饮水，曲肱而枕之"的生活；还有颜回的"一箪食，一瓢饮，在陋巷，人不堪其忧，回也不改其乐"。他们一定都是找到了一种比物质财富更重要的东西，甚过生命，那就是"道"呀。难怪孔子会说："朝闻道，夕死可矣。"

【〇九】子适卫，冉有仆。子曰："庶矣哉！"冉有曰："既庶矣，又何加焉？"曰："富之。"曰："既富矣，又何加焉？"曰："教之。"

"子适卫，冉有仆。"适，到。仆，御车。孔子到卫国，冉有为孔子驾车。孔子说："庶矣哉！"庶，众多。意思是："卫国人口众多呀！"在古代，人口众多是件好事，《大学》里就提到"财散则民聚"。这是实相的描述，是真实存在的。整部《论语》都是在描述活生生的生活，是真实发生的事情。但语言文字很难将神韵传达出来，这是经典的缺憾，我们还是要回到生活中亲证。神韵存在于生活，从未丢失过，孔子时代是如此，现在也是如此，是存在于每一个活生生的现在。

冉有听到孔子说卫国人多，就问道："既庶矣，又何加焉？"就是说："既然是人口众多，又要做些什么呢？"孔子的回答是很肯定的两个字："富之。"这里的"富"与我们今日所理解的富有程度不同，而是"仓廪实"，也就是使百姓富裕，满足百姓基本生活需求。若满足的是百姓的欲望，则是欲壑难填，永远不能满足。这里的"富"就是知足常乐，是真正的富足，什么都不缺。

冉有进一步问，他说："既富矣，又何加焉？"就是说："既然百姓富了，又要做些什么呢？"孔子回答还是简洁有力的两个字："教之。"就是协助百姓自我教育呀！《中庸》里说："天命之谓性；率性之谓道；修道之谓教。道也者，不可须臾离也；可离，非道也。"也就是说，百姓也是人，也同样是天之子、大自然之子、上帝之子，每个人都是如此。当他们不愁吃穿时，也同样会去探求生命的源头。这与学历、地位、财富、种族、政党等是无关的。修道之谓教，也就是找到了生命的源头之道。也就如孔子所言的："朝闻道，夕死可矣！"自然就会心安、自在。每一个人皆是如此，皆可如此，这是本自具足的。

【一〇】子曰："苟有用我者，期月而已可也，三年有成。"

期月，一周年。此章的意思是，孔子说："如果有国家能用我，一年的时间便可以初见成效，三年就会有成就。”这章有些启示。譬如这句“苟有用我者”，绝大多数人会觉得孔子很无奈，也觉得他和平常人差不多，没有什么了不起。他周游列国四处找工作而不受用，像无业游民。还有人甚至调侃他如丧家之犬。这些恰恰是孔子的伟大之处呀！

众所周知，孔子有弟子三千，其中有七十二贤。在他最杰出的十大弟子中，颜回是智慧德行第一。子贡善于经商，富可敌国，又是外交家，是当时国际风云人物，知名度甚至超过孔子。子路善于治军又英勇善战，还有善于理财的冉有等等，人才济济呀！再加上春秋时代的中华大地，真的是地大物博，地广人稀。孔子在一偏僻地方自主创业，建一个国家真的是轻而易举。在《论语》中曾有相似的描述，如《论语·子罕篇》中有载：“子欲居九夷。或曰：‘陋，如之何？’子曰：‘君子居之，何陋之有’？”

但孔子深知自己的使命及生命意义，他只是一个助缘，是要协助各国明君成就王业。孔子不是没有能力建立一个强大的邦国，而是完全有能力却不建立自己的国家。建立国家真的不是他的使命。这里值得很多人去深思，要清楚明白自己的定位、使命与生命意义。

孔子是体会了一体世界，天下本是一家，四海皆兄弟。他的宏愿是构建礼运大同世界。孔子深观当下实相，正如《中庸》所云：“虽有其位，苟无其德，不敢作礼乐焉。虽有其德，苟无其位，亦不敢作礼乐焉。”一旦有位给他时，他胸有成竹。这不是他自己凭空想象的，在《史记》有记载，孔子在鲁国当官时候，三个月就大功告成，相当成功。可见他是有见地，有功夫，还有很多好方法。自然他才肯定说：“期月而已可也，三年又成。”此言不虚，不是吹牛。

若当时孔子真的去建立一个强大国家，树立一个大山头，那他就不是今日的大成至圣先师孔子，也没有“素王”之称，而是和一位普通国君一样，没有什么特别呀！也正因为他无我无私，超越国界、宗教、政党，为而不恃、长而不宰，才不愧是大成至圣先师呀！

【一一】子曰：“‘善人为邦百年，亦可以胜残去杀矣。’诚哉是言也！”

“善人为邦百年，亦可以胜残去杀矣。”此处是孔子引古人语。善人，这是超越世俗善人与恶人之分的善人，也是《道德经》所云：“天道无亲，常与善人”的善人。这里的善人是大智慧者，是超越二元对立的，又是无我无私、无欲无求的，所作所为是从纯净本心、良心流露，没有“顺我则是，逆我则非”的条条框框、标准，内心是无界线、清清净净的。胜残，自己先战胜自己，内心无有残暴，自胜者强。唯有战胜了自己，才能自然润物无声，感化残暴之人让他不为恶。去杀，也就是自己心中无瞋无杀，不用刑杀而民自化于善，民风自然柔和淳朴了。

意思是说：“古人有说：‘有大智慧的明君相继主持国政一百年，就可以转化残暴，使民不为恶，消除杀伐。’”

孔子对这句话是由衷赞叹，他说：“诚哉是言也！”就是说：“这句话是千真万确呀！”孔子是深知其中的深意，但实相是怎样呢？春秋时代诸侯国大都很乱，或是杀父弑子，夺权谋位，或是出兵攻伐，民不聊生，残暴杀戮，背道而驰。社会恶习根深蒂固，唯有大智者明君出来，相继为政百年，才能转恶为善，胜残去杀，恢复礼运大同世界。

正因为如此，孔子周游列国，四海为家，历经千辛万苦，寻觅明君、大智慧者，协助他们治国、平天下，利益一切众生，发挥生命意义。

【一二】子曰：“如有王者，必世而后仁。”

孔子说：“如有王者，必世而后仁。”王者是与霸者相对而言，他是内圣外王，是自胜者，是战胜自己的强者。譬如《道德经》所云：“自胜者强，胜人者有力。”而霸者就是“胜人者有力”，用武力征服他人。他人只是表面上的屈服，而非心悦诚服。世，三十年为一世。仁，从纯净本心良心流露出来，用语言文字“仁”来描述它，每个人都有一颗仁心。唯有王者的仁心常流转常流露，具体展现即外王。王者是利益天下百姓，协助他人逐渐恢复清净本心，百姓的仁心自然也会逐渐流露出来。

此章的意思是，“假如有一位圣王兴起，也必定是要三十年时间，才使仁道行于天下呀！”

为什么是“必世而后”才能仁道行于天下呢？能成为王者，必是先内圣的人。他是格物致知、诚意正心、修身之人，是出来王天下，利益天下百姓。但他自己要先做到的是齐家，最后才能治国、平天下。

王天下，仁天下。自己是先逐渐做出来，也就是必先有其德，若再有其位，才敢作礼乐焉。也就是一个人树立了标杆榜样，自然而然有很多人去思齐效仿，如沐春风之化育。每人都有道心、仁心、本心，自然像春风吹又生。百姓先是被感化，进一步欲自内圣，自己会逐渐去格物、致知、诚意、正心、身修。自然而然有越来越多的人会去自修、自内圣、自内化，渐渐又有越来越多的人被唤醒。这样从王者兴起仁能行天下，也就大约一世三十年呀！

（一）【一三】子曰：“苟正其身矣，于从政乎何有？不能正其身，如正人何？”

苟，诚也，真的。从政，为政。此章意思是：“真的能正自己的身心，则从事国政，何难之有？自身如果不能正，又如何正人呢？”[①]

（二）【一四】冉子退朝，子曰：“何晏也？”对曰：“有政。”子曰：“其事也？如有政，虽不吾以，吾其与闻之。”

“冉子退朝”。冉子，冉有，此时是季氏的家臣。退朝，从季氏家中回来，退于季氏的私朝而非退于国君公朝。孔子看冉有回来较晚，

① 具体的深意与《论语·子路·〇五》相近，合参即可。

就问：“何晏也？”晏，当“晚”讲。就是说：“为什么回来这么晚呢？”冉有回答说：“有政。”就是有国政讨论。

这里给人很温馨的感觉，冉有退朝稍晚，孔子问之。师徒亲如父子家人。固夫子不独于颜回一个人是这样呀！这也让我想起了相似的情景。每当我儿子放学回家较晚，我就问他为什么回家晚了呢？我儿子经常讲的是在学校做作业或是值日，其实班主任早就告之我是留堂。

孔子听后，说：“其事也？如有政，虽不吾以，吾其与闻之。”也，同邪，疑问辞。事，私事，这里指季氏的家事。以，用。意思是：“怕是季氏的家事吧？如果是国政，我虽当下不被用，但曾是大夫，有资格参与闻之。”

冉有哪一点事都逃不过孔子的眼睛呀。他看似不相信冉子说的话，其实不是不相信冉子，而是不相信季氏。当一个人只为了自己的私利行事，没有公开又不光明磊落，他所作所为不得不让人怀疑。所以夫子怀疑冉有的话是正常的。这里孔子的担心是为整个国家考虑，而不是从他自己的私利考虑。他担心季氏犯上作乱，生灵涂炭、民不聊生。

孔子真的是为天下之忧而忧，从未因自己的得失而忧。他一心协助国君利益百姓，利益天下苍生，让生命意义发挥出来。

【一五】定公问：“一言而可以兴邦，有诸？”孔子对曰：“言不可以若是其几也。人之言曰：‘为君难，为臣不易。’如知为君之难也，不几乎一言而兴邦乎？”曰：“一言而丧邦，有诸？”孔子对曰：“言不可以若是其几也。人之言曰：‘予无乐乎为君，唯其言而莫予违也。’如其善而莫之违也，不亦善乎？如不善而莫之违也，不几乎一言而丧邦乎？”

鲁定公问道：“一言而可以兴邦，有诸？”意思是：“只要用一句话便可兴国，有这样的话吗？”鲁定公对此是不确信的，难道一句话有这样大的功用吗？

孔子是深知“一言而可以兴邦”之深意，就回答说：“言不可以若是其几也。人之言曰：‘为君难，为臣不易。’如知为君之难也，不几乎一言而兴邦乎？”几，几乎、接近、近似。意思是说：“一句话不可能有这么大的作用，虽一言不能兴国邦，但一句合乎道的话，是可以接近‘兴邦乎’。譬如有人曾说过：‘为君难，为臣不易。’如果深知做好一位国君很难，也知道做好一名臣子是不容易呀！这不就是一句话可以让国家兴盛吗？”

为君难，难在“政者，正也”。一国之风正不正，全取决于国君。君正，即君君。自然臣也正了，即是臣臣。也就是说，办理国家大事都是为天下苍生，而不是为自己的私欲，自然能超越亲疏、国界，处处起表率、榜样的作用。为君者又能深知为君之难，也就能如履薄冰，如临深渊，小心翼翼，就能郑重其事，自然就近乎“兴邦乎”。“为臣不易”也是一样。

鲁定公听了深受启发。既然“言而可以兴邦”，他就提出反面的问题。他说：“一言而丧邦，有诸？”就是说：“一句话就可以亡国，有这样的话吗？”孔子回答说：“言不可以若是其几也。人之言曰：‘予无乐乎为君，唯其言而莫予违也。’如其善而莫之违也，不亦善乎？如不善而莫之违也，不几乎一言而丧邦乎？”

意思是说：“一句话不可能有这么大的作用呀，但已是很接近的了。有人曾说过：‘我做君主并无乐趣，唯有我所说的话没有人敢违背。’如果君主说得合乎道而无人违背，那当然很好呀！若是说得不合乎道，而没有人敢违抗，那样即便不会马上就亡国，也已接近亡国了。”

此章是孔子回答鲁定公正反两个问题，也是指明为政者既要有知难敬事之心，又要有去骄纳谏之心胸。其中有很多深意要细细去体悟，但离不开以格物致知、正心诚意修身为治国、平天下之本。慎思之！

【一六】叶公问政，子曰：“近者说，远者来。”

“叶公问政”。叶公问孔子为政之道。叶，原为一小国，后属于楚国，由叶公来治理。叶公是楚国大夫沈诸梁，字子高。

孔子说：“近者说，远者来。”近，指自己以外，小至两口之家、一个家族、公司，大至整个国家。也就是《大学》所言的“齐家”“治国”。说，同悦，是发乎心底的高兴，是知足快乐、幸福安详的。若能生活在《论语》所描述的和谐世界，也即“老者安之，朋友信之，少者怀之”，这样就能悦其政泽。远，指自己邦国之外的一切苍生。来，是闻其风气风俗，自然“四方之民，襁负其子而至矣”。意思是说：“使近的人心悦诚服，远的人来归顺。”

为政者能达至如此之境，唯有如《大学》所云：“格物、致知、诚意、正心、修身、齐家、治国、平天下。”也就是达至内圣外王之境。内圣是成就自己，成为完整的人，也是超越二元对立，真正快乐的人。曾国藩所云：“君子之立志也，有民胞物与之量，有内圣外王之业，而后不忝父母之生，不愧于天地之完人。”其实“近者说”就是为政者完成了物格、知致、意诚、心正、身修、家齐、国治的阶段，人民自然幸福安康，无不欢悦。

四方之民看到这样的国家如此幸福安详，自然就纷纷踏至，这就是“花开蝶自来”的效应。不论是个人、家庭、公司，或是大至一个国家，都要回来提升自己、自己家庭亲人、公司同仁或自己国家民众的心灵品质。如果人人安心、自在，自然就会“远者来”。大唐开元盛世，基本做到了“近者说，远者来”。

【一七】子夏为莒父宰，问政。子曰：“无欲速，无见小利。欲速则不达，见小利则大事不成。”

“子夏为莒父宰”。莒父，鲁国邑名。此章是子夏当了莒父邑宰，向孔子“问政”，也就是问为政之道。

孔子说：“无欲速，无见小利。欲速则不达，见小利则大事不成。”无，通毋，戒、止。欲速，自我意识、自己妄心想要的速度。大自然中万事万物都有自己生长的速度、规律，都是无我无私、无欲无求的速度，也就是“无欲速”。不一定是很快速，慢也是事物自己本身的速度。譬如当前教育、农业、股市、房产等皆有拔苗助长之状，那就是“欲速”了。

小利，这里的“小利”是个人的私利私欲，不仅仅是指小恩小惠，哪怕百万、千万、亿万，甚至整个国家都是小利。在孔子、佛陀的眼中就是如此。他们的心量是无边无际的，这些数字在虚空中只是微尘中的微尘呀！

佛陀本就是太子，又是国王的独生子，拥有一切荣华富贵、名利，他却全然放下，因深知那些都是“小利”。譬如《金刚经》所言：“若三千大千世界中。所有诸须弥山王。如是等七宝聚。有人持用布施。若人以此般若波罗蜜经。乃至四句偈等。受持读诵。为他人说。于前福德。百分不及一。百千万亿分。乃至算数譬喻。所不能及。”在《金刚经》中，有多处这样的描述。

那何谓大事大利呢，如孔子所言的“朝闻道，夕死可矣”。这里的“大事”是了悟生死，体道、悟道、行道，与道合一，得知生从哪里来，死往何处去，心无挂碍，无挂碍故，无有恐怖。这就是大事大利。

这一整句话的意思是：“不以满足自我需要而速成，不要只见到个人私利。只求快速成就达不到生命核心目的。只看到私利，就不能了悟生死大事。”作为一个为政者，向外求速成、求私利，自己不能大安心大自在，也就不能协助百姓安心、自在、祥和，整个社会就会动荡不安。人民生活在水深火热之中，内心充满着焦着、郁闷、痛苦、不安与无奈呀！

【一八】叶公语孔子曰：“吾党有直躬者，其父攘羊，而子证之。”孔子曰：“吾党之直者异于是。父为子隐，子为父隐，直在其中矣。”

叶公告诉孔子说：“吾党有直躬者，其父攘羊，而子证之。”直躬，非其人之姓名，因其行直，故称“直躬”。这些名相不重要，不做详细考证。攘，窃取。意思是：“我们这地方有一个能行直道的人，他的父亲窃取他人的羊，他就站出来指证。”在一般人看来，这样的人真的是很正直，又很有正义感，能大义灭亲，维护法律的尊严。

但孔子却有截然不同的看法。他说：“吾党之直者异于是。父为子隐，子为父隐，直在其中矣。”意思是：“我们的直道与此不同。父亲替儿子隐瞒，儿子替父亲隐瞒，直道便在这父子互为隐瞒之中。”在绝大多数人眼中，孔子这是纵容窝藏。这是不能读懂孔子的深意呀！孔子心中的“直”是从纯净本心流露而出的，是出于天然。父子之间的爱是天成，天性至诚，是自然至情，清清净净。而叶公心目中的“直”是从法律层面出发。

《孟子·尽心上》中，桃应曾问孟子，如果天子舜的父亲瞽瞍杀了人，当法官的皋陶会如何处理？孟子的回答是，皋陶会“执之而已矣”，依法把舜的父亲抓起来。作为天子的舜也不能禁止这一抓捕，因“夫有所受之也”。但是，孟子最后又补充道：“舜视弃天下,犹弃敝蹝也。窃负而逃,遵海滨而处,终身欣然,乐而忘天下。”意思是舜会把天下当作破鞋一样丢掉，找机会偷偷背着老爸逃走，躲到海边，高高兴兴地奉养老爸。此事不一定是史实，但从孟子的回答中可以清楚看到，法理层面与本性层面的区别。

再让我们回到《道德经》里的“故失道而后德，失德而后仁，失仁而后义，失义而后礼。”这是老子在描述周朝后期，人们心灵品质降低至礼的层次。而像叶公那个地方更低，人的心灵品质沦落到法的层次，这已是很危险了！

子证父攘羊，虽然是常人所理解的“直”，也合法，但违背天伦之理。父子是五伦之一，相互举报会长不孝之风，怎么能认为这是直呢？实不可取！当然攘羊不是什么好事。这件事虽然是屈的，但理是直的，父子相隐瞒是天然本性，合人伦之道。而且父子之间可以私下相互规劝。这是一次教育或感化的良机，使之从心底流露出真心的忏悔，从心底改善。转烦恼为菩提，化腐朽为神奇。

法的核心、本义不是以刑罚为目的，而是让人能改邪归正。若不用刑罚的手段能达到更好的效果，又能维护人伦常道，让人脱胎换骨，何乐而不为？这是孔子的过人之处。

【一九】樊迟问仁，子曰：“居处恭，执事敬，与人忠，虽之夷狄，不可弃也。”

“樊迟问仁”。樊迟问如何做才有仁道呢？孔子针对樊迟当下存在的实际情况作出了相应的回答。这不是孔子自己凭空想象创造出来的，他只是根据亲身的体验来描述而已，是述而不作。

他说：“居处恭，执事敬，与人忠，虽之夷狄，不可弃也。”居，在生活中，在家里，平时，也包括自己独处时。恭，恭敬，不惰不放肆，如在公开场合一样的肃敬。敬，诚敬心，如为自己做一样的心态。忠，尽己之力谓之忠，如待己一样待人。之，到。弃，有两种解读。一种是舍弃、放弃，就是说，一个人如果在中原真的做到了“居处恭，执事敬，与人忠”，他即便到了夷狄这文化相对落后很多的地方，也会保持本色，不会与之同流。另一种解读，如果一个人这几样都做得很好了，到了夷狄那里的少数民族也会很受欢迎，不会被抛弃。其实，这两种解读都是合乎实相的。

这句话的意思是：“平时独处时能恭敬待己。执行具体事项时，于公于私都如己事之诚敬。待人能如待己一样尽心。一个人如果这几项都能如此，他即便到夷狄这文化相对落后的国家，也不会被弃之不行，也自然不会被抛弃。”这是实相，也是肯定的。为什么是这样？这里的夷狄，也只是名相而已。他们也是人，一样有纯净的本心、道心。人同此心，心同此理。

《六祖坛经》记载：“祖言：‘汝是岭南人，又是獦獠，若为堪作佛？’慧能曰：‘人虽有南北，佛性本无南北；獦獠身与和尚不同，佛性有何差别？’”人有夷狄与中国之分，本心、良心、道心是无夷狄与中国之分。每个人都有纯净的本心良心，这是超越国界、种族、宗教、宗派、政党的。甚深之意在其中，值得大家去细细地咀嚼呀！

【二〇】子贡问曰："何如斯可谓之士矣？"子曰："行己有耻，使于四方，不辱君命，可谓士矣。"曰："敢问其次。"曰："宗族称孝焉，乡党称弟焉。"曰："敢问其次。"曰："言必信，行必果，硁硁然小人哉！抑亦可以为次矣。"曰："今之从政者何如？"子曰："噫！斗筲之人，何足算也！"

子贡问孔子说："何如斯可谓之士矣？"意思是："怎样才能称为士呢？"孔子回答说："行己有耻，使于四方，不辱君命，可谓士矣。"意思是："自己的所作所为从内心流露，又常怀有感恩心，如果做不好，良心本心会知道，自然就生起羞耻心，也就会尽力做好。他出使四方，能竭尽全力，不使君命受辱，如此可算是士了。"

子贡又问："敢问其次。"就是接着问："敢问次一等如何呢？"孔子说："宗族称孝焉，乡党称弟焉。"意思是："同宗同族的亲属称他是孝敬父母，乡党邻里称他是尊敬兄长。"

子贡接着问："敢问再次。"意思是："敢问再次一等如何呢？"孔子回答说："言必信，行必果，硁硁然小人哉！抑亦可以为次矣。"果，必行之。硁硁然，像石头那样坚实。意思是："出言必可信不移。做一事，必行之到底不转变，坚实得像块石头的样子，那是小人呀！但这也算是次一等的呀！"

至此，有两个启示。一是士人有分等级，但这与人心量的大小有绝对关系。第一等士人有心在乎国事，到次一等在乎家族，最后一等落到只在乎个人"言必信，行必果"的狭小心量，即孔子称之为"小人"也。小人真不比大人身子矮小。

大人是如《孟子·离娄篇》所云："言不必信，行不必果，唯义所在。"当今很多人以为说到做到，即"必信""必果"，就是君子、大人，真的未必呀！若一个人不是志于道与义，做得越多，能力越大，助缘越大，为恶越多，自己不知道还沾沾自喜。这其实是破坏地球、污染环境，浪费大量的资源。我们真的要回来反观自身的所作所为，真的合乎道吗？真的合乎义吗？

子贡一直追问，这并不是他的本意，他是想知道孔子对当今士大夫是怎样看的。他说：“今之从政者何如？”就是说：“现在那些从政的人如何呢？”孔子回答说：“噫！斗筲之人，何足算也！”噫，叹息。斗筲，斗容十升，筲容五升。意思是：“呀！那些人只是一斗五升之人，其器小只知聚敛，是为自己私欲，何足算数呀！”

这里可见孔子的言语至直，他描述实相，诸士大夫就是斗筲之人，连“言必信，行必果”的最后一等士人都配不上，还是小人。在春秋时代，世袭卿大夫，有弑君，有弑父，连小人的士人都不如。这也告诉世人，不以地位、财富、金钱、学历、知识等高低多寡、贵贱来论生命的意义，而是要看为他人、社会、国家、天下乃至大自然带来什么益处、贡献，这才是生命的意义所在呀！

【二一】子曰：“不得中行而与之，必也狂狷乎！狂者进取，狷者有所不为也。”

孔子说：“不得中行而与之，必也狂狷乎！”中行，超越二元对立的人。他是融入一体世界，无恶无善，内心清清净净，无有个人的好恶标准，条条框框，行走在中道上。中道在哪里呢？在每个当下真实存在，遍一切处，当然也在每个人自己身上。与，和《论语》中的“可与共学，未可与适道”是同义，是同、一起的意思。“狂”与“狷”这两个字，表象是贬义词，实相并非如此。狂者，进取者，有所为，不就是佛教中“众善奉行”吗？狷，有所不为，就是“诸恶莫作”呀！这句话的意思是：“我不能和得道的人在一起，那只有和狂狷之人一起了。”

这里是有深意，孔子若不是中行之人，即与道合一的人，是不可能了解道，也不可能了解与道合一的人。若一个人没有佛陀这样的心灵品质，即便是真正的佛陀出现在你的面前，你也是认不出他是真正的佛陀。唯有提升心灵品质，才能认识真正的佛陀、老子、孔子、庄子。

大自然、天地父母就是道，就是上帝，就是大佛。佛陀、老子、孔子、耶稣等大彻大悟者都是以大自然为师，读懂了大自然这一部永不过时、活泼泼的无字天书。当今能有几人读懂大自然这一部《大地风云经》，又有几人能听懂大自然在宣说无上甚深微妙法呢？还有狂者与狷者，这两种人其实就是一类人，如太极的黑白两仪，都是由太极生出来的。也就是有所为与有所不为，都是由纯净本心、道心、良心流露出来的。当回到了为道日损，损之又损，自净其意，超越二元对立，恢复本自具足的清净本心，所作所为是从清净本心道心流露，自然就是发挥生命意义，利益众生！

孔子又是对狂者与狷者进一步的补充说明，他说："狂者进取，狷者有所不为也。"这句话意思很明白，本章前一句也解读得相当清楚，不作详细解读。但如何超越狂狷，来到中行？唯有停下来，心静下来，思维止下来，来到老子《道德经》所云："致虚极，守静笃。"也是《六祖坛经》所云："不思善，不思恶，正与么时。"自然而然就能做出来。具体操作，即功夫，是实修实证部分，因缘成熟再细说。感恩存在的一切！

【二二】子曰："南人有言曰：'人而无恒，不可以作巫医。'善夫！""不恒其德，或承之羞。"子曰："不占而已矣！"

孔子说："南人有言曰：'人而无恒，不可以作巫医。'善夫！"南人，南方之人。恒，常、不易、不变化。在当下真实存在的一切之中，有什么是恒常的呢？《易经》"简易、不易、变易"之中的变易是唯一不易的，也就是恒常的。当然佛陀宣说的三法印中的无常法印也是恒常的。也就是说，无常变化是唯一不变不易的，这是实相。还有在宇宙大自然中真实存在的空、道也是恒常的，不增不减、不生不灭、不垢不净，但又能生妙有。如《道德经》所云："道生一，一生二，二生三，三生万物。"就是真空生妙有。而在人身上，就是每个人本自具足的清净本心、道心、良心，也是唯一恒常不变的，可称之为恒心，这才是真正的恒心。

当一个人的心与空相应，也就是心融入真实存在的空，心量自然是无边无际，又是超越二元对立，清清净净，无有个人的好恶标准，自然流露出如《道德经》所云：“天地不仁，以万物为刍狗；圣人不仁，以百姓为刍狗。”这是大彻大悟者，所作所为都是从本心、良心、道心即恒心流露出来。巫医，是朱子所说：“巫所以交鬼神，医所以寄死生。”其实在古代，巫医百工都只是技而已，而不是道。

这句话的意思：“南方之人有句话说：‘人没有清净本心、良心、恒心，不可以做巫医。’这句话很好呀！”孔子为什么称这句话很好呢？巫医皆只是技也、艺也、术也，没有恢复本自具足的清净本心，所作所为就不能从本心流露，也就背道而驰，不能利益众生而有害呀！正如古人有云：“有术无道，其术必邪，有道无术，其术自生。”两者有相同深意，孔子称其善不足为奇。

孔子又引用《易经·恒卦》第三爻的爻辞来描述这里的深意，即“不恒其德，或承之羞”。这里的“恒”是常流露着的，如虚空中太阳一样发光发热。其德即《大学》中的“明明德”，就是清净本心、良心、道心。或，常。承，遭受。意思是：“一个人的所作所为不是从纯净本心流露，必定常遭受羞辱。”

孔子是明白人，了悟宇宙真理实相，也就是善《易》者不占。孔子说：“不占而已矣。”就是说：“不用占卜也知道结果会是怎样。”其实实相是如《易经》所言：“积善之家，必有余庆，积不善之家，必有余殃。”也就是恶有恶报，善有善报，因果真实不虚。一个人若是背道而驰，他的内心必定不能安心自在，痛苦不堪，欲罢不能，死不瞑目。一切真的唯心造呀！

【二三】子曰：“君子和而不同，小人同而不和。”

孔子说：“君子和而不同，小人同而不和。”和，志合、包容又无诤，都是志于道。“和”也是和谐，尊重个性、差异，超越肤色、种族、政党、宗教、宗派、国界等，超越二元对立，内心没有自己的条条框框标准。譬如一座高大的山，山上有香花、毒草，有大树、小草，有青蛙、毒蛇等各种各样的动植物，是参差不齐，森罗万象许峥嵘。每一个生命都是伟大存在，是独一无二、神圣的，都有它存在的生命意义，这也是自然农法的深意。自然农法是用爱心、慈悲心耕作的农法，也是中国古代君子贵族的生活方式，即耕读与农禅。尊重每个不同的生命，爱护生态，保护地球，让地球永续经营。

“同”是利同、利合，是“顺我者则是，逆我者则非”。譬如现代农业，就是要我所要，去除我所不要的，是活在二元对立的世界里。农民看不到杂草是宝，在田地里、果园里、茶山上辛勤地劳动，用除草剂去除杂草，或用人工除草。又喷洒大量农药，所谓的害虫、益虫都一网打尽。这些都是去掉我所不要的一切。

如今安溪实相是漫山遍野的茶山，只剩下孤零零的茶树，没有香花、野草，没有大树，也没有蝴蝶、萤火虫、蜜蜂等昆虫。整个茶园毫无生机，茶树没有丝毫快乐。茶农要我所要的，看到茶树精神不振时，就给它营养品、保健品，也就是大量使用各种各样所谓高科技的化学肥料，让它拼命地长出茶叶，就能带来经济利益。这是饮鸩止渴、杀鸡取卵的做法，环境要付出惨重的代价。

茶树孤独、寂寞、郁闷没有快乐可言呀!如果你就是茶树，生活在这样的环境之中，能快乐吗？将心比心，像这样郁闷不快乐的茶树，能带给人类健康吗？带来正能量吗？从表象看，自然农法茶叶与一般农法的茶叶没有太大的区别，就像小人与君子从外表看也看不出太大的不同，但是他们的心灵品质是完全不一样，这是实相呀！可以从现代的教育、经济、文化、科技、医院等，一一地去深观，是不是如此呢？

此章意思是，孔子说：“君子与人和谐相处，尊重每个人的个性；小人只求符合自我标准框框，而不是和谐包容无诤，共生共荣。”这话在日常生活中常常被人们挂在口上，有谁能真正做出来呢？这样一句话真能在历缘对境中去求真求证又做出来，比你诵读千部万部经典文字更重要呀！因为它协助你直截回到当下来，读懂这一部活生生的无字天书呀！是不是如此，唯证乃知。

【二四】子贡问曰："乡人皆好之，何如？"子曰："未可也。""乡人皆恶之，何如？"子曰："未可也。不如乡人之善者好之，其不善者恶之。"

子贡问孔子说："乡人皆好之，何如？"意思是："假如有一个人，一乡的人都喜欢他，这样的人怎么样呢？"孔子肯定地回答他说："未可也。"就是说："还不可以呀！"为什么这样说呢？乡人的内心是有自我标准、喜好，有自己的需求。如果有一个人出现，他刚好是满足乡人内心的标准、好恶，合乎乡人的利益，就成了乡人心目中的神。

譬如前些年，在乡下几乎人人买六合彩，或是干完农活在赌博。有人不小心被公安局抓进去了，花点钱就有人神通广大地打一个电话，被捕的人第二天就回家了。乡下人对这样的人赞叹不已，常常被当地百姓当做成功人士来教导自己孩子。这样的人真的好吗？真的成功吗？当乡人的心灵品质没有提升，他们所喜好的人，也未必是真的好。

子贡一听就明白了。又问："乡人皆恶之，何如？"恶，厌恶。就是说："假如有一个人，一乡的人皆厌恶时，如何呢？"孔子又是肯定回答，说："未可也。不如乡人之善者好之，其不善者恶之。"善者，所作所为是从良心、道心、本心流露，是合乎道的人。不善者，所作所为是从妄心、私心、自我意识中流露，是不合乎道的人。孔子回答的意思是："还是不可以，这样的人不一定不好。但不如一乡的人之中，有良知的人喜好他，而良知泯灭的人厌恶他。"

这章的深意，是孔子借子贡之问告诫弟子们，在日常工作、生活中怎样去如实观，做到不片面、不偏见。能够真正读懂一个人，也读懂自己。当一乡的人都喜好你时，千万别沾沾自喜，问问自己好在哪里，真的有那么好吗？当一乡的人厌恶自己时，看看自己真的有那么厌恶吗？往往一些异类的人，是有他过人之处，乡人是难以读懂的。譬如《永嘉禅师证道歌》有云："常独行，常独步，达者同游涅槃路。"当乡人中的善者都喜好他，不善者都恶他，他是什么样的人就基本知道了。真的不必担忧没有人不懂自己呀！

【二五】子曰："君子易事而难说也。说之不以道，不说也。及其使人也，器之。小人难事而易说也。说之虽不以道，说也。及其使人也，求备焉。"

孔子说："君子易事而难说也。说之不以道，不说也。及其使人也，器之。"易，容易与人相处共事，或是易服侍。说，同悦，从心底流露的喜欢。器，因其材器所宜而使用之。意思是："君子不难侍候，很容易和他共事，但让他从心底喜欢是不容易。若你所作所为不合乎道，而要让他由衷的喜欢，他还是不喜欢。君子要使用你的时候，却是量你的才具，而不是凭自己的好恶呀。"

君子是如此，而小人呢？孔子说："小人难事而易说也。说之虽不以道，说也。及其使人也，求备焉。"备，完全，符合内心自我的标准、条条框框。意思是："和小人相处不容易，但能很容易讨他喜欢。即便有不合乎道，他仍会喜欢你。当小人要使用你的时候，便会求全责备。只要你所做的不合乎他想要的，他就会百般挑剔。"

此章蕴含有深意。在《论语》中章章句句是在描述真理实相。这一章是描述人类自我这一部无字天书，这里的君子、小人看似两类人，其实每个人都存在的，除非大彻大悟者。孔子大仁、大爱，为了让弟子们更清楚去读懂这一部无字天书，而分解有君子与小人。这两种人其实就是心灵品质不同而已，也就是心量大小不同而已。

君子是心量广大的人，他考虑的方向自然是朝向宽广，无边际，也就能体会到生命共同体，自然流露出大爱、博爱、大仁、慈悲。佛陀、老子、耶稣、孔子都是如此。而小人就是心灵品质有待提升的人，他的心量狭小，考虑的方向朝向自我、小我，为自己个人的利益，自然而然就会为了个人利益，损人利己，不择手段。

譬如今日农业中大量使用农药、化肥、除草剂，还有食品加工业如牛奶有加三聚氰胺等，这都是为了私欲而不思后果。其实，当一个人逐渐觉醒过来，打开智慧眼，逐步提升视野，心量越来越大，逐渐恢复每个人本自具足的清净本心良心，自私自利的小人也会逐渐脱胎换骨，转变为无我无私的君子、大人。

每个人都有神圣的良心、道心、清净本心。孔子的谆谆教诲是协助人类回来如实反观自己，自净其意，恢复本自具足的清净本心、道心、良心，自然逐渐成为心无挂碍的大人、君子。这是孔子用心良苦。每个人皆有无限可能，人类本无君子、小人，本无圣凡，本无天堂、地狱，本来就是一体的世界，处处是净土呀！

【二六】子曰："君子泰而不骄，小人骄而不泰。"

孔子说："君子泰而不骄，小人骄而不泰。"泰，安详自在舒心，也就是内心坦荡荡，是从戒慎恐惧来。骄，是在展现我是我能我慢，自满放肆无忌惮，矜己傲物，内心长戚戚。意思是说："君子安心自在舒畅，没一点傲慢凌人。而小人是傲慢凌人，不断展示我是、我能、我慢，凌驾万物之上，目中无人，不能安心自在，内心充满恐惧、紧张，自然就难以舒畅呀！"

为什么君子与小人的心灵品质是截然不同呢？君子是志于道，体道、悟道、行道、与道合一，也就是说得道就是他的生命第一顺位。道与你的金钱多少、地位高低、权力大小、财富多少等无关，是超越种族、肤色、国界、政党、党派、宗教、教派等，是遍一切处。"道"就是佛陀所说的法界、空，儒家的无极，基督教的上帝，名相不同，所指相同。"道"就是大自然、天地父母，是万物的总源头，每个人都是生命共同体。不论你是君子还是小人，大自然都是无我无私默默地支撑与化育，每个人都浸泡在天地父母的大爱里呀！

君子一辈子在法天则地，以大自然为师，学习大自然的心灵品质，又在日常生活中做出来，自然就会来到孔子所云："学而时习之，不亦说乎？""废寝忘食，乐此不疲，不知老之将至！"君子深观到连自己这副肉身都不能自主，而是无常变化，又要靠整个大自然化育与长养，自然就会"泰而不骄"呀！

而小人则不同，他的心量、视野狭小，所作所为是以自我为中心，处处为个人私利，内心有很多自我的标准、条条框框。符合自己所要的，满足自己内心的标准，得到自己想要的一切，就沾沾自喜，觉得是神机妙算，人定胜天，目空一切。而当他所想要的得不到满足，或者他人的所作所为不符合自己的标准框框，他内心就不得安心自在。这就是为什么小人“骄而不泰”呀！

还有小人视野狭小，为了私利，不断榨取大自然资源，破坏地球污染环境。他见不到大自然是每个人的生命，是你我的生命共同体，自然也找不到生命归依处，找不到家，他也就不能心安、自在、祥和！唯有提升心灵品质，小人就自然转成为君子。外相不变，心灵变了，成长了，成为真正的大人，一切皆为心造呀！

【二七】子曰：“刚、毅、木、讷近仁。”

孔子说：“刚、毅、木、讷近仁。”

刚，不屈物欲，无欲则刚。也就是当一个人无欲无求，无有任何名利心，所作所为是以利益众生为考虑，自然就会在因上努力，果上随顺因缘。万事万物都是众因缘和合而生的，自然就会坚持做好自己本分，也自然流露出刚强不屈的品质呀！

毅，果敢、坚韧。若一个人所做之事是有利于他人，有利益保护天地父母，让地球能永续经营，他自然就会毫不犹疑去承担、担当。不论遇到什么困难，也不怕求人，坚持走下去！譬如自然农法，保护地球环境，是有利于全人类，有利于大自然。

木，质朴无华。就是描述回到《道德经》所云：“为道日损，损之又损。以至于无为”的生命状态，也就大智若愚。

讷，是“讷于言敏于行”的讷，不是他真的言语迟钝，更重要的是亲自去做出来去求真求证，行动胜于千言万语。做出来或正在做的都是实际存在的实相，言语还只是头脑里的知见、观念。

近，接近、几近、不等于。仁，仁爱、慈悲、博爱，是从清净本心、良心流露出来的作用。清净本心、良心是每个人本自具足的，它是本体，也是每个人三妙行的源头。譬如仁是一棵树的干，更接近根源；

那刚、毅、木、讷就像是一棵树的枝枝叶叶，离源头、根源更远，是接近仁但不等于仁。也就是枝叶接近树干而不等于树干，但它们又是一体的。其实刚、毅、木、讷就是外相，是从本心、仁心所流露出来的，本来是一体的。

一位顶天立地的仁者，他就如同一棵根扎在大地上的大树，枝繁叶茂、硕果累累，为众生净化空气，美化环境，供养果实，提供新鲜的氧气，保护水土，给人乘凉等，无我无私默默付出，没有什么副作用。佛陀、老子、孔子、耶稣就是这样的人。

这是不是实相，每个人可以回到自己身上，也可以回到大自然中来，去亲证为什么刚、毅、木、讷只是近仁，而不是仁呀！

【二八】子路问曰："何如斯可谓之士矣？"子曰："切切偲偲，怡怡如也，可谓士矣。朋友切切偲偲，兄弟怡怡。"

子路问孔子说："何如斯可谓之士矣？"意思是："怎样去做才可以算是一个士人呢？"在《论语·子路·二〇》中，子贡也问过同样的话，而孔子的回答与他此章回答子路的内容截然不同。孔子是怎样回答子路的呢？他说："切切偲偲，怡怡如也，可谓士矣。"切切，是诚恳。偲偲，勉励，互相责善。怡怡，和顺和悦的样子。意思是："能有诚恳切磋，又能从心底流露出和悦，这样可算为士了。"

孔子感觉到还没有说清楚，紧接着补一句，他说："朋友切切偲偲，兄弟怡怡。"意思是："与朋友相处，以诚恳切磋，相互勉励责善；与兄弟相处和颜悦色，真情真心。"

此章是孔子针对子路所提的实际存在问题和子路的实际情况给予回答，其实也是在协助像子路这一类人的心灵成长。真实生活中的子路是行行如也，而切切、偲偲、怡怡正是他的不足，所以孔子以此箴之。

也可以说，子路在"君臣、父子、夫妇、兄弟、朋友"五伦之中，君臣、父子、夫妇是做得还不错，而在兄弟、朋友还有不足。兄弟属于天伦，能让你体会到这一辈子来到了世上，在茫茫的人海之中，能成为亲兄弟，是众多因缘和合而成的，是无比神圣、神奇的，自然会从心底流露无比感恩，自然而然就会和颜悦色相待，和和顺顺，珍惜当下亲兄弟的因缘。

而朋友在五伦中是道义结合，唯有志于道，才能成为真正的朋友。譬如《论语·颜回·二四》中，子曰："以文会友，以友辅仁。"朋友之间诚恳互相勉励，不使为非，共同切磋仁道，共同成长。提升心灵品质，提升视野，开启本自具足的无尽宝藏。若是以利交，以酒肉称兄道弟，定不能成为真正的朋友，实相就是如此。

《论语》中子路曾说："愿车马衣鞋裘，与朋友共，敝之无憾。"孔子是告诫子路交友不能只停留在物质层面上，而是要以道义结交朋友，这样便不因富贵有利与你结交，不因落魄贫穷与你分开。唯有道中人，自然淡如水。

【二九】子曰："善人教民七年，亦可以即戎矣。"

孔子说："善人教民七年，亦可以即戎矣。"善人，这里的"善人"不是你我心中的善人。绝大多数人心中的善人，是刚好符合自己心中善的标准、条条框框的人。譬如，有困难时，他就是及时雨，雪中送炭。还有路见不平拔刀相助，帮助弱者出恶气等。这些人在现实生活里是有很多，但他们是不是真正意义上的"善人"呢？这是要重新思考呀！

孔子心目中的"善人"到底心灵品质有多高呢？譬如书圣王羲之称某人是书法大师，那这人的书法水平有多高呢？起码是与王羲之相当，甚至高过他。所以这里的"善人"是大仁之人，是大慈悲大智慧的人，也就是《道德经》所描述的"天地不仁，以万物为刍狗。圣人不仁，以百姓为刍狗。"他是超越二元对立，没有偏私偏见，平等心善待一切众生。老子、佛陀、耶稣是这样的人，尧、舜也是这样的人。所以这里的"善人"是高等心灵品质的人，是大智慧者，是道的化身，是道的代言人，他的浩然正气充盈天地间，就如太阳普照万物，无我无私无欲无求呀！也就是常说的“佛光普照”。

即，就、靠近。戎，兵事。意思是：“大智慧者教化百姓七年之久，也可以使他们上战场了。”孔子为什么这样说呢？有何深意？这里“善人”是道的代言人，他所作所为是从道心、本心流露，无我无私、无欲无求。他协助百姓成长七年，百姓无不被感化，整个气场充满着祥和，每个人内心只有爱，没有界线，也就没有战争。

他们即便上战场，也是充满着正能量，每个人都是心安详和，自然而然做到不战而屈人之兵。对方也会被感化。若是不得已出战，他们也是为真正的正义、道义而战，是毫无畏惧。得道多助，战无不胜。但他们深知战争给天下苍生带来痛苦，所以不会是洋洋得意庆祝战争胜利，而是以丧礼处之，痛定思痛。战争是为了不战。即便不得已而战，也是为了不战而战。

这里的“战”也是“善人”治理天下的方便法，是一个工具。连他使民众上战场都是从道心、本心、良心流露，不是从自我意识出发。这也只有孔子心中的“善人”能做到呀！

【三〇】子曰：“以不教民战，是谓弃之。”

孔子说：“以不教民战，是谓弃之。”教，教化、教育。与《论语·子路·〇九》：“子适卫，冉有仆。子曰：‘庶矣哉！’冉有曰：‘既庶矣，又何加焉？’曰：‘富之。’曰：‘既富矣，又何加焉？’曰：‘教之。’”的“教”是相同，即“庶、富、教”，这是善人之道。《论语》又云：“善人为邦百年，亦可以胜残去杀矣。”还有上一章云：“善人教民七年，亦可以即戎矣。”

这都是善人之道，是协助民众提高心胸视野，提升心灵品质，消解心中的种种界线，超越二元对立的世界，自然融入一体世界。没有界线，自然就没有战争，也没有了对立，超越了宗教、宗派、政党、党派。天下也就不会有911恐怖袭击，也不会有二〇一五年十一月十三日晚发生的巴黎恐怖袭击。本是同根同源，天下本就是一家人。

民战，使民战栗、恐惧。弃，背叛、背离。意思是："如果不用善人之道来教化、协助民众心灵成长，而是用刑罚、梏刑来使民众战栗、恐惧，这样的人，民众自然会背离他而去，而不是众星拱之。"

此章的深意是，若不是行善人之道，不教化民众。民众的心灵品质很低，心胸心量狭小，自然只为个人眼前小利私欲，烧杀抢夺，相互厮杀，你死我活。即使国家法律严明，条文完备，用死刑、梏刑使民战栗恐惧。人人活在白色恐怖之中，整个国家只是维护表面上的和谐与安宁，但民众的内心是不得安宁、祥和，过着紧张恐怖的日子，自然就会背井离乡。秦朝就是如此。

所以善人之道，就是内圣外王，也就是格物、致知、诚意、正心、修身、齐家、治国、平天下呀。就是礼运大同世界，天下一家人。就如《礼运大同篇》所描述的世界，是和谐、幸福、安详、自在，而不是不教化而使民战栗呀！所以孔子办私学，因材施教，有教无类，周游列国，都是为了这宏愿呀！

宪问篇第十四

（凡四十七章）

【〇一】宪问耻，子曰："邦有道，谷。邦无道，谷，耻也。"

"宪问耻"。宪，原思之名，字子思。本章不书姓，直书名，有可能就是原宪自己记上的。意思是："原宪问什么是可耻的呢？"

孔子回答说："邦有道，谷。邦无道，谷，耻也。"谷，俸禄。意思是说："国家有道，出来利益百姓而有相应的俸禄，是理所当然的。国家无道，不能独善其身，反而助长国家背道而驰而获得相应俸禄，那是可耻的。"[①]

【〇二】"克、伐、怨、欲不行焉，可以为仁矣？"子曰："可以为难矣，仁则吾不知也。"

"克、伐、怨、欲不行焉，可以为仁矣？"克，好胜，会引起争斗。伐，自夸，就是展示我是、我能、我慢。怨，怨恨、怨人。欲，贪爱所想要的一切而不知足。这里的"不行"是有深意，其实克、伐、怨、欲这四者与佛法中所讲的"贪、嗔、痴"三毒的根源是一样的。名相不同，所指是相同，都是从自我虚妄分别心出发。这些当然也是从清净本心、道心、良心流露的，只是在念头生起时，即在"心、意、识"的"意"时，被染污了。

心，即清净本心、道心、良心。意，念头。识，用自我虚妄分别心识别。譬如江河的源头是纯净、清净、无污染的，清澈见底的。越往中下游流，污染越严重，浑浊不清，长江黄河就是如此。圣凡的心灵源头都是相同的。凡夫的心灵品质是如源头清澈而下游被污染的黄河水，圣者的心灵品质如一条从源头到入海口都清澈的江河，河里的水是甘甜，鱼虾成群，生机勃勃，富有生命力。

这里的"不行"就是把我是、我能、我慢空掉，归零，也就是说，整个修行的核心是自净其意。但如何做到呢？一种方法是转念，转烦恼

① 此章与《论语·泰伯·一三》的深意一样，不作详读。

为菩提，也就是转化克、伐、怨、欲四者，将看似腐朽的东西转化成为神奇、智慧、菩提。学习、修行都是在每个当下的念头中下功夫。

另一种方法就如《六祖坛经》所云：“不思善，不思恶，正与么时。”这是每个人的本来面目，也就品尝到什么是“空明觉”。还有一种方法，就是老子无为法，即“致虚极，守静笃”，就是你的内心保持“空”，自然就有“明觉”。这是最直接、最简单，也是最不容易的方法，是没有方法的方法。

这句话也是原宪问的。意思是：“好胜、自夸、怨恨和贪爱，这些都做到让它们转化又无所住，可以算是得仁吗？”

孔子说：“可以为难矣，仁则吾不知也。”意思是说：“可以算是得仁，却是难呀！而仁是什么，我就不知道了呀。”孔子为什么这样说呢？其实“仁”只是描述实相的文字名相而已，孔子的回答与《道德经》所言：“名可名，非常名”的深意是相同，表达的文字不同而已。也可以转换为《金刚经》的描述方式，即“子曰仁，即非仁，是名仁。”仁只是指月手指，实相的仁是活生生的，遍及一切处，与文字经典的“仁”是不同的。这是孔子的用心与仁爱呀！

【〇三】子曰：“士而怀居，不足以为士矣。”

孔子说：“士而怀居，不足以为士矣。”士，是古代的读书人，这里所指是一群志于道的读书人，有很清晰的人生使命。譬如，颜回就是这一群人学习思齐的榜样。他的生命状态是“一箪食，一瓢饮，在陋巷，人不堪其忧，回也不改其乐。”居，指吃、喝、住等一切生活需求。这个“居”可以是像颜回一样，只要满足最基本的生活需求即可。也可以是吃山珍海味，住装饰装潢豪华的别墅大洋房，穿貂皮大衣、名牌服饰等。

此章的意思是：“作为一位读书人，应当是志于道将生命意义发挥出来，利益大众。若是内心常想着吃喝，住豪宅，过奢华的生活，就不是名副其实的读书人。”

这一章是与《论语·里仁·〇九》中的“子曰：‘士志于道，而耻恶衣恶食者，未足与议也。’”之深意是相同的。真正的读书人，古代称为士，今天称为知识分子。但绝大多数人只是停留在“书中自有颜如玉，书中自有黄金屋”这一层面上，也就是停留在“怀居”与“耻恶衣恶食”的物质层面上。

今日整个教育界绝大多数都是如此。教育工作者从幼儿园就告诉孩子不要输在起跑线上，让孩子从幼儿园、小学、初中到高中都起早摸黑参加各种各样的补习班、兴趣班等，一切的目标是为了考上一所好大学，毕业后有一份好工作。未来就有地位挣更多的钱。即使是读到硕士、博士，也是相似想法，只是掌握更多的知识、技术，能更好地名利双收，最终都是为了“怀居”。总之，都是想着高人一等，做人上人，有名车别墅，有娇妻、红颜知己，过着奢华的生活。当下存在的实相是不是如此，真的可以一一地去求证。

其实每个人的生命都是独一无二，是无比神圣、神奇，都是伟大的存在。谁都是第一，都是赢家，没有一个人会输给别人，只会输给自己，这是实相呀！读书的目的是什么，生命的核心又是什么，读书人的使命、责任真的只是为了“怀居”吗？这个问题在孔子的那个时代存在，在今天同样存在，值得今天的读书人去深思的呀。

【〇四】子曰：“邦有道，危言危行。邦无道，危行言孙。”

孔子说：“邦有道，危言危行。邦无道，危行言孙。”这里的“邦有道”是指自君王以至百姓的所作所为都是从纯净本心、良心、道心流露，全国一派祥和的气象。每个人都能心安、自在、祥和，人人为我，我为人人，自然就是你好、我好、大家好的和谐社会。危，正，这是超越二元对立的正。是从良心、本心流露的，是直言、正言，是真诚真心的。

而“邦无道”就是全国上下都从自我意识、个人的虚妄分别心出发，为个人的私欲绞尽脑汁，互相厮杀，勾心斗角。君不君，臣不臣，父不父，子不子。臣弑君，子弑父，礼坏乐崩，全国一片混乱，人人活在恐惧不安之中，春秋战国是也。孙，同逊，就是谦逊和顺。

此章的意思是：“国家有道，就可以正言正行，即言行都可以从道心本心自然流露，利益众生。国家无道，仍然必须正行，言辞也还是真诚真心，但需和顺、谦逊、婉转，小心翼翼，以免招祸，无谓牺牲浪费生命，不能利益百姓。”

此章的深意是，每个人都活在同一张无形又疏而不漏的天网中，有无数小网叠加其中，而且每个人与万物是一体的。大家可以去深观，有个人，就有家，有家就有家道，家就是一张小网。有朋友就有交友之道，朋友圈就是一张网。有单位、公司就有事业之道，单位、公司也是一张网；国家、世界也都是一活生生的网，乃至宇宙、大自然这张至大的网。这些都是有它们自在的运转法则！所有大大小小的网都是浸在大自然这张大网之中，不能违背它的运转法则。

邦有道，就是邦国顺应大自然法则。邦无道，就是邦国违背大自然运转法则。作为一名君子，行走于天地之间，离不开大自然、宇宙，也离不开邦国。无论邦有道、无道，都应做出相应的调整。关键是自己体道、悟道、行道了吗？是与道合一的得道者吗？若自己还没有得道，是不知何谓“道”，也无法知道是“邦有道”还是“邦无道”，只能随波逐流呀！

【〇五】子曰：“有德者必有言，有言者不必有德。仁者必有勇，勇者不必有仁。”

孔子说：“有德者必有言，有言者不必有德。”这里的“德”是每个人都有的清净本心、道心、良心，也就是《大学》中的“明德”。有德者是体道、悟道、行道、得道的人。言，言语，这里包含有声、无声的“言”，可以是一段话、一次演说，也可以是一篇文章、一首诗，当然也可以是一幅书法等。譬如《论语》就是弟子们将孔子从纯净本心流露的言语记录成书。

有言者，是指每个人都有话语权、著作权，都可以去写文章、作诗、作画等。其中绝大多数人是为个人私欲而言而作，是从虚妄分别心、自我意识出发，而不是从清净本心、道心直接无污染地流露。所以“有言者不必有德”是实相的描述。譬如书城里千千万万本书，书籍内容主要讲技、术、艺等，绝大多数是作者从私欲出发，为了个人名利而写的。这是不是实相呢？可以自己去亲证。

这句话的意思是说：“得道的人所作所为是从清净本心、道心流露的，是直言、真言，也就是有言，不一定是多言，绝大多数是讷言，是真诚真心，利益众生。每个人有各自不同形式的言语，但不一定都是从本心良心直接流露。”

孔子又说：“仁者必有勇，勇者不必有仁。”意思是说：“一位仁者只要有利益他人合乎道的事，他内心自然会生起勇气，义无反顾地去承担。”譬如孔子自己周游列国，为了恢复周礼，推行礼运大同世界的理想，乐此不疲。而一位心灵品质只有“勇”的人，他是勇于做事，但如果他所作所为不与道相应，不合乎道，就不能算是仁人。他的勇可能只是为了个人私利、私欲，也可能是勇于路见不平拔刀相助，也有可能公私参半。这些即使奋不顾身是毫无意义，甚至是不利益他人、社会的匹夫之勇。最近11月14日发生在巴黎的恐怖袭击，那些袭击者哪个没有勇呢？所以勇者不一定有仁，这也是实相的描述。

【〇六】南宫适问于孔子曰：“羿善射，奡荡舟，俱不得其死然。禹稷躬稼而有天下。”夫子不答。南宫适出，子曰：“君子哉若人！尚德哉若人！”

南宫适问孔子说：“羿善射，奡荡舟，俱不得其死然。”南宫适，即南容。《释文》说：“适，本又作括。”“羿善射”。羿是夏朝有穷国之君。他自恃善射，逐出夏朝天子相，即《左传》所称的夏后相，篡其位而立为天子，举寒浞为臣。后来寒浞又杀了羿，取而代之。“奡荡舟”。奡，夏朝人，就是《左传》里的浇，也就是羿臣寒浞之子。在羿死后，寒浞娶了羿的妻室，生了浇。浇力大无比，能荡覆敌舟。在《竹书纪年》有载云："浇伐斟寻，大战于潍，覆其舟，灭之。"但浇后来也被夏后少康所诛。意思是："羿善于射箭，奡能荡覆敌方战船，但两位都不得好死，不得善终。"

南宫适又从另一面举例两位圣者，他说："禹稷躬稼而有天下。"禹，致力于水利，后受舜帝禅而为夏王。稷，人名，他教民稼穑。他的后代子孙建立了周朝。或说禹、稷都是身侪庶人，亲历畎亩。意思是说："禹治水而有了天下，稷躬亲稼穑，他的后代有了天下。"

孔子听了南宫适这一段如实的描述，没有应对。因南宫适所描述的是与孔子心心相印，一切尽在不言中。也就是：有术无道，其术必邪，羿奡是也。有道有术，利益苍生，禹稷是也。也是《易经》所云："积善之家，必有余庆。积不善之家，必有余殃。"

这里前后两者最大的不同就是心灵品质，禹稷是无我无私，无欲无求，利益天下而得天下。而羿奡是为个人私欲，自私自利，不择手段，最终不得好死。这也给今人一启示，自我教育、修行及为下一代教育提供方向，不能只停留在技、术、艺等枝枝叶叶上。唯有来到志于道，直截根源，生命才能全然绽放，生命的意义才能发挥出来，利益他人，利益天下。

南宫适出去后，孔子赞叹说："君子哉若人！尚德哉若人！"意思是说："这人呀，可以算是君子了！这人呀，可以算是尚德的人了！"他是赞许南容是真的君子，是崇尚所作所为从本心、道心流露，与道合一，而不崇尚武力。尚德者，王道。尚武者，霸道。

【〇七】子曰："君子而不仁者有矣夫！未有小人而仁者也。"

孔子说："君子而不仁者有矣夫！未有小人而仁者也。"这里的"不仁"是指违仁。君子学仁、体仁，在理上可顿悟，在事上须渐修。理事未圆通时，自然会有过与不及之处，这是真实存在的。譬如《孟子·告子篇》说："夫仁，亦在乎熟之而已矣。"仁未成熟，不免违仁，要经过时间去琢去磨，才能渐渐理事圆融无碍，自然无不是仁。这章的意思是：“君子有时也会违仁，这是会有的呀！但没有一个小人是仁的呀！”

此章有深意，君子学习的总纲是“志于道，据于德，依于仁，游于艺”，他所作所为无不扣住这总纲，这事本身就是仁心的展现、流露。虽然实质上都是在“为仁”，但由于见地、功夫、方法三者只要有一项做不到圆满，在表象上看就会有很大的缺憾，流露出来的便是不仁、违仁。有仁心的人很多时候由于功夫、方法不圆满而表现得不仁，这是存在于很多人身上的。

譬如慈母多败儿。每个孩子都是母亲的心头肉，哪有母亲不爱孩子呢？而且都是真爱。但是由于母亲爱孩子的方法不当，过于溺爱而害了孩子。所以君子在学仁过程中，有时违仁、不仁也是正常之事。

但小人是心量、心胸狭小的人，唯利是图，无心为仁。他们就连仁是什么都不知道，一心一意扑在私欲上，内心唯有一副小算盘，容不下仁。虽然他们有时表面看上去有仁，但也不是真仁。小人的内心是无仁爱的，也不知仁爱之真味，自然品尝不到仁爱之香气。所以说“未有小人而仁者也”。当然小人在因缘具足也会有仁，也能成君子。每个人都有无限可能，都有清净的本心本性。

【〇八】子曰：“爱之，能勿劳乎？忠焉，能勿诲乎？”

孔子问：“爱之，能勿劳乎？忠焉，能勿诲乎？”这里的爱是真爱，是无欲无求为他人好的、不带有个人主观色彩的爱，也是清清净净又纯粹的爱，是以爱己之心爱一切众生。之，指所爱的一切人，譬如自己的孩子、同事、朋友、国民等。劳，勉其勤劳。忠，竭尽全力又真诚真心地去做，也是从纯净本心流露。诲，谆谆教诲，使之趋于正。此章意思是说：“真正爱他，能不教他勤劳吗？忠诚于他，能不用正道来规劝、教诲他吗？”

此章深意，爱一个人，就必须勉励、鞭策他勤劳付出，这才是真爱。这说的是大实话，孔子自己经历过勤劳，事事去亲证，才得以开启本自具足的无尽宝藏，全然绽放生命。他发现每个人都有无限可能，只要学而知之，都可以成为尧舜。他希望弟子们的生命能开启，所以策其劳，让他们多体验、体悟，生命渐渐展开绽放，这才是真爱呀！

现在很多父母爱孩子，怕孩子辛苦，在孩子大学毕业后就通过关系协助他找一份较安逸的工作，重复朝九晚五，还担心他在单位多干活会吃亏。其实这是害孩子，助长孩子养成惰性、懈怠，生命之花逐渐蔫了、萎缩了。若是不转变观念，这孩子的命运可以一眼看到头，不卜也知道。而今很多父母亲就是如此。

今年我已满四十周岁，用四十年的生命体验。发现了你若真爱一个人，就多让他去勤劳做事，越勤劳做事，生命越精彩，真的是如此。一个人在勤劳中体悟生命的意义，就能真正地自立起来，在天地之间特立独行，所作所为无怨无悔。心中有爱，胜过一切！

忠诚于他人，就必须用正道规劝、教诲他，这才是真正的忠。不是仅仅停留在一个人生活上有困难时就给他补贴，没有工作就帮他找工作，这样是让他形成了依赖。而是要协助他回到当下去体道、悟道、行道、与道合一，把生命意义发挥出来。

譬如通过自然农法实践，不使用化肥、农药、除草剂能种出茶叶，也能种蔬菜、水果等。又无条件无所求去协助他人，让父母、兄弟、姐妹、同事、周遭的朋友一起来保护天地父母，保护环境不受污染。恢复青山绿水，蓝天白云，鸟语花香，让地球永续经营。也就是让他们回归正道，让生命转化成无限可能，将生命意义发挥出来，利益天下，越来越好。这就是真正的忠诚于他呀！

【〇九】子曰：“为命，裨谌（bì chén）草创之，世叔讨论之，行人子羽修饰之，东里子产润色之。”

孔子说：“为命，裨谌草创之，世叔讨论之，行人子羽修饰之，东里子产润色之。”命，外交的辞命。裨谌，郑国大夫，姓裨名谌。

草，粗略。草创，这里指先拟一份草稿，确立辞命的大意。世叔，郑国大夫，在《左传》称子大叔。讨，寻究、探究。论，讲论。行人，掌外交事务之官。子羽，郑大夫公孙挥的字。修，修削删减。饰，增饰、修饰。在这里就是增损字句，使辞命大意更完满、公允，他人看后更加舒服。东里，子产所居的地名，因以为子产之号，子产是郑大夫公孙侨的字。润色，加以文采，使辞命更加圆满。

此章的意思是："郑国造一份外交辞命，先由禅谌起草稿，再经世叔去讨论要义，然后由了解外交事务的大夫公孙挥修辞字句，最后由东里子产在辞上加以润色，使辞命更加圆满。"

此章的深意是，孔子在描述郑国大夫子产执政时期，造一份外交辞命的全过程。这是事实描述，是真实存在的实相，却成为经典。经典是指月手指，所指的是此事实相，是要让弟子们从此事得启示。学习郑国造一份外交辞命，经过四道手续，由四位大夫各尽所长，又博采其所长。也学习子产能得人善用，与群贤和衷共济，慎重对待这份外交辞命。

这里孔子举一具体案例，让弟子们慢慢地体会其中意味。一即一切，一切即一。为什么子产做到了呢？四位大夫都是为了郑国百姓利益去考虑，也是为了能通过一份圆满的外交辞命，减少不必要的争端、战争，是利益天下苍生。这也是给各国外交起了一个榜样的作用。还有子产的心量心胸广大，不忌贤才。《大学》引《尚书》云："人之有技，若己有之，人之彦圣，其心好之，不啻若自其口出。能容之，以能报我子孙黎民，尚亦有利哉。"

所以子产执政时，郑国的外交很少失败。难怪孔子会给弟子描述这个事实。一切事情的核心是一样的，是离不开执行人的心量大小、心灵品质高低。一个人如果是为个人私利、私欲，是得不到贤才，也容不下贤才，也自然不能和而不同，和衷共济。唯有所作所为是利益天下苍生，无我无私的人能做到。子产是也！也只有像禅谌、世叔、子羽这样心灵品质的人，有道有术，方能为之呀！

【一〇】或问子产。子曰："惠人也。"问子西，曰："彼哉！彼哉！"问管仲。曰："人也，夺伯氏骈邑三百，饭疏食，没齿无怨言。"

"或问子产。"或，有的人。意思是有人问孔子，子产怎样呢？孔子说："惠人也。"意思是说："这个人心存百姓，与之惠爱呀！"在《左传》有云："及子产卒，仲尼闻之出涕，曰：'古之遗爱也。'"子产为政严，孔子特别赞许他惠爱百姓。孔子心中的子产的确是给人实惠与爱护。子西，就是公孙夏。他是郑国大夫，与子产为同宗兄弟。又有人问及子西，孔子说："彼哉！彼哉！"意思是说："那人吗？那人吗？"这里是指子西这个人是没有什么值得称赞的。

在现实生活当中，当有人问及你周围的某人，其实有时候也会有相似的口吻。真的要回来看看自己，在他人心目中也是"彼哉！彼哉！"吗？有时候静下心来想想，天地父母化育我，我又给他人、地球带来了什么，做了多大贡献呢？对天地父母，我不求有功，但求无过呀！自己此生来到世上，若未能闻道，又没有志于道，再多的金银财宝，再高的官位、学历，也只是"彼哉！彼哉！"，在孔子心中不足挂齿。孔子不是没有仁爱，看不起这样的人，而是他没有时间去谈及，没必要浪费精力，让有限生命去利益更多有需要的人。佛陀也只能度有缘人呀！

又有人问管仲是怎样的人，孔子说："人也，夺伯氏骈邑三百，饭疏食，没齿无怨言。"人也，这个人呀。伯氏，是齐国的大夫。骈邑，地名，伯氏的采邑。三百，指他采地的税户有三百家。齿，训年。没齿，终身之意。意思是说："这个人呀！他削夺了伯氏的骈邑三百家，伯氏终身吃一些粗食过日子，他到死也没有一句怨言。"从这句话流露出孔子对管仲的赞叹呀！他只是举一个活生生的案例，至于管仲是什么人，孔子没有说，让弟子们自己去体会。

其实这里有一启示，特别是对当今应试出身的学人有很大帮助，能让他们的生命真正地活起来，有无限可能。孔子没有给标准答案，他深知任何答案都是存在于每个当下，而且是活生生的，不在过去，也不在未来。

此章的深意是孔子通过回答他人问及子产、子西、管仲，让弟子们不仅去反观自己，也是让他们去学习思齐。这都是活生生的事例，是很具体的形象，更有利于协助弟子们读懂大自然这一部无字天书，开启无尽宝藏，发挥神圣的生命意义呀！

【一一】子曰：“贫而无怨难，富而无骄易。”

孔子说：“贫而无怨难，富而无骄易。”贫，物质匮乏，只能满足最基本的生活需求。无怨，心中没有怨恨、怨人，又能心安、自在、知足、快乐、感恩。颜回就是这样的人，他在老师孔子的心中就是“贤哉回也！一箪食，一瓢饮，居陋巷，人不堪其忧，回也不改其乐。”他是“贫而无怨，贫而乐”的人。孔子也是如此，他自述说：“饭疏食饮水，曲肱而枕之，乐在其中矣。”这就是孔颜乐处。

还有佛陀，他本是一国太子，又是国王独子，继承王位是自然而然的事。但他放下王位，放下荣华富贵，离开了美女、财富、地位、权力等去苦行，大彻大悟之后过着托钵乞食的生活。在《金刚经·行由品第一》有云：“尔时世尊食时，着衣持钵，入舍卫大城乞食。于其城中次第乞已，还至本处。饭食讫，收衣钵，洗足已，敷座而坐。”这是佛陀真实生活的描述，也是贫而无怨、贫而乐。在物质层面上，真实的佛陀是世界上最贫困的人，任何一个人的财产都比他多，但他却是在宇宙中心灵最富足的人。

佛陀、孔子、颜回，三人有共同的特征、特性，都是有高等心灵品质的人，他们都是志于道，体道、悟道、行道，与道合一的得道者。所以说为什么贫而无怨难呀！难就难在要先闻道，开启本自具足的无尽宝藏，迈向高等心灵品质。或许就有人会说，我们乡下的绝大多数人，也是贫而无怨，怎么会是难的呢？这里是有本质上的区别，很多乡下人是没有品尝到什么是荣华富贵，是无知的贫而无怨，只是公案里所云“看山是山，看水是水”的阶段。而像孔子、佛陀、颜回是觉醒的贫而无怨，是经历过“看山不是山，看水不是水”后，来到“看山还是山，看水还是水”的阶段。这是经得起诱惑，在尘不染尘，内心如如不动。

“富而无骄易”。这里的“易”是相对于“贫而无怨”而说的易，其实是不容易。意思是说：“一个人很富有但能不骄，这是相对容易。”在当今现实生活中，不恃其富就是无骄。回到当下，看看周遭，能有几人呢？当时的富可敌国的子贡做到了。试问自己，我能做到吗？此章是饱含深意，值得你静下心来好好地去体会呀！

【一二】子曰：“孟公绰，为赵、魏老则优，不可以为滕、薛大夫。”

孔子说：“孟公绰，为赵、魏老则优，不可以为滕、薛大夫。”孟公绰，鲁国大夫。赵氏、魏氏都是晋国的卿大夫，当时晋国是春秋五霸之一，是大国。老，家臣之称。优，宽绰有余。滕、薛都是小国。此章的意思是：“要孟公绰去做晋国赵氏、魏氏的家臣有余，但不可以去做滕、薛两小国的大夫。”

此章深意是孔子协助弟子们去读懂大自然这一部无字天书。每一个人都是大自然的一分子，自然每个人就是一部无字天书，当然也包括每个人的自我意识。鲁大夫孟公绰也是一部无字天书，孔子是真的读懂了他。孔子是怎么读懂的呢？前提一定是他先读懂了自身这一部无字天书。也就是说，当一个人自己还没有开启本自具足的智慧，还不能先自度自达，是不可能协助他人开启智慧，度人达人，也自然不能将心比心，推己及人。孔子是自己先做到了，才能清楚知道孟公绰为人廉洁，其性寡欲，也就是孔子在下一章所言：“公绰之不欲。”

还有赵氏、魏氏贪贤，很多贤人都去做他们两家的家臣。事情有多人分担，自然事务不多也不繁杂，对于孟公绰这样的人是很适合，而且绰绰有余。而去做小国的事务，譬如滕、薛两个小国，麻雀虽小，但五脏俱全。大事小事都要大夫管，事务繁杂，自然是不适合孟公绰的性格。唯有知人，才能尽其性，尽其所能，才当其位。生命意义发挥出来，利益众生。

【一三】子路问成人。子曰：“若臧武仲之知，公绰之不欲，卞庄子之勇，冉求之艺，文之以礼乐，亦可以为成人矣。”曰：“今之成人者何必然。见利思义，见危授命，久要不忘平生之言，亦可以为成人矣。”

“子路问成人。”成人，成为一个完整的人。完美的人永远不存在，任何一个人都有他的不足、缺点。完整的人是能全然接受包容自己的不足、缺点，也因为看到自己的脸没有比别人白，自然能包容他人的不足、缺点。意思是，子路问怎样才是一个完整的人。

孔子说：“若臧武仲之知，公绰之不欲，卞庄子之勇，冉求之艺，文之以礼乐，亦可以为成人矣。”臧武仲，鲁国大夫臧孙纥。卞庄子，鲁国卞邑大夫。意思是说：“如果有人能像臧武仲那样智慧，像孟公绰那样清心寡欲，像卞庄子那样勇敢，象冉求那样多才多艺，再加上礼乐方面熏习陶冶，也就可以算是一个完整的人呀！”

孔子是举出在智、廉、勇、艺各有材质的四个人，可以说是榜样。在智慧方面，臧武仲是一盏灯。在廉洁方面，孟公绰是一盏灯。在勇方面，卞庄子是一盏灯。在艺方面，冉求也是一盏灯。孔子是在弟子们中树立学习的榜样，让他们有了方向感，能够通过活生生的榜样，不断回来反观自己，看到自己身上的不足、缺点，全然接受，一样一样去学习去开启，逐渐彰显出来，再加上礼乐方面的熏陶，自然而然成为一个完整的人。

孔子知道标准过高，就在此再降级言之。他说：“今之成人者何必然。见利思义，见危授命，久要不忘平生之言，亦可以为成人矣。”意思是说：“至于在今日，要算一个完整的人，未必是这样呀！只要一个人见到利能考虑到义，见有危险，但能利益百姓，他不惜把自己的生命交出来。平常有给人许下承诺的，隔久能不忘。这样也可以算是一个完整的人。”

这里的深意是孔子协助弟子们从这三方面去反观自己身上还有哪方面存在不足、缺憾，然后在日常工作、生活中去慢慢接纳，逐渐成为一个完整的人。这是至圣先师孔子的教育，没有考试，没有作业，也没有标准答案。他的教育目的是让每个人的生命全然绽放，成为完整又有个性的人，而不是完美的人呀！

【一四】子问公叔文子于公明贾，曰："信乎？夫子不言不笑不取乎？"公明贾对曰："以告者过也。夫子时然后言，人不厌其言。乐然后笑，人不厌其笑。义然后取，人不厌其取。"子曰："其然，岂其然乎？"

"子问公叔文子于公明贾"。公叔文子，卫国大夫公孙拔，是卫献公之孙，"文"是他的谥号。公明贾，卫国人，姓公明，名贾。有说公明读为公羊，贾读为高，也就是公羊高。意思是孔子问公明贾公叔文子这个人怎么样。他说："信乎？夫子不言不笑不取乎？"意思是说："我听说公叔文子这个人平常不言不笑，丝毫不取于人，这是真的吗？"

公明贾回答孔子，他说："以告者过也。夫子时然后言，人不厌其言。乐然后笑，人不厌其笑。义然后取，人不厌其取。"过，就是夸大，不能如实说，与实相不相符合。夫子，这里指公叔文子，他是大夫，固可称其夫子。时，指该表达的那个当下。乐，是发乎心底，从清净本心流露出来的快乐。义，宜也，是合乎道，君子爱财取之有道。意思是说："那是告诉你话的人说得夸张、夸大了！公叔文子是适时才言，所以别人不会厌恶他说话。他是要内心真的快乐时才微笑，所以别人不厌恶他的微笑。他是合乎道时才取，所以别人不厌恶他有取。"

这句话的深意是，孔子听说公叔文子不言不笑不取，便问是不是真的。即便他是孔子也一样要去求真求证，佛陀也是如此，他就在《葛拉玛经》说："不因为他人的口传、传说，就信以为真。"这里是告诉一个实相，像佛陀、孔子这样的世界级伟人、大彻大悟者，他们所作所为其实是很简单，就是让事情如实呈现，不带有个人主观色彩、好恶标准。没有说他们可以依赖什么神通、特异功能去预知、猜测，也没有说不用去看就知道，随便下结论、附和。一切也是要自己亲身去一步一步求真求证。

孔子就对此进一步向公明贾求证，公明贾告诉孔子说："以告者过也。"事实并非如此，就是没有如实说。其实言语始终是有它的局限性，是不能完全描述实相，但又不能不说，所以公明贾尽全力去描述。他看到的实相是：公叔文子知道什么时候该说，然后去说，说的都是他人所需要的，不是附和、拍马屁，自然没有人会厌恶他所说。这里的关键是怎样做到该言时则言，这才是最难的！具体操作可以在自己现实生活慢慢做出来。

又说他是心底先很愉悦而自然流露出的笑，是真诚真心的，不是为了某种目的委屈自己，只是赔笑或皮笑肉不笑，自然没有人会厌恶他的笑脸。还有，他所作所为都合乎道，无欲无求又利他，很多人都愿意与他交朋友、做买卖，自然会给他利润，这是取之有道，没有人会厌恶他的所取，因为像他这样的人，所得到的利益、财富不会用于花天酒地，而是会更好利益众生。

孔子听了以后，他说："其然，岂其然乎？""其然"是孔子赞美公叔文子，能以时然后言，乐然后笑，义然后取。"岂其然乎"是孔子又担心公叔文子的"时然后言，乐然后笑，义然后取"未能尽然。也就是说，公叔文子能这样做事十分好，但孔子只是听公明贾的描述，没有看到活生生的实相，即公叔文子的所作所为，不知其然，这样做才真正合乎中道，公叔文子能不能像公明贾所描述的全然做出来呢？这正是孔子所担心的。这些都是生活中平常细微的小事，才真正看出孔子的见地、功夫及伟大之处。他只是做一位平常、平凡人，而不是出人头地呀！

【一五】子曰："臧武仲以防求为后于鲁，虽曰不要君，吾不信也。"

孔子说："臧武仲以防求为后于鲁。"臧武仲，在《论语·宪问·一三》子路问成人中，孔子赞叹说臧武仲之知。在孔子的心中他是一位挺有智慧的人，至于其他方面并没有多说。防，武仲的封地，鲁襄公二十三年，武仲为孟氏所僭获罪出奔到邾，后来又从邾回到防邑，使使者送礼给鲁君，求鲁君顾念他祖先的功勋，为臧氏立后，以守其先人之祀。臧武仲请立后之辞见于《左传》。其言辞甚逊，鲁君便立他异母兄臧为。武仲把封地防交给藏为之后，就避邑他去，到了齐国。他人未有言其有非，也就是没人能看到他有什么不对。这就是“臧武仲以防求为后于鲁”的历史事实。

事实上，没有人会认为他是要挟君，但孔子深观整个事件的全过程，并不这样认为。他说：“虽曰不要君，吾不信也。”要，要挟。意思是说：“虽然说不是要挟鲁君，我是不敢信的。”

为什么孔子不敢相信呢？从世间法上看，臧武仲做得很好，真的很会做人，又很会说好话，还给鲁国君主送礼，说话言辞甚逊。在表面上，他好像是没有太大问题，也不容易看出他有要挟君主之意。但在孔子眼中，则截然不同。他是有求的，是“以防求为后”，是有条件、有私欲的，是一种交易买卖。若鲁君不答应，没有为他立后，臧武仲会怎样做谁知道呢？他自己一定是知道的。而事实上鲁君是立了他的异母兄藏为，为藏氏立了后。武仲得到自己想得到的，满足了自己的欲望，自然而然避邑而他去，也就没有人看出他的用心。

所以孔子这样的判断并不是他自己凭空想象出来的，也不会带有个人的好恶标准去评判一件事、一个人。他的内心是清清净净，超越二元对立。在他的心中，每个人都是如己一样，他只是如实说而已，让弟子们学会怎么能看懂问题、实相，又怎么能读懂这一部活生生的无字天书。孔子只是本着良心、本心，让事实尽量如实呈现而已，无有他意呀！

【一六】子曰：“晋文公谲而不正，齐桓公正而不谲。”

孔子说：“晋文公谲而不正，齐桓公正而不谲。”晋文公，名重耳，晋献公次子。献公宠骊姬，杀太子申生。重耳被迫流亡十九年，后在秦穆公的帮助下归国。他公元前六三六年至公元前六二八年在位，任用诸贤，救宋破楚，辅裨周襄王。他是春秋霸主之一，虽然表面上他拥护周天子，但周天子还是听从他的意见摆布，也就是所谓“挟天子以令诸侯”。谲，言行狡诈多变。正，正直，从纯净本心、良心流露。

齐桓公，名小白，齐襄公弟。因襄公无道出奔莒，襄公被弑，小白归国即位，公元前六八五年至公元前六四三年在位。他任管仲为相，国力强大称诸侯，也是春秋霸主之一。

此章的意思是：“晋文公狡诈多变，耍弄权术手段，他所作所为不是从利益天下苍生的角度来考虑，而是依据妄想分别心、欲望来做，也就不合乎道，自然就不正直。齐桓公则不同，他所作所为是从利益天下苍生的角度来考虑，从纯净的本心、良心流露，也就是合乎道，自然是正直，不会诡诈多变、弄权术手段。”

此章的深意是，孔子描述晋文公、齐桓公这两位霸主截然不同的性格。他们俩相续为春秋霸主。这是历史上真实存在过的事实，但距离公元前五五一年孔子诞生将近百年。孔子也是依据所记载的史料史实尽量去如实描述，不带有个人的好恶，超越二元对立，清清净净不偏袒。但语言、文字、经典都有它的局限性，孔子只能将晋文公最鲜明的性格特征，即“谲而不正”描述出来，同样也将齐桓公的性格特征用“正而不谲”四个字来描述。至于他们为什么会形成如此不同的特征，这不是孔子所能知道的，也不是晋文公、齐桓公自己能决定的，而是众多因缘和合而生的。

譬如今日你我的性格特征特性也不是你我能决定的，它是与你我生存的大背景、家庭环境、教育背景、所见所闻等等有关联。孔子在这里不是要比较两者高下，而是让弟子们能更好地通过史实求真求证，回来反观自己的内心，看到自己的不足、缺点，看到自己的忧悲恼苦，举一反三，化腐朽为神奇，转烦恼为菩提。也是佛陀所云：“诸恶莫作，众善奉行。”这才是真正的“温故知新”的核心，学会了如何温故知新，也就自然会自净其意，自然而然就会来到《道德经》所云“为道日损，损之又损，以至无为。”这是至圣先师孔子的用心良苦呀！也是孔子仁爱的流露呀！

【一七】子路曰："桓公杀公子纠，召忽死之，管仲不死。"曰："未仁乎？"子曰："桓公九合诸侯，不以兵车，管仲之力也。如其仁。如其仁。"

子路说："桓公杀公子纠，召忽死之，管仲不死。"意思是说："齐桓公杀公子纠，召忽殉节自刎，可谓杀身成仁。而管仲不为公子纠自杀。"这里先描述史实，有助于了解这句话的深意。齐桓公是齐国公子小白，他和公子纠是齐襄公的异母兄弟。襄公无道，鲍叔牙是管仲的知己，他预知齐国将乱，便辅佐小白出奔到莒。后来无知弑杀襄公，管仲、召忽二人同辅公子纠奔鲁国。几个月后，齐大夫雍廪又杀无知。小白先入齐，立为齐桓公，使鲁国杀公子纠，交出管仲、召忽。召忽为公子纠而死。齐桓公本也想杀管仲，后因鲍叔牙规劝，将管仲囚送到齐国又相之，详见《左传》庄公八年至九年纪事，以及《管子·大匡篇》《史记·齐世家》。

子路对管仲的不死又相之深深不解。特别是像他这样的为人，更是无法理解其中奥妙。管仲不死，其中有一点是与知己鲍叔牙有很大关系，更重要的是管仲自己也是有智慧的，才能与鲍叔牙称为知己。人生关头，你是什么样的人起决定性作用。朋友就是你的镜子。但在子路的心目中，管仲是不能与召忽相提并论。召忽是杀身成仁，而管仲是不仁的，所以他问孔子说："未仁乎？"就是管仲不能算是仁人吧？孔子的回答是子路连做梦也没有想到的，对于子路这样一类人来讲可以称得是醍醐灌顶。

孔子说："桓公九合诸侯，不以兵车，管仲之力也。如其仁。如其仁。"这里的"九合诸侯，不以兵车"就是多次主持诸侯的和平会盟。古时诸侯会盟，就有所谓"兵车之会"，也就是帅兵车聚会，以武力相会盟。还有"衣裳之会"，即是凭借礼仪的和平会盟。在《谷梁传·庄公二十七年》有云："衣裳之会十有一，未尝有歃血之盟也，信厚也，兵车之会四，未尝有大战也，爱民也。"力，功。意思是说："齐桓公多次主持和平会盟诸侯，不动用兵车武力。这都是管仲的功劳。这就是他的仁，这就是他的仁呀！"

这里的深意是，齐桓公身为诸侯盟主，有强大的军事力量，却能够不以兵车咄咄逼人，展示我是我能我慢，而是选择和平会盟诸侯即衣裳之会，即便偶有兵车之会，也未有大战呀！没有血流成河，没有民不聊生，天下由此而安，流露着齐霸业之正。这都是得力于管仲的协助，若是管仲选择与召忽一样，也就是符合子路心目中仁的标准，杀身成仁，那结果就是完全不一样的。

这里又有一启示，“仁”字是文字，是名相，但仁在实际生活中的展现形式是多种多样又多变的。一个人只要是从利益天下苍生去考虑，不论是和平会盟，还是兵车会盟，都是仁的展示。仁若还有大小之分，召忽从忠君考虑而杀身就暂定为是“小仁”吧！所谓“杀身成仁”，还是在二元对立的世界中。从全天下人利益为考虑，就是大仁。仁的大小是与心量有关系，子路的不解是正常的。所以提升视野，扩大心量，迈向高等心灵品质，是每个人生命的核心。

【一八】子贡曰：“管仲非仁者与？桓公杀公子纠，不能死，又相之。”子曰：“管仲相桓公，霸诸侯，一匡天下，民到于今受其赐。微管仲，吾其被发左衽矣。岂若匹夫匹妇之为谅也，自经于沟渎而莫之知也！”

本章子贡之问与前一章子路问孔子的问题是相同的，两人都带有疑惑。子贡之问是：“管仲非仁者与？桓公杀公子纠，不能死，又相之。”这里是子贡在描述真实发生过的史实，又提出自己心中的疑问，这史实的详细描述就在前一章，在这里不作详述。此句的意思是说：“管仲不是一位仁者吧？齐桓公杀公子纠，他不能像召忽一样为公子纠殉死，非但没有死又做了齐桓公的宰相。”

孔子一听就知道子贡心中的疑惑。子贡是大商人，又是外交家，言语科第一。孔子就直接描述管仲给天下百姓带来的利益。他说：“管仲相桓公，霸诸侯，一匡天下，民到于今受其赐。”意思是说：“管仲辅佐齐桓公，称霸诸侯，使天下得以匡正，老百姓直到今天还受他的恩赐。”这是真实存在的，是实相的描述，没有对错，孔子只是如实描述呈现出来，让子贡自己去求真求证。事实也就是如此，子贡心服口服。

孔子又进一步解读，他说：“微管仲，吾其被发左衽矣。”微，当无、没有讲。被，通披。被发，就是披头散发之意。衽，衣襟。左衽，衣服向左扣。“其被发左衽”就是指夷狄之俗。意思是说：“若是没有管仲的辅佐，齐桓公尊王攘夷，我今天恐怕还是像夷狄一样披发左衽。”这里是孔子称赞管仲的功业。他是告诉子贡，也是告诉与子贡有相同疑惑的人，管仲所作所为就是大丈夫之所为，他以救民为第一顺位，至于小名小节是不值得去谈论呀！天下后世百姓，包括孔子自己，还有他的三千弟子无不“受其赐”，没有比这更大的仁呀！假如他与召忽一样殉死，只不过算是忠而已，怎么能算是仁呢？更何况管仲还有知己鲍叔牙的协助，他不死又相之是自然而然的事呀！

所以孔子又接着说：“岂若匹夫匹妇之为谅也，自经于沟渎而莫之知也！”谅，小信，也就是拘于小节。自经，自缢。意思是说：“他怎么能像普通男女那样，守着小信，自缢死在沟渎中，没有人知道呀！”这里，孔子点出召忽之死，只是“匹夫匹妇之谅”而已矣。其实，忠臣不事二君，烈女不事二夫，本非圣贤之谈，正是匹夫匹妇之谅。所以一位真正的仁人，他的所作所为是从纯净本心、良心、道心流露，是从利益天下苍生去考虑。管仲就是这样的人。而召忽不同，他是从虚妄分别心流露，是在个人的名声、名誉上考虑，美其名曰“杀身成仁”，只不过是匹夫匹妇之谅也。孔子深知子路、子贡所疑惑，徒见其心量之小。而孔子之言，实际上是树立万世之教育，提升弟子们的心胸、视野，扩大他们的心量，并非是为管仲去辩解。这就是至圣先师孔子的教育，他无处不在协助弟子们扩大心量，践行大学之道呀！

【一九】公叔文子之臣大夫僎，与文子同升诸公。子闻之，曰：“可以谓‘文’矣。”

“公叔文子之臣大夫僎，与文子同升诸公。”公叔文子，卫国大夫。臣，家臣。僎，人名。公，指公室。意思是：“公叔文子的家臣大夫僎，由于文子的推荐，和公叔文子一起做了卫国公室的大夫。”孔子听他人述说此事后，就说：“可以谓‘文’矣。”意思是：“公叔文子可以称为‘文’了。”在《逸周书·谥法解》中，关于“文”的谥号有六义，分别是：经天纬地、道德博厚、学勤好问、慈惠爱民、愍民惠礼、锡民爵位。文子举荐他的大夫僎，即合“锡民爵位”“道德博厚”两条。

为什么孔子听说此事，就说公叔文子可以“文”为谥呢？公叔文子可贵的是忘己推贤，他不在乎僎是自己的家臣，尽全力推荐僎为卫国大夫，与自己同上于公朝，地位平等。公叔文子更看重的是家臣僎是位贤才，是有能力、有智慧、有仁爱的人，他能够通过自己的推荐，使家臣僎能够德配位，有更大的舞台，发挥更大的生命意义，利益天下百姓。

公叔文子所为，与《礼运大同篇》所描述的“大道之行也，天下为公，选贤与能，讲信修睦”的真精髓正相合。若不是体道、悟道、行道、与道合一的人，是很难做出来的。如果你不服气，觉得没什么，问问自己能够做到吗？他的所作所为能从纯净本心、道心、良心流露的。公叔文子视僎如己，没有嫉贤妒能，是为卫国百姓，为天下苍生去考虑举贤才，是无我无私，无欲无求，内心是清清净净，是举贤的好榜样。这是一个活生生的样板，可以让弟子们更好学习、效仿呀，故孔子这么认真去对待！《论语》真的是无废话，只是很多人不知其中之真味而已！

【二〇】子言卫灵公之无道也。康子曰：“夫如是，奚而不丧？”孔子曰：“仲叔圉治宾客，祝鮀治宗庙，王孙贾治军旅，夫如是，奚其丧！”

“子言卫灵公之无道也。”卫灵公，卫献公之孙，名元。在灵公执政期间，他的夫人南子曾经操权。意思是说，孔子谈到卫灵公的所作所为不是从利益天下苍生来考虑，而是为了满足个人的私欲。季康子听到了，他说：“夫如是，奚而不丧？”奚而，奚为，为何。意思是说：“既然是如此，为何卫灵公仍能不失其位呀？”

孔子深知其中的原因，分析给季康子听，他说：“仲叔圉治宾客，祝鮀治宗庙，王孙贾治军旅，夫如是，奚其丧！”仲叔圉，是孔文子，卫国大夫，《左传》记载此人私德有污点。祝鮀，卫国大夫子鱼，以佞谄获得卫灵公的宠爱。王孙贾也是卫国大夫，他曾问孔子说：“‘与其媚于奥，宁媚于灶。’何谓也？”此句深意见《论语·八佾·一三》。这里意思是：“卫灵公有仲叔圉主管外交，有祝鮀主管宗庙之事，又有王孙贾主管军旅之事，这样，他又怎么会失位呢？”

此章深意是，孔子描述卫灵公无道但没有丧位的背后深层原因，关键是卫灵公给了仲叔圉、祝鮀、王孙贾三位大夫平台，又能善任，发挥他们各自的特长、优点。这也是协助弟子们看到卫灵公虽是无道，但还会知人善任。

更深的启示是，如果卫灵公是一位明君，他不是无道的君主，而三大夫是大智慧者如周公旦，不是只有某项特长的，那实现礼运大同世界是指日可待。还有在此章，孔子论人不以其所短、缺点而弃其所长，不偏不倚，如实描述。

【二一】子曰：“其言之不怍，则为之也难。”

孔子说：“其言之不怍，则为之也难。”怍，惭愧之意。意思是说：“一个人说话是大言不惭，能按照他所说去做的，就很难了。”这句话真的是实相描述，这样的人不只是在孔子那个年代有，在今日也是大有人在。譬如自称大师的人很多，“大师”满天飞，称人“大师”已变成一种调侃或是骂人，为什么呢？这些人大言不惭，名不符实，自称大师，但所作所为与真正的大师相差何止十万八千里，简直是背道而驰呀！

还譬如有的人在生意应酬场上称兄道弟，为了生意或认识更多成功人士，赔笑、陪喝、陪吃、陪说他人爱听的话，对方爱听什么就说什么，言不由衷。一切为了对方高兴，将生意做成，为了利益失去自己，毫无惭愧心。自己也不知道说的是什么，转眼之间好像什么事情都没有发生。这样的人要把自己说的话用行动做出来，真的是难呀！他根本没有真诚真心，内心唯有利益，只是哄对方开心而已，怎么可能会真诚真心去做出来呢？在现在生活中，有太多这样的人呀！

这里再分享一个真实的故事，我有位朋友经商，小本生意，生活不愁，也发不了大财。这几年流行信用卡套现，他想方设法套现了四五百万元。刚开始他用套现来的钱，买好车又出手大方，周围的朋友和他一起大吃大喝，酒吃醉时就拥抱一起，说我们都是兄弟，大言不惭。这样的好景过了没多久，几家银行同时催款，他还不上款，打电话给他的兄弟们借钱，没有人借给他，还有意逃避他。最后他没有办法就玩失踪，再打电话是关机状态。

本章的深意是，孔子让弟子们回来如实反观自己，是否也有这样的缺点，看自己说的话能否做出来，真的有那样实力、能力吗？自己的所作所为是从纯净本心、道心、良心流露吗？真诚真心吗？如果时机没有成熟，可以适当表达出来，但是要给自己留有余地，不要大言不惭。终有一天，你真有能力、有实力把自己说的话如实一步一步地做出来。

其实完全可以从力所能及的事做起。关键是很多人说多做少，只说不做，哪怕是很小的事，做不做他都觉得无所谓，自然是做不出，真的大言不惭。譬如你要做一件事，可以小心翼翼地跟朋友说，即使很有把握，也尽量保有余地。因为天有不测风云，成就任何一件事的背后是众多因缘和合而成的，不是你我他能掌握的。

我自己就是尽量这样做，像百亩自然农法茶园的改造、种茶人书院的搭建、《论语心解》每日一则，尽量少说先做。目前这一件件事都做出来了，在进行当中，做的比所说所描述的还更精彩、更震撼，个中滋味只有我自己知道，自己品尝，太美妙呀！此章也让我明白，孔子为什么要弟子们讷言敏行，少说多做，做了再说，学会做一位实实在在的真人。

【二二】陈成子弑简公，孔子沐浴而朝，告于哀公曰：“陈恒弑其君，请讨之！”公曰：“告夫三子。”孔子曰：“以吾从大夫之后，不敢不告也。君曰‘告夫三子’者。”之三子告，不可。孔子曰：“以吾从大夫之后，不敢不告也。”

“陈成子弑简公”。陈成子，就是齐国大夫陈恒。他以大斗借出，小斗收进的方法得到百姓拥戴。弑，以下犯上，这里是春秋笔法，表示陈恒之不义。意思是，在鲁哀公十四年，即公元前四八一年，齐大夫陈恒弑死齐简公，夺取了政权。

孔子闻此消息，证实后，第一时间做什么呢？“孔子沐浴而朝”，告诉哀公：“陈恒弑其君，请讨之！”“沐浴而朝”指此时孔子已去官居家，因为将告之鲁君大事，所以先斋戒沐浴上朝，以表郑重。讨，发兵、讨伐。意思是说：“孔子在家斋戒沐浴了，去到鲁国朝上，拜见鲁哀公说：‘陈恒弑杀了他的国君，请出兵讨伐他’。”

这里有一点要了解，依照春秋时期周天子的法律，弑君者人人皆可诛之，各诸侯国都有权讨伐陈恒。孔子坚决反对以下犯上，反对臣弑君，所以告于鲁哀公出兵讨伐。鲁哀公深知此事与自己事关重大，也知道孔子要恢复周礼，回到君君、臣臣。可惜当下的鲁哀公无权，三大夫当权，君不君，臣不臣。

鲁哀公无能为力，无可奈何地说：“告夫三子。”三子，指季孙、孟孙、叔孙三家。意思是：“你告诉那三位呀！”孔子退朝后，自言自语地说：“以吾从大夫之后，不敢不告也。君曰‘告夫三子’者。”从大夫后，指孔子任职过大夫，今已去官家居，故说“从大夫之后”。

意思是：“因为我曾做过大夫，这等大事，不敢不告诉君主，君主却说：‘你去告诉那三位呀！’”此时的孔子是无限感慨，哪知君主却要他转告三子。但因为是君命，他不得不去告诉三子。

“之三子告，不可”。之，往、去。意思是：“孔子前往告诉三子，他们都认为不可以讨伐。”这里的深意是，三子深知自己与陈恒是同类，只不过陈恒已经做出弑君之事来，而三子他们自己的所思所想、所作所为虽然还没有来到弑君，但也是在酝酿之中，只是未显现。为什么还没有发生呢？这与全力恢复周礼的孔子有直接关系，他们还不敢太过嚣张，不然也没比陈恒好多少。他们彼此彼此，只不过是五十步与百步之别而已。

孔子又自言自语地说："以吾从大夫之后，不敢不告也。"此章看似孔子在做无用功，但实际上是妙不可言。他正是表明了自己的立场，也给弟子们树立了大方向，也是起了震慑、警示三子的作用，是寓褒贬，别善恶。这与《春秋》是异曲同工之妙！难怪孔子说："后世知丘者以《春秋》，而罪丘者亦以《春秋》。"

【二三】子路问事君。子曰："勿欺也，而犯之。"

子路问孔子事君之道。孔子说："勿欺也，而犯之。"欺，欺骗。犯，犯颜谏争，也就是直谏。之，指君主。意思是说："不能欺君，又能在国君有不对的地方，犯颜直谏他呀！"此章的深意是，孔子借子路之问，讲当时全天下普遍存在的问题。君有过，无人直谏，放任之，导致了春秋末年"君不君，臣不臣"，礼崩乐坏。并给予了明确具体操作的大原则。

孔子心目中培养的读书人，即士人。士人绝不是只求"金榜题名时，洞房花烛夜"或"书中自有黄金屋，书中自有颜如玉"，像这样的读书人，所作所为只为个人私欲，是从虚妄分别心、名利心去考虑，哪有魄力去犯颜直谏呢？孔子心中的士人，是像宋代大儒张横渠这样的读书人，是"为天地立心，为生民立命，为往圣继绝学，为万世开太平"。孔子、颜回就是这样的人。

孔子自己以身作则，先做出来，他是无我无私，无欲无求地协助明君治理国家，所作所为是从利益天下苍生为考虑，构建礼运大同世界，逐渐实现你好、我好、大家好的和谐社会。也自然当国君有过失时，尽臣之本分直谏国君。但绝大多臣子是考虑个人的利益，虽然他很清楚知道国君有过失，他的良心良知也告诉他要直谏，但他却装着不知道，这就是真正的自欺，也是欺君。所以不敢犯君者，皆是欺君之人。他们专门做国君喜欢的事，不管国君是合乎道，还是背道而驰，只要对自己有利即可。

孔子教育弟子们不能欺君，但只要国君不合道、背道而驰，就要不惜犯颜而谏，即使国君不高兴、不喜欢。如何做到不欺君呢？其实良心是最伟大的导师，只要所作所为从良心、本心流露，它会告诉你。只要不自欺，自然就不会欺君，也自然就生起大无畏、浩然正气，敢于犯颜谏争。这才是真正的士人、贤臣呀！也才是真正的事君之道呀！

【二四】子曰："君子上达，小人下达。"

孔子说："君子上达，小人下达。"这里的君子与小人再作详细描述，可指两种人。一种就是像君子一样的人，一种就是像小人一样的人。也可以是指一类人，就是君子、小人同时存在一个人里，一念君子，一念小人。不论是君子还是小人，还是一念君子，一念小人的人。当然也包括孔子、老子、佛陀等大智慧者。每个人都同处在同一个太阳下，生活在同一片大地上，呼吸同一团空气中，喝的同源头的水，浸泡在同一个虚空里，同时每个人都有相同的眼、耳、鼻、舌、身、意，为什么有的成为大智慧者、君子，有的却成为小人，有的是成为一念君子，一念小人的人，他们之间最大的不同又是什么呢？既是心量大小，也是心灵品质的高低呀！

君子是"志于道，据于德，依于仁，游于艺"。他是心量广大，努力迈向高等心灵品质的人，他内心的界线越来越少，自然而然对立越少。损之又损，自净其意，逐渐超越二元对立，来到内心清清净净，没有个人的好恶标准，条条框框。他是直截根源，就是上达形而上者，也就是达于道。道者，本也，故知本务本，所作所为都从此根本，即纯净本心、良心出发，一步一脚印做出来。所以君子上达，自然就不器。

而小人呢？他心量狭小，内心很多界线，自然是活在二元对立的世界中，比高、比大、比强，永不知足，永无快乐。他的心灵品质只停留在欲界里，从个人私欲、虚妄分别心出发，从个人的名利得失去考虑，自然是舍本逐末。财、利、技、术、艺是末也，只停留在摘叶寻枝，这就是下达，也自然成瑚琏、斗筲等器。若是不成器者，未必是小人。

此章的意思是：“君子志于道，迈向高等心灵品质的人。而小人舍本逐末，他沉浸在名利堆，充满着贪嗔痴呀！”这里的深意是孔子要告诉弟子们自己的命自己造，也就是命由自己心造，要上达还是下达，成为什么样的人，完全是依赖自己，老师只是指月手指，是助缘，协助大家成长而已！

【二五】子曰：“古之学者为己，今之学者为人。”

孔子说：“古之学者为己，今之学者为人。”为己，这里不是为个人的私欲，自私自利，而是对自己的生命负责任，是真正懂得爱自己，全力以赴开启本自具足的无尽宝藏，让自己的生命全然绽放。也就是自立、自达、自利、自度，内心无我无私，无欲无求，终极目标是让生命的意义发挥出来。也就是立人达人，利人度人。譬如佛教所讲，菩萨道要建立解脱道之上。自己没有解脱，怎么能够协助他人解脱呢？也就是自己不知怎么行在解脱道上，而去行菩萨道，就是断人慧命而不知道呀！

“为己”其实也就是《大学》的“格物致知、诚意正心”。它就是修身，也是内圣的过程，也才有可能齐家、治国、平天下，即外王。所以古代很多读书人都有立志。

宋大儒张横渠有言：“为天地立心，为生民立命，为往圣继绝学，为万世开太平。”还有清朝名臣曾国藩有言：“君子之立志也，有民胞物与之量，有内圣外王之业，而后不忝父母之生，不愧为天地之完人。”他们都是先“为己”，自己的生命开启、全然绽放，自然而然发挥生命意义，利益天下苍生。

“为人”，在这里不是立人达人，利他度人。如果不是从本心本性流露，也就不是无我无私呀！如果是从私欲、虚妄分别心来考虑，自然是停留在技、术、艺、名利上，活在二元对立的世界里，比高、比大、比奢华，为了展示我是、我能、我慢。不知道读书求学的目的是什么，只是学习各种各样的技艺，为了挣更多钱、住豪宅、坐好车、出入高级场所，赢得众人羡慕的目光，获得满足感呀！

当今的实际存在就是如此，很多学者考了各种各样的证书、学历，只要有点学问，就可以获得种种利益，也可以在他人面前展示，以表自己的存在与实力，拿来炫耀于人。这是活在他人的世界中，为别人而活呀！这样的人内心是永不知足、不得安宁，哪有快乐可言呢？其实此章的意思是："古代的学人为开启自己生命宝藏，利益苍生。而现代的学人则不同，为了别人活着而学，自然不得心安、自在呀！"

【二六】蘧伯玉使人于孔子，孔子与之坐而问焉。曰："夫子何为？"对曰："夫子欲寡其过而未能也。"使者出。子曰："使乎！使乎！"

"蘧伯玉使人于孔子"。蘧伯玉，名瑗，卫国大夫，是一位贤德的人，也是孔子的老朋友。在《淮南子·原道篇》："蘧伯玉年五十，而知四十九年非。"孔子在卫国时，曾经住在他家。意思是，蘧伯玉派人到鲁国拜访孔子。孔子知道他是蘧伯玉的使者，看到他的气象、精神面貌。

"孔子与之坐而问焉"。意思是说："孔子与使者并肩而坐就问他。"从这个小细节可以看到，孔子如此尊重蘧伯玉，再加上使者自己个人的修养，自然也很尊重这位使者呀！

这里的启示是，尊重不是他人给予的，而是自己自重自爱，自然就得到他人的尊重。蘧伯玉能让孔子如此敬重，一定是他自己做得与孔子相当，甚至某些方面比孔子做得还好。加上这位使者自己也是自爱自重，孔子自然会赏识、赞叹。在现实生活中，经常有人抱怨别人看不起他，不把他放在眼里，不尊重他。他有没有先回来如实反观自己自爱了吗？自尊了吗？了解自己是什么样的人了吗？

孔子说："夫子何为？"这里的"夫子"是指蘧伯玉。意思是："近来先生忙些什么呢？"使者对着他说："夫子欲寡其过而未能也。”意思是说：“我们先生只想要减少些过失，但是总觉得还不能做到呀！”这里是从使者的口里说出来，可以了解到蘧伯玉是不求有功，但求寡过。就像《道德经》云：“为道日损，损之又损，以致无为。”也就是蘧伯玉在不间断地自净其意，这才是真修行，也是修行的核心，是千古圣贤真学问、真血脉，没想到是由一位使者一言点出。真奇！真奇！

其实也不奇，无非是蘧伯玉真的这样去做到“欲寡其过”而深感“未能也”。使者只是如实描述实相而已。若是蘧伯玉没有这样去做，使者就要绞尽脑汁去描述，思前顾后，担心不合逻辑，漏洞百出。但只要是不真实，一定是有漏洞、不严密。人就会活得很累，与这样的人同事也很累。看看周遭，实相是不是如此？而真实存在自然是无漏，不用去编造，如实呈现而已，很自在简单快乐呀！

还有使者说的恰如其分，难怪当“使者出”后，孔子赞叹说：“使乎！使乎！”意思是说：“这才像是一位真正的使者！这才像是一位真正的使者！”这里是孔子借此机会告诉弟子们怎样去做一位真正的使者，有助于他们去学习思齐。孔子的教育是活生生的，无处不在的。

【二七】子曰：“不在其位，不谋其政。”①

【二八】曾子曰：“君子思不出其位。”

曾子说：“君子思不出其位。”思，考虑、思维。在修身的过程，正处于边学边做之中，就要融入行走坐卧、语默动静里，自然要先慢下来、止下来，静下心来，思量清楚，用宁静的心灵去看明白。正如《大学》云：“知止而后有定，定而后能静，静而后能安，安而后能虑。”这就是“思”的全部内含深意，也是止观双运的“观”呀！

这里以心喻此镜子，先要把镜子擦亮，才能照物呀！位，职位，

① 本章与《论语·泰伯·一四》相同，乃重出，可合参理解。

爵位。“位”有更深的含义，暂时权说为时间与空间交叉点，即当下。其实当下实际存在的这一刹那，是没有时间、空间，是无边无际，又是《易经》中的“三易”中之变易。也就是说，当下这一刹那的一切存在是流动无常变化的，这是唯一不变的。

此章的意思是：“君子时时在如实反观自己是否有清醒明觉活在当下。”为什么要这样来解读呢？当一个人真的能够时时反观自己，清醒明觉活在当下，即知王阳明《四句教》中之“无恶无善心之体”，自然能照见“有善有恶意之动”，也自然能知即“知善知恶是良知”，就能“为善去恶是格物”。

其实心之体、意之动、良知、格物本来就是一体的，是不可分割的，又是每个人本自具足的呀！这里接引人原有的两种。利根之人从本源上悟入，一悟“无善无恶心之体”，即是功夫，人己内外，一齐俱透了。钝根之人有习性在，本体受蔽，故且教在意念上落实为善去恶。功夫熟后，污垢去得尽时，本体亦明尽了。

若是慢慢来到这样的见地、功夫、方法，所作所为哪里还会越出自己的身份地位呢？怎么能不安分守己呢？自然就如《中庸》云：“君子素其位而行，不愿乎其外。素富贵，行乎富贵；素贫贱，行乎贫贱；素夷狄，行乎夷狄；素患难，行乎患难。”内心自然清清净净，心与空相应融入空，来到一体世界，所作所为都是为己，己即大我无我，自然是流露出无我无私的心灵品质。这是此章的深意呀！

【二九】子曰：“君子耻其言而过其行。”

孔子说：“君子耻其言而过其行。”意思是说：“君子以他说的话很多，而做的很少为耻。”这句话看似很简单，意思也很明白，我看很多版本的《论语》解读都觉得此章没有什么。那其中的深意又什么呢？绝大多数人是知道很多很多道理，但真的有多少人能做出来呢？为什么孔子要说这句话呢？

昨天我在读王阳明的《传习录》，是豁然开朗，叹为观止呀！阳明先生说：“子以明道者，使其反朴还淳而见诸行事之实乎？抑将美其言辞而徒以譊譊于世也？天下之大乱，由虚文胜而实行衰也。使道明于天下，则“六经”不必述。删述“六经”，孔子不得已也。”其中又云：“孔子述“六经”，惧繁文之乱天下，惟简之而不得，使天下务去其文以求其实，非以文教之也。”还云：“天下所以不治，只因文盛实衰。人出己见。新奇相高，以眩俗取誉。徒以乱天下之聪明，涂天下之耳目。使天下靡然，争务修饰文词，以求知于世。而不复知有敦本尚实，反朴还淳之行。是皆著述者有以启之。”这都是在描述言过其实的危害。

在孔子的那个年代如此，在今日也是如此呀！特别是今日的教育，有很多医生、心灵咨询师、管理学大师等等，他们都可以在学生、患者面前讲得口沫横飞、夸夸其谈。但如果真的给管理学大师来经营一个企业，他能管理好吗？稻盛和夫不称自己是管理大师，但是在日航濒临破产时，八十多岁的他一出马，日航就起死回生，这就是真君子、大丈夫呀！他讷言敏行，自然也会以其言而过其实为耻。有像他这样的人，社会能不安定吗？

还有我遇到的一个真实故事，他本人就是医学教授，平时给患者看病，头头是道。去年自己患了癌症，却无能为力、束手无策，还比一般患者更顽固、难治，因为有太多自己的知见、观念，也是活在恐惧不安之中呀！

孔子是告诫弟子们反观自己有言过其实吗？也是告诉后来学人，要静下心来如实反观自己所言的是自己所行的吗？若是言过其实，内心还能生起以此为可耻，这样才有可能自救，不然没有药了。

【三〇】子曰：“君子道者三，我无能焉。仁者不忧，知者不惑，勇者不惧。”子贡曰：“夫子自道也。”

孔子说：“君子道者三，我无能焉。仁者不忧，知者不惑，勇者不惧。”道，即本心、道心、本性。三，指从纯净本心、本性流露出仁、知、勇三达德。故得道者是流露着不忧、不惑、不惧，这就是一本心、三达德。

当他处仁时，就是体证了天地万物是一体，自然流露出仁爱、慈悲之心，视万物如己，无得亦无失，故无有恐怖，即无忧。当他知道或明白了天地万物是一体的，仁爱是自然流露的，这就是实相，自然也就不迷惑了。当然也就知道何谓合乎道，何谓不合乎道，也自然就清清楚楚、了了分明。

当他觉知自己有不合乎道时，立即转念，知过能改，转烦恼为菩提，自净其意，为自己的生命负责，毫无畏惧，战胜最大的敌人自己。此乃非将相之所能也，这是大丈夫、大雄，真正的勇者。

为什么孔子自称“我无能焉”呢？这里不是孔子谦虚，而是实相的描述，他是真的流露着无能的形象。孔子无需再求证仁者是怎样，知者是怎样，勇者是怎么样。他体证三者都是本自具足，本是一体，即本心，是来到“看山还是山，看水还是水”的心境。他所作所为都是从本心流露，自自然然、清清净净，也是来到没有功夫的功夫，即无能。

若孔子只停留在“看山是山，看水是水”的心境，没有自己亲证，那就是真无能，也不可能知道“仁者不忧，知者不惑，勇者不惧”。只有真正亲证过，才能讲得出来，做得出来，是原创的。

此章的意思是：“君子是体道、悟道、行道、渐渐与道合一的人，自然会流露这三达德。仁者不忧，知者不惑，勇者不惧。当下我没有一样能呀！”子贡听到孔子说的话，就知道孔子所说的深意。他就说：“夫子自道也。”道，描述。意思是说：“这就是先生描述自己呀！”

子贡说的千真万确，孔子是在描述自己的心路历程，他经历过“看山不是山，看水不是水”，已来至了“看山还是山，看水还是水”，是返朴还淳，返朴归真，成为一位真实的人了。

【三一】子贡方人，子曰：“赐也贤乎哉！夫我则不暇。”

“子贡方人。”方，有比方的含义，比方某人较其高下，含有批评之义。另有一义，方即谤字，声近通借，就是说人之过恶。意思是子贡评论他人，说他人之过恶。孔子听到了，随机而教，直截点出子贡之过失。他说："赐也贤乎哉！夫我则不暇。"不暇，就是没有闲工夫。这句意思是说："赐呀！你就真的那么贤能吗？我就没有这闲工夫。"

这章的深意是，子贡是外交家，是孔子弟子中言语科第一，又很会经商，富可敌国。他喜欢评论他人的毛病，常拿自己与别人比较，活在二元对立世界中，比较高低、比较优缺点。当有不如自己时，就说某某人不应该怎么样，该怎么样才对。这就是在展现我是、我能、我慢，是从自我角度出发，目的是让人觉得他自己很能，想得到他人的肯定。这点值得好好去反观，去下功夫，叩问自己有这样的心理吗？

孔子是知道子贡常拿自己的优点和别人作比较，他也曾问子贡说："汝与回也孰愈？"子贡有自知之明，回答说："赐也何敢望回？回也闻一以知十，赐以闻一已知二。"孔子直截告诉他说："弗如也，吾与汝弗如也。"[①]孔子就是让子贡回来看到自己也有不足。在这一章中，孔子干脆直截告诉他说："夫我则不暇。"就是我自顾自都来不及，哪有时间去评论他人，就是"寡其过而未能也"，绵绵密密都在反观自己，损之又损，时时刻刻在净化自己的心灵。

《礼记·大学》云："无诸己而后非诸人。"就是说，自己先不这样做，然后才要求别人不这样做。自己的脸没有比别人白。只有回到当下，做好自己。孔子以身示教，以身作则，给子贡提出方法，也是告诫弟子们要为自己而活，开启自己本自具足的无尽宝藏。对自己的生命负责，少去为他人活着，不断在评论他人就是消耗自己的生命能量呀！

【三二】子曰："不患人之不己知，患其不能也。"

此章的意思是说："不要担心别人不知自己，担心自己的不能。"

孔子告诫弟子们不要把生命的能量浪费在担惊受怕里，要全力以赴开启自己的无尽宝藏，利益众生。[②]

---

① 参考《论语·公冶长·〇九》。
② 这章可与《论语·学而·一六》结合理解。

【三三】子曰：“不逆诈，不亿不信，抑亦先觉者，是贤乎！”

孔子说：“不逆诈，不亿不信。”逆，事未至而迎之，也就是预先猜测。诈，欺骗。亿，同臆，臆断臆测，是事未见即先揣之。这句话的意思是：“不要事先怀疑别人在欺骗你，也不要臆测别人不诚实。”孔子是发现了当时人与人之间，包括自己的弟子们之间实际存在的问题。每个人老是怀疑他人是不是在骗自己，臆测他人是不是老实呀，把简简单单的人际关系变得很复杂。

今天也是如此呀！为什么人们会有这样的心理呢？都是人们活在被骗怕的社会大背景之中，每一个人都小心翼翼，自然生出“防人之心不可无”之心。这是今日的实相，绝大多数人把除自己和身边比较亲密的人以外，都当做欺骗、不诚实的人来防着，所以人人活得非常累。

孔子是看到这个现实的存在，与礼运大同世界离得太远了。他只有协助弟子们来到“不逆诈，不亿不信”，也就是不怀疑，不猜测，不带有主观臆测，先入为主，来到超越二元对立，没有界线，内心自然清净。要做到这样，唯有自己真正体证了“民胞物与之量”，人人是同胞，万物是同类。我们就是生命共同体，就是一家人。

还有亲证“人之初，性本善”，满街都是圣人，人人皆可成佛，人人皆可为尧舜，自然会生起仁爱之心、慈悲心。这里是亲证，而不是修出来的，而是发现了一个事实，自然真诚真心的流露。孔子接着说：“抑亦先觉者，是贤乎！”意思是，如果有这样觉悟的人，就可以称得上是贤人呀！

【三四】微生亩谓孔子曰：“丘，何为是栖栖者与？无乃为佞乎？”孔子曰：“非敢为佞也，疾固也。”

微生亩谓孔子曰：“丘，何为是栖栖者与？无乃为佞乎？”微生亩，鲁国隐士。微生亩直呼孔子其名，而孔子耐心、心平气和与他交流。在《论语》里除孔子自称外，从没有人称谓他为丘。可见微生亩是比孔子年长的隐士，孔子对微生亩很尊重。栖栖（xī），忙碌不安的样子，四处流离，周游列国。佞，花言巧语。

意思是，微生亩对孔子说：“丘呀！你为何要四处流离、忙碌不安的样子，是真的要像一位游说者，花言巧语让人取信你吗？”从外相看，孔子真的是如此栖栖遑遑、四处流离不安的样子。他又是在周游列国宣说圣人之道，即“大道之行也，天下为公”，好像在施展演讲口才，讨好各国君王，让人误解是不奇怪呀！甚至还有人视孔子如“丧家之犬”，孔子听到后说：“然哉！然哉！”

但唯有孔子知道自己的心境，知音难求呀！正如《永嘉禅师证道歌》云：“常独行，常独步，唯有达者同游涅槃路。”他发乎肺腑地回答说：“非敢为佞也，疾固也。”疾固，病世之固陋。也就是说当时各国君臣大都固执一己之利，各家学说又各固执一端，所作所为都是以个人的私欲为考虑，背道而驰，这才使孔子引以为病。

而孔子想要让大道之行，天下为公，发挥生命的意义，利益众生，所以他不得已要去宣说，给外人的感觉是“明知其不可为而为之”。事实上，孔子是不这样认为的，他本来就应该这样做，这是他的本分呀！这句话的意思是：“哪敢用巧言悦人，我只是说出实相，将社会存在的病态固陋说出来而已，是有助于大同世界的实现。

【三五】子曰：“骥不称其力，称其德也。”

孔子说：“骥不称其力，称其德也。”骥，良马，一日能行千里。意思是：“良马之所以被称为良马，并不是称它之力，而是称它之德呀！”这里是孔子协助弟子们回到大自然中，以大自然为师。他是从与弟子们朝夕相处又活生生的良马身上得到智慧与启示。他通过观察发现连良马都要德才兼备，若一匹马只有力量、能力、技术等，而没有彰显马之明德，即清净本心、良知，也称不上是良马。难道人类就不要德才兼备吗？

孔子为什么要描述这实相呢？人类也是一样需要德才兼备的，人与万物皆有良知，有本自具足的清净本心，只要通过因材施教，让弟子乐此不疲地学而时习之，自然就会成长为德才兼备，也就是有道有术的君子。

这里还有一启示，人类是给自己界定为万物之灵，自然就把牛、羊、马、猪、狗等界定为畜生。但实相是万物都是大自然之子、上帝之子、道之子，是天地父母的子女。天地万物本是一体。众生是平等，只是因缘不同，有的生成了牛，有的生成了马，有的就生成了人等。每一个生命都是伟大的存在，是上天的恩赐，都是独一无二，是神奇、神圣。只是人类按自己的标准、框框划分界定，一体的世界四分五裂，从此人类的苦海也就形成了。

我们回到当下来自己去亲证，马是不是给人类骑在它的背上，日行千里。有时候则是让马拉车而人坐在车里。孔子那个年代没有汽车，就是用马车。马累死了，它身上的肉又给万物之灵的人类去煎、炖、烤、烹等，作为人类的美食。它们是不是无怨无悔、无我无私呀！试问自己能做到吗？谁是菩萨？谁是畜生呢？谁的心灵品质更高等呢？孔子是协助弟子去看到良马的伟大存在，又在默默的付出、无我无私，值得全人类学习思齐呀！牛、羊、猪、狗等亦复如是。这是人类要重新去思考，去学习的！

【三六】或曰："以德报怨，何如？"子曰："何以报德？以直报怨，以德报德。"

有人问孔子说："以德报怨，何如？"德，有一种解读是恩德，个人保留意见。另一种解读则是"德者，得也"，也就是找回本自具足的清净本心。它是有无恶无善、无我无私、无欲无求的特征特性。怨，怨气、怨恨。意思是说："以德报怨，怎么样呢？"这里"以德报怨"是《道德经》里的话，也是宇宙中最高等的心灵品质。

上章解读的良马，它对人类有哪一点不利呢？它是不是全心全力又无欲无求地利益人类呢？而人类不顾它辛苦、疲惫，让它载人载物，甚至有时当它走不动，就用鞭子鞭在它身上，而它毫无怨言，这难道不是活生生的“以德报怨”的实相吗？

还有天地父母及万物，哪一样不是无我无私、无欲无求地以德对待每一个人呢？而人类却报之以怨呀！回到当下深观实相，万物各安其位，过着合乎道的生活，唯有人心不安分，不知足，把整个地球弄得乌烟瘴气。在孔子的年代还没有今日这么严重，但也到了“君不君、臣不臣、父不父、子不子”的社会现实。

孔子知道“以德报怨”是超越二元对立的，是宇宙中最高的心灵品质，唯有利根上器的人才能明白，也才能做到。所以他听到后，就根据当下实际因缘，说：“何以报德？以直报怨，以德报德。”直，不偏私，无过无不及。意思是说：“那用什么报德呢？”又自己直接回答说，“有怨恨以直报，有德以德报。”

这里的深意是，孔子担心有的人智慧不足，做不到悲智双运，于是直接将具体怎么做描述出来。若是遇到怨恨时，报之以直，也就是不偏私，该怎么做就怎么做。譬如，该痛斥就痛斥，该柔和就柔和。其实这已经是相当不容易了。因为这是不带个人的主观色彩、条条框框、标准的“直”，是以归零的心去做，已几近中庸之道，是能无过无不及呀！而遇到有德的就用德相报，则是自然而然的事。

当下整个社会中，绝大多数的人是中下根器，这样的回答适合中下根器的人，让他们逐渐成长为有“以德报怨”这样高等心灵品质的人。也就是《易经》所云“与天地合其德”的圣人，无我无私、无怨无悔又无欲无求，利益天下苍生呀！

【三七】子曰：“莫我知也夫！”子贡曰：“何为其莫知子也？”子曰：“不怨天，不尤人，下学而上达。知我者其天乎！”

孔子说：“莫我知也夫！”意思是说：“没有人知道我呀！”在《史记·孔子世家》有说，鲁哀公十四年西狩获麟，孔子大概是为获麟而发“莫我知”之叹，就是感叹自己没有知己。此时，他最得意的弟子颜回已经死了几年，能与他的心灵品质相同、心心相印的人还没有出现。孔子的心境及心中的理想又有谁能知道呢？此时他的心境是孤独的，但又是幸福的。这与弘一法师的临终遗言“悲欣交集”是相似的。

子贡听到孔子的感叹，他说：“何为其莫知子也？”意思是：“为何没有人能知道您呢？”子贡是没办法知道孔子的，孔子也无法向子贡讲明白。井底之蛙是无法明白天空的浩瀚、大海的广阔，唯有它自己亲自跳出井外，又来到海边，才自然一目了然。也就是说，唯有当子贡的心胸、视野、心境与孔子相应相同时，才自然知道孔子的所思所想、所作所为呀！

所以孔子只能说子贡能明白的话，他说：“不怨天，不尤人，下学而上达。知我者其天乎！”怨，埋怨。尤，责怪。天，就是大自然存在的一切，这里含有无边无际的虚空。人，除自己之外，即他人。

意思是说：“不埋怨天，也不责怪他人，全然接受这一切。但我是从当下每一件不起眼的小事去做、学习、反观、净化自己心灵，逐渐提升，迈向高等心灵品质即上达，来到与空相应融入空，真的只有天知道我。也就是说，我就是大自然，大自然就是我。我融入了一体世界，即天人合一。我的心灵品质与大自然、天是一样的，无我无私无欲无求，利益天下苍生。这与《易经》所云：‘与天地合其德，与日月合其明，与四时合其序。’相似，所以说唯天知己。”

这里孔子也是以身示现自己的成长路径，又将自己的心灵品质一一地道明。他又告诉弟子们循序渐进，又有次递地达到最高的境界，也就是天人合一。去人欲，存天理，所作所为从本心流露，利益天下呀！

【三八】公伯寮愬子路于季孙。子服景伯以告，曰：“夫子固有惑志于公伯寮，吾力犹能肆诸市朝。”子曰：“道之将行也与，命也。道之将废也与，命也。公伯寮其如命何？”

“公伯寮愬子路于季孙。”公伯寮，姓公伯，名寮，字子周，鲁国人。他与子路同做季氏的家臣。愬，进谗言。意思是：“公伯寮在季孙氏面前进谗言，诋毁子路。”

“子服景伯以告。”子服景伯，即鲁大夫子服何，复姓子服，字伯，名何，谥号景。意思是，子服景伯将此事告诉孔子。他说：“夫子固有惑志于公伯寮，吾力犹能肆诸市朝。”夫子，这里是指季孙氏。肆，杀其人而陈其尸。大夫尸于朝，士尸于市。公伯寮是士，当尸于市。此处“市朝”连言，不是兼指。

意思是说：“季孙氏听了公伯寮的谗言，已对子路有疑心，但我还有能力将此事陈述清楚，使季孙氏杀了公伯寮并将他陈尸于市。”这是描述在子服景伯眼中，他完全可以在自己能力范围内借助季孙氏去杀公伯寮，让其陈尸于市。

这不就是以牙还牙，冤冤相报，何时了呢？

孔子深知其中的道理，自然不赞成景伯的主张。他说：“道之将行也与，命也。道之将废也与，命也。公伯寮其如命何？”道，清净本心、良心、本性，即天理。意思是说：“所作所为从本心，即‘天理’流露，是众因缘和合的。所作所为不是从本心、天理流露，而是从自我，即‘人欲’出发，也是由众因缘和合的。公伯寮能把命怎么样呢？”

这里，孔子是完全臣服于大自然，全然接受一切。任何事都是由众因缘和合而生成的，不是你、我、他能决定的。当然也包括了公伯寮这件事。我们再次看到孔子是真做到了“不怨天，不尤人”，他是在任何事情中加入仁爱，也就是善缘，自然也就是《易经》云：“积善之家，必有余庆；积不善之家，必有余殃。”

【三九/四〇】子曰：“贤者辟世，其次辟地，其次辟色，其次辟言。”子曰：“作者七人矣。”

孔子说：“贤者辟世，其次辟地，其次辟色，其次辟言。”贤者的心灵品质低于圣者。辟，即避，躲避、逃避，表面上是贬义词，其实这是一种大智慧，是积极的。它与“隐”字的深意相似，在整部《论语》中有多处提到相似的见地。譬如，孔子说：“邦有道，危言危行；邦无道，危行言孙。”还有对南容的褒奖：“邦有道，不废；邦无道，免于刑戮。”另有“天下有道则见，无道则隐”。

这些都是告诫弟子们，在礼崩乐坏的春秋时代做事，要小心翼翼、如履薄冰、如临深渊，保全生命。人身真的难得，不要做无谓的牺牲。如果将生命消耗在勾心斗角、自私自利、尔虞我诈之中，是真的不值得。

暂时的躲避，就是退一步海阔天空。静下心来，全力以赴开启本自具足的无尽宝藏，即良知良能，让生命全然绽放。等到邦有道时，出来发挥生命的意义，利益天下苍生。这里完全合乎《孝经》中的思想：“身体发肤，受之父母，不敢毁伤，孝之始也。立身行道，扬名于后世，以显父母，孝之终也。”当这来之不易的生命还未发挥意义就消失了，那是最大的不孝呀！

这章的意思是：“贤者在乱世就隐居。其次，避开一地另居一地。又其次，见他人颜色不好也是可避去。更其次，听人言语不好时也避去。”其实，孔子是告诉弟子们一些具体的处世方法，根据当下实际存在的情况、程度不同，可避世、避地、避人。这里都是方便法，没有高下之分，合适就是最好，终极目标就是全生、重生，让自己的生命得以全然释放，来到与天地合其德，即天人合一。这样自然无我无私、利益天下，也就是“终于立身”呀！

孔子又举例说：“作者七人矣。”作者，是随机而作，谓起而避去。孔子感叹世乱，此七人无主名，应是同一时代的人。他是让弟子们有活生生的贤人去学习思齐，成长更快。这七人，有说是《论语》所记孔子遇到的隐士，即长沮、桀溺、荷蓧丈人、晨门、荷蒉、仪封人、楚狂接舆。

【四一】子路宿于石门。晨门曰：“奚自？”曰：“自孔氏。”曰：“是知其不可而为之者与？”

“子路宿于石门。”石门，地名，鲁国都城的外门。意思是：“子路在石门外住了一夜。”这里是描述一个事实，也就是已经发生过的事情，这句话却成为四书之一《论语》中的一言。我为什么要说这些呢？就是一直在努力告诉大家，经典是怎样形成的。佛陀曾经说过，生活中有的而经典中没有的，就添加上去；生活中没有而经典中有的，就从经典中删减去掉。唯有活生生的生活，才能验证经典的正确与否呀！这一点是值得关注的。

子路黎明即起，赶快进鲁城。晨门曰："奚自？"晨门，看守石门的人，晨夜关闭者。他是鲁国人，避居不仕，自隐其名，为鲁国守石门。意思是说，守门人问子路说："从何处来？"子路回答说："自孔氏。"就是说："从孔氏来。"这里可见孔子在鲁国是人人皆知，不用举名以告。

晨门立即说："是知其不可而为之者与？"意思是说："是那个明知干不成而还要干的人吗？"这是描述晨门说出孔子在他心目中的形象。其实这"明知不可为"是晨门自己认为的，所以他做隐士、做守门人也就不足为奇。"不可为"正合乎晨门的内心世界，但这并不是孔子的真实意呀！

这里让我想起了一个寓言故事《小马过河》。有一天小马正准备过河，松鼠看到了，立即过来，十分慈悲地告诉小马，这水太深了，会淹死它的。松鼠真的没有说假话，它说的是实相，也是自己亲证过的，它的同伴才淹死不久。但它忽略了另一实相，它的腿短小，而小马的腿长。如果小马听它的话，是真的过不了这条河。而小马有自己的主见，也感恩松鼠的提醒，自己去亲证，发现水只淹过自己的脚跟。

晨门真的像这只小松鼠，他哪里会知道孔子的使命。孔子是深知自己的使命及生命的意义，也了解自己是什么样的人，他自己完成了"格物、致知、诚意、正心、身修"的过程，即"内圣"，全面开启无尽宝藏，只为生命全然绽放，将生命的意义发挥出来。在当下的因缘，他选择周游列国，宣说自己的理念是最佳方式。而在晨门看来，他真的是"明知不可为而为之"。唯有孔子自己是知道他是顺着自己的本心本性去做。如果他真要像晨门那样做隐士，那就真的是"世上无仲尼，万古如长夜"呀！

【四二】子击磬于卫。有荷蒉而过孔氏之门者，曰："有心哉！击磬乎！"既而曰："鄙哉！硁硁乎！莫己知也，斯己而已矣。'深则厉，浅则揭。'"子曰："果哉！末之难矣。"

"子击磬于卫。有荷蒉而过孔氏之门者。"磬，石制的乐器。荷，担负。蒉，草编的盛物之器。荷蒉就是指负着草器的人，就是自隐姓名之士。意思是，孔子在卫国时，某天正在击磬，有一荷蒉者经过孔子门前，听到磬之声，他说："有心哉！击磬乎！"有心，就是他从磬声中听出，孔子是从纯净本心，即天理，流露出仁爱之心。也就是佛陀所言的"慈悲心"，名相不同，所指相同。意思是说："有仁爱之心呀！这磬声呀！"

从这里可见荷蒉者既知音又知心。在他心目中，当下的天下是不可为，也无可救药了。但荷蒉者不知孔子有木铎之意呀！他自然是不能完全理解孔子。

他紧接着口气一转，又说："鄙哉！硁硁乎！莫己知也，斯己而已矣。'深则厉，浅则揭。'"鄙，见识粗浅。硁硁，击磬之声，即石声，从声音里想象击磬有坚确的意志。就是说，荷蒉者从孔子击磬听出另一种声音，说他不识不知时代背景，不随时宜而变通。这里含有偏袒、固执的意思。

"斯己而已矣"，在"己"之前是省略了一个"知"字。"深则厉，浅则揭。"这是荷蒉者引自《诗经·邶风·匏有苦叶》的诗句。厉，即履石渡水。揭，揭衣，即将衣服撩起来。

这里的意思是："浅陋极呀！硁硁的磬声像是说没有人理解自己呀！那你自己应该知道自己，没有人能知道你就算了。譬如《诗经》云：'水深，踩着石头而渡；水浅，撩起衣服而过。'何必自寻烦恼呀！"

这里的深意是，荷蒉者赞叹孔子有心挽道，志于做一番救世救民之业。可惜他生不逢时，时下礼崩乐坏，有心无力。他告诫孔子须审时度势，不必固执。天下无道，应该归隐。其实他哪里知道孔子的心呢？孔子的心灵品质就是《易经》说的"天行健，君子以自强不息。""地势坤，君子以厚德载物"！他是知道自己的使命，自己的生命意义，当然也知道自己在做什么。真不愧为大成至圣先师呀！

孔子听了荷蒉者的提醒，只能无奈地说："果哉！末之难矣。"意思是说："如果真是这样的去做呀！那就没有什么艰难的了！"这里看出孔子的艰难，他不是为个人的得失，而是难在于找不到明君，大智慧者。大道不能行之天下，不能救苍生于水火之中，利益天下苍生。虽然孔子是"知其不可为"的大背景，但他仍要"为之"，自强不息。这与国父孙中山在遗嘱中说的"革命尚未成功，同志仍须努力"是异曲同工呀！

【四三】子张曰："《书》云：'高宗谅阴，三年不言。'何谓也？"子曰："何必高宗，古之人皆然。君薨，百官总己以听于冢宰，三年。"

子张问道："《书》云：'高宗谅阴，三年不言。'何谓也？"书，是《尚书》，"六经"之一。高宗，商王武丁，德高而可崇，故称高宗。"谅阴"字又作"梁暗"，天子居丧之庐。这庐由一梁支脊而无楹柱，茅草垂于地，从旁出入，这就叫梁暗。后来僧人所居曰庵，即是"暗"。这里"庵"与"暗"是名相不同，实相是一样的。"三年不言"，是指三年不问政，而不是三年不说话。

这里是描述高宗武丁在父王小乙死后，依古礼守三年之丧。子女之生，三年才免于父母之怀抱，所以父母离世，其子女能三年不忘于哀思，斯为孝。对于儒家而言，三年之丧，自天子以至于庶人，其哀思之情一也。但天子统理天下，日理万机，不能常哀思及于已亡之父母。政权事小，人道事大。一切政权事是为天下人服务，如果只顾政权而丧失人道，就是本末倒置。也就是丧失了人道，那政权还能存在吗？如果是一位不仁不孝之人治理天下，结果是可想而知。在日常生活中，有谁愿意与不孝之人做生意、做朋友吗？这里的深意不言而自明呀！这句话的意思是说："《尚书》说：'高宗谅阴，三年不言。'这是有什么深意呀？"

孔子将这深意作解读，他说："何必高宗，古之人皆然。君薨，百官总己以听于冢宰，三年。”薨者，卒也。冢宰又称太宰，就是后世所称的宰相。意思是：“何止是高宗呀？古时之人没有谁不是这样的呀！前君王死了，朝廷文武百官就各自总摄己职，听命于冢宰，共历时三年。”这里是说三年之丧在古之人都是如此，不只是高宗。他们皆知，自己若是常在哀思之中，自然无心理政，就将政权直接交给冢宰。然而后世之人却视政权如私产，不可一日放手。这与儒家的本义大背。

孔子是告诉弟子们，古代帝王守孝三年，文武百官都被他的孝行所感动感化，天下苍生也被他感化。帝王自己先做出来，自然是不令而行，民心归顺。也即是“慎终追远，民德归厚矣”，无为无不为。虽然帝王无心于治天下，天下却不治而治，这是真正的德政呀！也是真正顺道，即顺天理而为，自然无不治呀！

【四四】子曰：“上好礼，则民易使也。”

孔子说：“上好礼，则民易使也。”上，指上位的人。君王、父母亲、上级上司，还有公司的董事长等，都可称之为上位者。好，喜好。这里不是表面上的装饰，而是真正的喜好，是从本心、天理流露的，真诚真心。《大学》有云：“如好好色。”这是发乎心底的好，是生命本自具足的，只是自然流露而已，浑然天成，毫无雕饰，清清净净。这是第一次对“好”字作深度解读。

礼者，理也，合乎天理。君敬臣忠、父慈子孝、兄友弟恭等循着五伦之理，也就是学习循着天理去做事。人事圆成，自然天下事也就圆成。整个儒家的核心是遵循“格物、致知、诚意、正心、修身、齐家、治国、平天下”。这“礼”字贯在其中，也就是克己复礼，这其中真义是，克己即“去人欲”，复礼即纯乎“天理”。

所以，上位者能真正做到所作所为都从天理出发，百姓或下位者自然会被感化，激发出每个人本自具足的本心、良心，自然天理存。每个人心中那一盏明灯重现了光明，所作所为自然就从天理流露出，无须去使唤，即“易使也”。

难怪王阳明在《传习录》有云：“个个人心有仲尼。”“满街都是圣人”。孟子云：“人人皆可为尧舜。”佛陀有云：“人人皆可成佛。”也就是说，上行下效，在上位的人好礼，在下位的人也自然好礼，所作所为依礼而行，自然就不用去役使呀！

【四五】子路问君子。子曰：“修己以敬。”曰：“如斯而已乎？”曰：“修己以安人。”曰：“如斯而已乎？”曰：“修己以安百姓。修己以安百姓，尧舜其犹病诸！”

子路问什么样才算是君子。孔子说：“修己以敬。”“己”即大我无我，尽十方世界皆是个自己，无穷无尽、无始无终、无边无际。其实就是一体世界，本来就是天人合一，不可思议。这是实相，是真实存在的。“修己”就是修正自己的错误的知见、观念，恢复到正知正见。发现大自然、宇宙，即天下，就是真实的自己，自己就是天，是宇宙、大自然，自然而然生起了敬畏之心。万物就是生命共同体，保护大自然就是保护每个人自己。

“己”还有一层含义，即明德，也即良知、天理、清净本心等。修己即是“明明德”，也是“致良知”，让自己的清净本心恢复、彰显。“己”又与空一样，在圣不增，在凡不减，是清清净净，真诚真意，自然对待万物生起敬畏之心。所以“古之学者为己”，“人不为己，天诛地灭”，这其中的意义是很深的。

子路不能悟得此深意。他自己还没有自达自度，怎么能明白“修己以敬”的深意呢？他觉得没有什么，就说：“如斯而已乎？”意思是说：“就这样而已吗？”孔子一听就明白子路不了解，于是更进一步去解读。他说：“修己以安人。”意思是：“了悟生命实相，闻道、行道、与道合一，生命全然绽放。自己心安自在，就能让他人也心安自在。”

子路还是不明白，又说：“如斯而已乎？”意思是说：“就这样而已吗？”孔子就告诉子路到底有多深多难，他说：“修己以安百姓。修己以安百姓，尧舜其犹病诸！”安百姓，亲民、平天下。病，不足。意思是：“修己就能够让百姓心安自在，即平天下。要真正做到‘修己以安百姓’，是连尧舜都会担心自己力量不足而做不到呀！”

孔子这样说，是要惊醒子路这梦中人，让他停止“如斯而已乎”，不要不自量力，也是让他和其他弟子回到当下来，格物、致知、诚意、正心，又将“知止、定、静、安、虑、得”贯穿于其中，一步一脚印地去修己。

不修己，何以敬？何以安人？又何以安百姓？也就是说不修己，何以齐家、治国、平天下？不修己即是失去根本，也就是无根。无根之树，何以长成参天大树呢？那将是本末倒置呀！

【四六】原壤夷俟。子曰：“幼而不孙弟，长而无述焉，老而不死，是为贼！”以杖叩其胫。

“原壤夷俟。”原壤，姓原名壤，鲁国人。根据《孔子家语》的记载，他是孔子的老朋友。夷俟，马融注：“夷，踞。俟，待也。”踞则臀先坐下，两足向前张开，两膝弓起，其形如箕，名为箕踞，从外相看是不合乎礼。意思是：“孔子拜访故旧原壤，原壤依礼仪应该出门相迎，没想到他非但不出门相迎，还箕踞以待。”

对于孔子来讲，他早已是眼顺、耳顺、舌顺，当然也是心、意顺了，没有大惊小怪，可是他身边跟随的一些弟子是不能理解的。注重礼乐教育的孔子，他今见到原壤如此的行为，就当面对弟子说了原壤三件事。他说：“幼而不孙弟，长而无述焉，老而不死，是为贼！”孙，同逊，谦逊。弟，同悌，恭敬弟兄。无述，无立言，从表象上看是无所作为。贼，祸害。

意思是说：“他年幼时不守逊悌之礼，年长了又无作为，年老了身体还很健康，死不了。这叫做祸害呀！”这里孔子描述的是实相。原壤幼时不逊悌，长大了无作为，年老了又还死不了，一般人从表象上看，他是祸害呀！但事实上他真的是祸害吗？原壤是怎样的人，孔子是很清楚的。但为什么要这样说呢？孔子是知道弟子们还无法理解原壤的行为，才这么说呀！这是方便说，也就是权变呀！

最近网上流传的“三八二十三”的故事。某日，颜回上街见一布店前围满了人，上前看发现是买布者与卖布者发生了纠纷。买布者大叫：“三八就是二十三，你为啥要我二十四个钱？”颜回施一礼说：“这位大哥，三八是二十四，怎么会是二十三呢？”买布者仍不服气，指着颜回的鼻子说：“你说的不算，孔夫子说的才算呀！”颜回说：“好！孔夫子若评你错，怎么办？”买布者说：“评我错了，将我的头砍给你。你错了呢？”颜回说：“评我错了，输上我的冠。”

二人找到了孔子，孔子问明情况，对颜回笑笑说：“三八是二十三。颜回，你输啦！把冠摘下给人家吧！”买布的人，接过帽子得意地走了。颜回表面上绝对服从，心里却想不通。孔子就说：“如果我说三八是二十三，你输的只不过是一顶冠；如果我说三八是二十四，他输的可是一条人命呢！”

这个故事的真实性是众说纷纭，有待考证。但此事甚合孔子为人处世的一贯作风，流露着圣人的大智慧，不妨合参。在《论语》有云：“可与共学，未可与适道；可与适道，未可与立；可与立，未可与权。”这是方便法，也是“可与权”，即权变，也就是行走在中道上，随着当下的因缘变化而变化，没有固定的标准答案。其中之奥妙、美妙值得大家好好体会。

在此章，原壤还是孔子故旧、发小，因为彼此熟悉，孔子还“以杖叩其胫”。也就是说，用手杖轻轻敲他的小腿，即脚胫。妙就妙在敲他的脚胫呀，有戏言戏行之味，声貌如见，而不是严责。孔子的教育是随机而教，灵动活泼，妙不可言呀！而且孔子本身就是活榜样，能读得懂孔子这一部无字天书吗？

【四七】阙党童子将命。或问之，曰：“益者与？”子曰：“吾见其居于位也，见其与先生并行也，非求益者也，欲速成者也。”

“阙党童子将命。”阙党，古者五百家为党，此党名为阙。童子，未冠者之称。将命，在宾主之间传达信息，传话。就是说阙党有一童子，在宾主相见礼中替宾主传话。有人问孔子说："益者与？"意思是说："这童子能就此获益长进吗？"

孔子依自己的所见所闻，如实地回答说："吾见其居于位也，见其与先生并行也。""居于位"。在古礼，童子当在角落坐，无席位，可是他不知让，与成人、长者并居于位。先生，是指长辈。并行，童子本只能随行，他却与长者并行，也是不知让。这句的意思是："我见他坐在成年人的席位上，又见他与长辈并肩而行。"

这里的深意是，孔子见到了童子当下不知让，丝毫无谦让之心，呈现出的是一位成年人的行为。从当下的行为看，童子的确是像孔子说的："非求益者也，欲速成者也。"意思是说："那童子并不想求长进，只想速成一个成年人呀！"

这章的深意是，童子在这宾主相见礼中替宾主传话的优越条件之中，本应当在各方面能收获颇多。也有人羡慕他能在这环境中工作，肯定可以从中受益。但实际情况并非如此。很多人往往是身在福中不知福。

孔子看到的实相是这童子"非求益者也"，不能脚踏实地，清醒明觉地活在当下，边时熏陶，边时习之，渐渐开启生命的无尽宝藏，而是"欲速成者也"。其实这是告诫弟子们要惜福呀，不然即便在老师身边，也未必能开启无尽宝藏，让自己的生命绽放。那是很可惜的呀！

此章有另一种解读，老子有云："为学日益，为道日损，损之又损，以至于无为，无为无不为。"也就是说，若是"下学而上达"，下学则是日益处，即博学多闻，上达则正是日损处，即边放下所学所欲呀。也就是说去人欲，自净其意。今日是童子而能居位、并行，何等志气。这是上智根器之人，与十一岁的王阳明有相似气象，是读书志在做圣人呀！是处处自问圣人在此如何呀！但夫子在此担心童子离下学而求上达，就让他回到当下来，依乎中庸之道，所以特令他"将命"，实际来操作践行呀！

其实居位就是欲立，并行就是欲达。这些都是童子的所难之能，也就是做到恰如其分。所以知道他不仅仅是"求益"，求更多知识而已，而是见其“欲速成”，也就是直接到工作生活中去亲证，去读懂无字天书。

童子不是做不到隅坐随行呀！若是他不能隅坐随行，他是不知礼、不知让，那又怎么能让他“将命”呢？其实这两种解读在现实生活中都存在，都可以合参去体会！收获会更多呀！

論語心解

卫灵公篇第十五

（凡四十一章）

【〇一】卫灵公问陈于孔子。孔子对曰："俎豆之事，则尝闻之矣。军旅之事，未之学也。"明日遂行。在陈绝粮，从者病，莫能兴。子路愠（yùn）见，曰："君子亦有穷乎？"子曰："君子固穷，小人穷，斯滥矣。"

"卫灵公问陈于孔子。"陈，同阵，隋唐时期，行陈之陈多作阵。意思是："卫灵公向孔子问兵阵军事。"这显然是与孔子以德、礼乐为本的治邦理念背道而驰，孔子对道："俎豆之事，则尝闻之矣。军旅之事，未之学也。"俎豆，俎是切肉小几，豆是盛羹酱的器物，这里代指礼器。军旅，指军队。意思是说："关于礼乐的事情，我倒是曾经学过。至于行军作战之事，我没有学过。"

孔子的理想、目标是非常清楚的，就是构建礼运大同世界。在《左传》也有相同的记载。哀公十二年，孔文子将攻大叔疾，向孔子请教。孔子说："胡簋之事，则尝学之矣；甲兵之事，未之闻也。"在此胡簋也是指礼器，甲兵也是指军事。卫灵公是一位无道之君，还问军旅之事。道不同不可以共事呀！孔子"明日遂行"，第二天打包行李离开卫国。

孔子用十四年周游列国，各诸侯国国君都与孔子"恢复周礼，以礼乐来匡正天下"的理想不合。也因理念不同，孔子不能被重用，一直颠沛流离。特别是他"在陈绝粮"了，就是在陈国时断绝了粮食，没有吃的了。

孔门弟子所流露的气象、气场是怎样的呢？"从者病，莫能兴"。这里的"病"是病态，不仅仅是指没有粮食吃了，乏力无精神，死气沉沉。更重要的是他们没有方向感，不能真正与孔子心心相印、相通，甚至是生起怀疑。从者有的是真病了，有的是泄气，有的是沮丧。兴，起，振作。

意思是说："跟从孔子的弟子像病了的样子，不能振作起来，也快乐不起来。"其实像这样的气场，不管是在国家、公司，还是在家族、家庭等出现了，如果不能立即转化、转变，都是非常不利的。在这种时刻，信心比黄金更可贵。

此时此刻，连跟孔子最久的子路也在闹情绪，他内心充满着疑惑。子路愠见，曰：“君子亦有穷乎？”愠，恼怒、生气。也就是说，子路心怀恼怒来见孔子，他说：“君子也有如此般穷的吗？”

孔子的回答是简洁、明了、有力，一下子如从乌云中喷出一缕明光。烦恼即菩提，真的是心念一转，气场也随之转变。孔子是这样回答的：“君子固穷，小人穷，斯滥矣。”滥，如河水泛滥的样子四处横流，没有固有轨迹。意思是说：“是的！君子本来也一样有穷的时候，但小人遇穷时，便泛滥横流，无忌惮。”

这里的深意是，不论是君子还是小人，都会遇到穷时，但是两者所展示出的心灵品质却是天壤之别。君子穷时还是能守其道，所作所为还是从自己的本心、良心流露。小人则不同，他是从自我、人欲、欲望去出发、考虑，自然是像洪水猛兽一样疯狂，不择手段呀！

【〇二】子曰：“赐也！女以予为多学而识（zhì）之者与？”对曰：“然，非与？”曰：“非也。予一以贯之。”

孔子说：“赐也！女以予为多学而识之者与？”女，即汝，你。识，记住。它是与《述而篇》所云的“默而识之”的“识”意思相同。意思是说：“赐呀！你以为我是多学了，又一一记在心的吗？”

这里的深意是，孔子自己博学于文，也常教弟子们博学于文。子贡于是认为孔子是多学而记识在心上，所以孔子就此问子贡。其实，不仅仅是子贡等弟子们会这样认为，在今日绝大多数人也都是这么认为。这是一大误区。在《礼记》有云：“记问之学，不足以为师。”又在《论语》有云：“温故知新，可以为师已矣。”为什么呢？在这一点值得所有学人深思。

在这里，子贡回答说：“然，非与？”与同欤，疑问辞。意思是说：“是呀！难道不是吗？”果然不出孔子所料，可见得孔门真传的有几人呢？是曾子乎？是子贡乎？若是曾子、子贡能得其真传，为何在颜回死时，孔子会感叹“今也则亡（wú）”呢？

孔子在这里很肯定地回答子贡说：“非也。予一以贯之。”意思是说：“不是的。我在这多学中，是有个‘一’来贯穿着的。”孔子再次将实相告诉子贡等弟子。

那这个“一”到底是什么呢？肯定不是曾子所说的“忠恕”，但“忠恕”是由它而流露的。若能从“忠恕”之道下工夫，定能找回这个“一”。

这个“一”到底是什么呢？它是每个人本自具足的，在圣不增，在凡不减。它就是本心、道心、良心，也就是佛陀所说的自性、佛性，当然也是王阳明所说的“良知”，所作所为都从它流露出来。它的特征、特性是无我无私，真诚真心，无恶无善。它是超越二元对立的，自然是清清净净。所学的一切都是为恢复这本心、良知，所作所为又都是由本心、良知流露出来。孔子一以贯之，真实不虚。每个人本自具足，只是知道不知道而已呀！

【〇三】子曰：“由！知德者鲜矣。”

孔子说：“由！知德者鲜矣。”这章的意思是，孔子告诉子路说：“仲由！对于德，能知能亲证的人太少了。”孔子为什么知道“知德者鲜矣”呢？这是实相的描述，唯有已经知道又亲证“德”是什么的人，才能清楚明白他人是不是知德。

这里的“德”是什么呢？德者，得也。“德”是实际存在每个人的身上，肯定能在每个人的身上找到。所以孟子才说：“学问之道无他，求其放心而已矣！”

“德”的本字是悳，悳从直心。心之本体是无善无恶，寂然不动，名之为“道”。“道”就是佛陀所说的“空”，也是儒家所说的“无极”，基督教所说的“上帝”。名相不同，所指相同，即是实相，也是心之本体。实相是大我无我，天人本合一，本是一体的，都有良知、自性呀！也自然就体会到宇宙是我，我是宇宙。每个人都是宇宙之子，上帝之子，道之子，大自然之子，都是独一无二的，是神奇、神圣的。

每个人既然是宇宙之子，上帝之子，道之子，大自然之子，就有宇宙、上帝、道、大自然的心灵品质、特征、特性，这就是德。这德是与生俱来的，本自具足，是每个人都有的。所以在《大学》有云："大学之道在明明德。"这"明德"与此章的"德"是相同的。其实它就是每个人本自具足的本心、本性、道心，它是超越二元对立的，是无恶无善之善，清清净净，真诚真心，无欲无求，无我无私。即便是动，也是直而不枉。未闻道的人是不知何谓德，自然"知德者鲜矣"呀！

当一个人的所作所为是从本心、道心流露出来，必是大德。他的心是与空相应，融入空又不住空，浑然天成活脱脱。他的生命是生龙活虎、无限可能，充满着生命力，生机勃勃呀！

【〇四】子曰："无为而治者，其舜也与！夫何为哉？恭己正南面而已矣。"

孔子说："无为而治者，其舜也与！"意思是说："能无为而治者，那该是舜帝吧！"孔子不仅知道何谓"无为而治"，又举例说明谁做到了。真实存在的舜帝是做到的。也就是说舜在表面上看好像没做什么事，而能平治天下。

据《尚书·舜典》记载，舜命禹作司空，平水土；命弃为后稷，播种百谷；命皋陶作士，掌法律；命益作虞官，管山泽鸟兽。这些人的所作所为都是从本心、良心、道心出发流露，是利益天下苍生，无我无私。他们个个的生命是圆成的，又是全然绽放的，皆有民胞物与之量，又有"内圣外王"之业。这些都是说明舜能知人善任。

但他"夫何为哉"？意思是说："舜究竟做了什么呢？"他怎么能做到无为而治呢？其实儒道本同源不分家，孔子曾拜老子为师，得到老子的真传。他直截根源，将其核心一语道明，说："恭己正南面而已矣。"

"恭己"的深意是正己、重己，也是"修己以敬"。对自己的生命存有恭敬心，敬重自己难得的生命，全神贯注其中，开启自己生命的无尽宝藏，这是生命第一顺位呀!《大学》有云：格物、致知、诚意、正心、身修。这是内圣的阶段。也是《道德经》云：“为道日损，损之又损，以致无为。”这是生命开启的次递。花开蝶自来，正因舜自己的生命全然绽放，才能吸引相同频道的人在身边，也才能知道他人有没有开启。自然能任用有“民胞物与之量”“内圣”的人。

正南面就是正坐在君位上，即外王，也就是自然无不为无不治。意思是说：“恭敬自己神奇又神圣的生命，让自己的生命全然绽放，正坐在君位上即是发挥生命的意义而已呀！”舜有这样的生命气象，自然就做到无为而治。这与《论语·为政第二》中孔子说的“为政以德，譬如北辰，众星拱之”的核心、精髓是相同的。名相、言语不同，实相描述是相同的。

【〇五】子张问行。子曰：“言忠信，行笃敬，虽蛮貊（mò）之邦行矣。言不忠信，行不笃敬，虽州里行乎哉?立则见其参于前也，在舆则见其倚于衡也，夫然后行。”子张书诸绅。

“子张问行。”子张年龄小，孔子自卫返鲁时，他才二十岁。这回答是孔子晚年讲的。行，行得通、通达、做出来。子张问，如何才能让自己可以走遍天下呢?

孔子说：“言忠信，行笃敬，虽蛮貊之邦行矣。”忠，竭尽全力，从自己的本心流露，是真诚真心。信，通过亲证找回自己的清净本心，这是自信，也是正信，不是迷信。笃，厚实，一步一脚印扎扎实实。敬，恭敬、敬畏。有恭敬、敬畏，自然就会如履薄冰，如临深渊，一步一脚印，很厚实。蛮，南方少数民族。貊，北狄，是北方少数民族。

这句话的意思：“只要言语能真诚真心从本心流露，行事能恭恭敬敬，一步一脚印，很厚实，即便去到蛮貊之国，也行得通。”

孔子又说：“言不忠信，行不笃敬，虽州里行乎哉?”州里，五家为邻，五邻为里，五党为州。这里是指近处，自己的家乡。意思是说：“若言语不是真诚真心从本心流露，而是巧言令色，行事毫无恭敬、敬畏，不厚实，即便在自己乡里，也是行不通的。”

孔子是对治子张浮躁又不踏实的病根，开出了六个字药方，也即“言忠信，行笃敬”。又教他具体操作方法，将这六个字去悟透做出来，时时可见，念念不忘。

孔子说：“立则见其参于前也，在舆则见其倚于衡也，夫然后行。”两个“其”是指“言忠信，行笃敬”。参，显现。它是古读如“森”，不读如“骖”。舆，车厢。衡，车辕前端的横木。意思是说：“站着时，就仿佛看到‘言忠信，行笃敬’这六个字显现在面前。坐在车厢里，就好像看到‘言忠信，行笃敬’倚靠在车辕的横木上。能如此，自然会到处行得通了。”

这是说到了子张的心坎上，十分简单实用。读书不在多，就怕有心人，唯有一点点做，功到自然成。子张就是如此呀！

“子张书诸绅。”绅，衣带。也就是说，子张把孔子的“言忠信，行笃敬”书在自己的衣带上，随身提醒，依照奉行。

孔子的教育是手把手、点对点地协助弟子心灵的成长。他是如此的细腻又精准，唯有自己的生命全然开启才能做到。孔子就是这样的老师呀！

【〇六】子曰：“直哉史鱼！邦有道，如矢。邦无道，如矢。君子哉蘧伯玉！邦有道，则仕。邦无道，则可卷而怀之。”

孔子说：“直哉史鱼！邦有道，如矢。邦无道，如矢。”直，所作所为从纯净本心、良知流露。史鱼，卫大夫，名鳕。矢，箭。

关于史鱼，在《韩诗外传》《孔子家语》皆有记载，说他“生以身谏，死以尸谏，可谓直矣”。也就是史鱼临死遗言：“自己生前在朝，未能谏君进用贤人蘧伯玉，退弃不肖之臣弥子瑕，死后不应当在正堂治丧，只能殡在室牖之下。”他的儿子按遗嘱去办。卫灵公往吊，问清其中之原因，立即进蘧伯玉，退弥子瑕，移殡史鱼于正堂，成礼而后去。

意思是说：“史鱼可算得正直了。邦国有道，他的言行像箭一样的直；邦国无道，他的言行也像箭一样的直。”在这里，孔子是赞美史鱼。像这样的人，他的正直，真诚真心，就是《大学》所云：“如好好色，如恶恶臭。”他是不带个人成见的，无有个人偏私偏好。蘧伯玉是贤人，则进之；弥子瑕是不直之人，则退之。史鱼是真正直人呀!

孔子又说：“君子哉蘧伯玉！邦有道，则仕。邦无道，则可卷而怀之。”卷同捲，收的意思。怀，藏起来。蘧伯玉在《列女传》有记载，卫灵公夫人称赞他是贤大夫。他曾在夜间乘车经过灵公门前，虽是在暗无人处，他仍然下车致敬而不失礼，也就是人前人后是一样。

意思是说：“蘧伯玉可算是一位君子。邦国有道，就出来做官，服务社会，利益百姓。邦国无道，他也可收起藏着，隐起来为己。”

此章孔子是赞美二大夫如春兰、秋菊，各有其美。二者各有不同因缘，选择不同的方便法利益百姓，无有高下之分。他们所作所为都是从本心、道心流露，只是在“邦有道”或“邦无道”下展现不同形式，各有各精彩，没有标准答案。这是孔子教育弟子的案例分析，也可以说是公案，让弟子们自己好好去悟其中之奥秘！每个人都是独一无二的，可以做真正的自己，发挥生命的意义，利益天下！

【〇七】子曰：“可与言而不与之言，失人。不可与言而与之言，失言。知者不失人，亦不失言。”

孔子说：“可与言而不与言，失人。”这句话的意思是：“我可和他言而不言，那就失了人。”

这里的深意，可与言，就是中上根器的人，也是指《道德经》所言的“上士闻道，勤而行之”中的“上士”。他能用归零的心、宁静的心灵聆听，不带个人的成见、主观色彩、条条框框，内心是清清净净。

譬如，一个很脏的空瓶子，或瓶子装着些脏的东西，再要装入一些纯净的东西，这纯净的东西就会被污染。唯一的办法就是把瓶子清空、洗干净。有一种人，每次学习都能有如此的心灵品质。孔子、颜回是也。

连佛陀都只能度有缘人，若有因缘遇上有这样心灵品质的人，自己却还没有自度、自达、自立，或者是不识这样的人而不言，就失去了一次利他、立人、达人的机缘。如果是真正闻道的人，发生“可与言而不与言”的可能性很小呀！所以闻道比生命更重要。孔子就曾说：“朝闻道，夕可死矣。”也只有每个人都真正闻道，回到生命的归依处，自然心安自在，天下也才能太平。

孔子又说：“不可与言而与之言，失言。”不可与言，是下根器的人，即钝根之人。《道德经》所言：“下士闻道，大笑之，不笑不足以为道。”像这样的人，你与他言，他是听不懂的。他会觉得你是神经病、无聊，吃饱撑着。他忙着追逐名利、金钱、地位、权力、美女等，内心充满着贪、嗔、痴三毒，永无安宁，汹涌澎湃。和他说了，就是浪费口舌，他无动于衷。

又如何做到不失人又不失言呢？孔子说：“知者不失人，亦不失言。”意思是：“唯有智慧者，能不失人，也不失言。”真正的智者，是通达的人，他是自己历经了“可与言”“不与之言”的人，也是历经了“不可与言”“与之言”的人的。这四种角色都亲证，自然看得清清楚楚。他自己能超脱这四种角色，随机应变，自然不失人不失言。

其实，利他达人也是要行走在中道上，不然天道未必酬勤。若是冲错方向，所作所为是背道而驰呀！做也错，不做也错呀！

【〇八】子曰：“志士仁人，无求生以害仁，有杀身以成仁。”

孔子说：“志士仁人，无求生以害仁，有杀身以成仁。”志士，志于道的读书人。仁人，内心充满着仁爱慈悲的人。其中志士未必是仁人，有志于道还未必有生出仁爱、慈悲之心。仁人也未必是志于道的读书人。而这里的志士、仁人是一位志于道，内心充满仁爱慈悲的读书人。

此章的意思是：“一位志于道、内心流露着仁爱的读书人，不会因为求生命安全而伤害仁，但会杀身来成全仁。”

这里的志士仁人，是超越二元对立的，他们的心灵品质与《道德经》所云“天地不仁，以万物为刍狗，圣人不仁，以百姓为刍狗”是相近的。仁是不偏私，平等的爱，大仁不仁。就像每个人爱自己的手，爱自己的足，当然也爱眼、耳、鼻等，是不会厚此薄彼，不会只爱自己眼睛、耳朵，而不爱手、足，它们都是自己生命体的重要部分，自然流露着平等、无私、无我的爱，这就是仁呀！

志士仁人是深知生死事大，也知道生死不是你我所能掌控、主宰，是无常流动变化变易的，也能体会孔子所云：“朝闻道，夕死可矣！”当一个人真正闻道了，也就知道了生死一如，大自然没有生死只有变化，生死只是现象，生命是生生不息的！

这也是《易经》的“三易”中描述的变易、不易，说的都是生命的实相。唯一不易是变易，也可以说不易是道，变易是道之用。真正的志士仁人是悟后起修之人，是体道、悟道、行道，渐渐地来至与道合一，他哪里会求生而害仁呢!当然若有众多因缘和合需要他杀身成仁，他也是会全然接受视死如归，实相也是如此。

这也是《金刚经》所云：“应无所住而生其心。”内心清清净净，不为生死这名相所黏着，生命本来就是不生不灭，只是不断无常变化而已。

在此章另有一点，人们常说“舍身取义”“杀身成仁”这其中暗藏很深的问题。其中何谓“义”呢？何谓“仁”呢？若没有将“义”“仁”所指的实相是什么找到，弄得清清楚楚、明明白白，有可能很多舍身、杀身是很冤的。

“义”是宜也，是合乎道，所作所为是从纯净本心、道心流露的，是超越二元对立的。若是活在二元对立，顺我者则是、则昌，逆我者则非、则亡，所作所为从自我的立场出发，这样是真正仁义吗？

譬如《水浒传》中是真的替天行道吗？是义吗？还有“路见不平，拔刀相助”，等等。真正仁与义都是无恶无善，超越二元对立的善，是至善，这是从心之本体流露出来。它是从生命共同体出发，利益天下苍生，而不是从自己私欲、自我立场来考虑。

【〇九】子贡问为仁。子曰："工欲善其事，必先利其器。居是邦也，事其大夫之贤者，友其士之仁者。"

"子贡问为仁。"在这里子贡是问行仁的方法。可能是他方法太多或是没有方法，不知从何下手。其实做任何事情都要有三，就是见地、功夫、方法。为仁也是要有方法的。孔子针对这个人的实际情况及问题，给予十分具体准确的答复。他说："工欲善其事，必先利其器。"意思是说："工匠想要做好自己本分的事，一定先让所需的工具锋利好用呀！"

孔子并没有先告诉子贡怎么行仁，而是要他先去现观生活中的实际存在，工匠做事要精益求精，工具是很重要，也要锋利。"磨刀不误砍柴工"是实相描述，譬如在家做菜之前也会先磨刀。也就是从平常生活去体证行仁之方，找到行仁的意境。至于用力是大是小，就要反复去觉知、调整。

孔子是在教子贡如何行走在中道上。当他领悟其中的奥妙之后，内心自然是充满法喜、愉悦、快乐，有跃跃欲试之感。孔子是要协助子贡去找到平台、舞台展示，自己做出来有心得，内心更加快乐，这才是真正的"学而时习之，不亦说乎？"这是孔子快乐的教育，快乐学习呀!

孔子告诉子贡，当你很有体会，憋不住，想去好好行仁，就从身边事做起。也就是："居是邦也，事其大夫之贤者，友其士之仁者。"意思是说："居住在此国，就须事奉此国中大夫中的贤者，还要与此国士人中的仁者交友。"

这里有深意，他告诉子贡要行仁，可直接找到活榜样，事奉大夫之贤者，又与士之仁者交友，浸泡其中，沉潜反复地去学习思齐。没有行仁的标准方法，但可以从这活生生的榜样中学到心法。心通自然百通，行仁方法答案就在其中，唯有自己去亲证，去品尝，方知其中的滋味。

【一〇】颜渊问为邦。子曰："行夏之时，乘殷之辂，服周之冕，乐则《韶》舞。放郑声，远佞人。郑声淫，佞人殆。"

"颜渊问为邦。"为，创制。为邦，制作礼乐，也含有"周虽旧邦，其命维新"之义，与普通治国之方有别。这里就是颜渊问孔子治国之道。孔子说："行夏之时，乘殷之辂，服周之冕，乐则《韶》舞。"

"行夏之时"。是指历法。古代有夏正、殷正、周正之分。夏正即今之阴历，合乎农时，今谓之农历。孔子重民事，故主张夏时。今日很多地方的民众还是习惯用农历。

"乘殷之辂"。辂，亦作路，天子所乘之车曰路。周制有五辂，分别是玉、金、象、革、木，前四种是多纹饰，过奢华，只有木路最朴素。木路为殷路，孔子主张乘殷路，尚质也。

"服周之冕"。冕，祭服所用之冠，后高前下，有俛俯之形，因名冕。周礼有六冕，按服者之等级来分，虽华而不为靡，虽贵不及奢，孔子自然主张服周冕。

"乐则《韶》舞"。则，取法。古称《韶》为舜乐。孔子曾云："《韶》尽美矣，又尽善也。"意思是说："推行夏代的历法，乘殷木质的车子，戴周朝的礼帽，乐舞就取法舜时之《韶》。"

这里的深意是，孔子深知颜回具有圣人的全部素质，对于治国的根本早已彻底掌握了，在此不必要重申。他只是依据颜回个人的整体素质，就典章制度上讲，因为这些枝枝叶叶也不能忽视。颜回是一个克己、向内求、在德上用心的人，孔子担心他在外面的末节即技能或有疏忽，所以就指出颜回不足的地方，协助他发现，又加以指引。

若是他人，孔子的回答会截然不同，也许会告诉他在"为政在人，取人以身，修身以道，修道以仁"等下功夫。这样才能去治国，这才是万世常行之道。而颜回早已具备此道，他只要将此道贯穿于其中。也就是用夏代历法，乘殷代木车，戴周代礼帽，作舜时韶舞，这些也是从道心、良心流露的，天下便能大治。也就是无为而治，自然无不治即大治。

孔子还有不放心，不能因为有这些本领而疏于防范，也须做到："放郑声，远佞人。郑声淫，佞人殆。"放，禁绝、抛弃。远，远离。

佞人，以口才变乱是非，巧言令色。淫，声过于乐曰淫。而郑声靡曼，失中正平和之气，使听者欲增悲伤，沉溺而忘返，所以叫淫。殆，危险。意思是说：“又应放弃郑国的声乐，远离巧言令色之人。因为郑国的声乐靡曼，让人沉溺而不知返，而佞人太危险了。”

此章是孔子再三叮咛颜回。这里蕴含有温故知新的思想，也是中道的践行，有所为有所不为。其实整部《论语》，无不是孔子在协助弟子在学习中道，中道也是贯穿其中，无处不在呀！

【一一】子曰：“人无远虑，必有近忧。”

孔子说：“人无远虑，必有近忧。”人，指自天子以至于庶人，是指每个人。远，是有深意的，它不只是一个概念而已，至于“远”有多长远才算是远呢？真的是“如人饮水，冷暖自知”。若是从世人认识的时间、空间上去理解体会，是很好理解的。无非是对未来及空间发展的规划考虑，譬如从农村来到城市，或从国内走向国外。如果某人做了规划，又能按照他规划的路径去逐渐实现，就有很多人赞叹他有远见。

但这里的“远”是孔子心目中的“远”，它是与“志存高远”相近的。其实就是体道、悟道、行道、与道合一，开启本自具足的无尽宝藏，利益天下，发挥生命的意义。这样自然能与日月同辉，与天地同寿，不生不死，也就是如《庄子·齐物论》所云：“天地与我并生，而万物与我为一。”

孔子自己做到了，也做出来了。他的时代至今已两千五百多年，只要地球存在一天，而整个天下还未大同，孔子的智慧存在就是有意义的。他的心灵品质、特征、特性，是像大自然一样无我、无私、利他，只有大爱，也就是仁。近，当下。

此章的意思是说：“一个人如果不能有久远的打算，也就是不能志存高远、与道合一，就必然不能活在当下，心安自在，而是朝夕忧心忡忡。”其实当一个人心存高远、志于道，他的所作所为都扣住这一核心，逐渐开启智慧，提升心胸视野，迈向高等心灵品质，何存近忧之有呢？

【一二】子曰：“已矣乎！吾未见好德如好色者也。”

孔子说：“已矣乎！吾未见好德如好色者也。”已矣乎，意思是罢了吧，表示感叹。孔子叹自己终不得见，正是不肯绝望。

好，这个字有深意。从“好”字可以看到一个人的心灵品质及命运，他所喜好的是什么，就会成为是什么样的人。“好”就是一把万能钥匙，能打开每个人内在本自具足的一个个小宝藏，可以让每个人成为无限可能。这把万能钥匙是中性的，无恶无善。无限可能也是中性的，无恶无善。

若是这“好”是从每个人本自具足的道心、本心、良心流露出来的，自然他所好的就是“德”，也就会沉潜反复，逐渐恢复每个人的清净本心、道心、良心。他内心自然是清清净净，知足心安，快乐自在。孔子、佛陀、老子、颜回，他们都是如此。

如果一个人是从自我意识，自我欲望立场去考虑，自私自利，自然他所“好”的就是满足个人的欲望。譬如好色、好名、好利、好赌、好酒、好官位等等，是欲壑难填，永远不会满足。

这其中，好色是人人都有的，本自具足，也是无恶无善，只是其深浅不同。如果是整天沉浸其中，这就过了，也就是淫了。他的生命意义及命运就一眼望穿。

譬如好金钱，没日没夜地一心扑在金钱上，可能会让银行账户多加几个零，但也有可能是变成一无所有，甚至自己的生命也被金钱掳走，英年早逝。这样的案例太多了！那他的生命意义又在何方？他的命运不也是一眼望穿吗？若是一直沉浸于游戏，他的命运不卜也知。

所以，孔子看到春秋末年的实相，就感叹说：“我还没有看过好德就像好色一样的人。”孔子深知好色的人自身尚不能治，又何以能齐家、治国、平天下呀！这些人若能心念一转，所好的对象随之改变，来到所好的是“德”，整个生命也就脱胎换骨，无限可能。

【一三】子曰："臧文仲，其窃位者与！知柳下惠之贤而不与立也。"

孔子说："臧文仲，其窃位者与！"臧文仲，鲁国大夫臧孙辰。《论语·公治长·一八》有云："臧文仲居蔡，山节藻棁，何如其知也！"就是有人说臧文仲有智慧，而孔子并不为然。窃位，就是居其位而不称，知贤而不举。意思是说："臧文仲，他是位窃居官位的人呀！"

在孔子心目中，臧文仲是一个才德与官位不相符的人。孔子是非常纯粹的，没有半点虚假，清明通透，所作所为都由纯净本心、道心流露。他心目中的选贤举能是从本心流露的，无有私心，是立足于大局整体、利他来考虑。而臧文仲截然不同，知贤而不举。

孔子举例说："知柳下惠之贤而不与立也。"柳下惠，姓展，名获，字禽，私谥为惠。《微子篇》记，柳下惠曾为士师。这句话的意思是说："知道柳下惠是一位贤人，但不能举荐他和自己同立公朝。"这里臧文仲明显是有私心。这与《礼运大同篇》中所描述的"大道之行也，天下为公，选贤与能"的世界是相背离的。所以在孔子心中，臧文仲就是窃位。

如果按孔子这标准来判断，有多少人是不属于窃位的呢？今天绝大多数人还没有做到不窃位呀！但不要气馁，有了方向，自然会朝着这方向渐渐地做出来。只要愿做一位真诚真心的真人，就会"去人欲，天理存"。也就会做出既成就他人也成就自己的事，利益天下百姓。

【一四】子曰："躬自厚而薄责于人，则远怨矣。"

孔子说："躬自厚而薄责于人，则远怨矣。"躬，亲自、自己。自厚，即自厚责，就是能看到自己也有很多的不足、缺点，自己曾经做过对不起他人或有害于社会的事。也看到了自己脸不比别人白，不是每件事都做得很完美，无我无私，无欲无求呀！也就是能够如实地面对自己，能看到自己也有不同程度的贪嗔痴，也是一个心灵有生病的人。

一个人若能如此，他自然而然就会包容他人的不足、缺点，也能理解他人一样有贪嗔痴，不会去嘲笑，看不起他人。推己及人，将心比心，自然就流露出来仁爱之心、慈悲心，也自然就会“薄责于人”。

当然一个人真正的慈悲心、仁爱之心的流露，是他自己亲自证得的，永不褪色。人与人之间是充满着温馨、和谐，相互协助、理解、支持与鼓励呀！自然就会“远怨矣”，也就是远离或避免怨恨呀！

还有，当一个人能真诚真心、如实地面对自己的内心即为己，也就能自治心灵之病，而无暇责人。若是厚责人者，他就是不能厚责己。这样的人是将自己立为正人君子，看不到自己的脸黑，只向外看他人的不足、脸黑，自然就会厚责人。薄责于人难矣！谨记共勉！

【一五】子曰：“不曰‘如之何如之何’者，吾末如之何也已矣。”

孔子说：“不曰‘如之何如之何’者，吾末如之何也已矣。”如之何，这事情该怎么办呢？末，无。此章的意思是：“对于那些不会自己问自己说‘怎么办怎么办’的人，我也不知道该怎么办呀！”

这章的深意是，能问“如之何如之何”的人，也就好办了。像这样的人是学会了独立思考，这是十分重要的。这与他每次考试能考一百分没有关系。现代全世界大部分地区的教育主流意识还是以分数为标准，现代的考试主要是知识，而非智慧。知识是死的，记忆好、逻辑思维强的人是占绝大多数的优势，往往会得高分。

而在现实生活中，存在的问题却是完全不同的，都是活生生、无常流动变化的，没有标准答案。所有答案也都是存在活生生的当下之中。唯有回到当下来，“致虚极，守静笃”，来到心与空相应，用宁静的心灵品质来面对当下发生的事。这样往往会是比较圆满的，能解决根本性问题。当问“如之何”时自然就回到当下，置心一处，无事不办。当明白“如之何”之深意，也自然会明白孟子所云“学问之道无他，求其放心而已矣”之深意。

孔子在此章也是描述实相呀，当一个人不问“如之何如之何”，这样的人他要么是懈怠、不用心，要么是不会用自己的清净本心。还有一种是“贪、嗔、痴”三毒中的痴。对于这样的人，也是真的没有办法。我与孔子是同感，无能为力呀！

我们都知道，每个人都是有无限可能，当这个人不发挥主观能动性，或心不在焉，就只能等待适当的因缘出现。即便是佛陀也只能度有缘人呀！其实教育的核心是找回本自具足的良知，自然一通百通。能自问“如之何如之何”就是良知、良能呀！会用吗？不会用，读书又有何用呢？

【一六】子曰：“群居终日，言不及义，好行小慧，难矣哉！”

孔子说：“群居终日，言不及义，好行小慧，难矣哉！”小慧，就是小聪明。此章的意思是：“终日成群相处，所言皆不合乎道，不说利他的话，只喜欢展现小聪明，像这种人要开启自己无尽宝藏，恢复清净本心、道之心，即王阳明的‘致良知’，是不容易的，他们难有大成呀！”

孔子描述的是实相，他生活的春秋末年是如此，今日也是如此。今日很多人找酒店聚在一起，大吃大喝，“地上跑，天上飞”的，无所不吃。也有的人找个设有打麻将免费提供餐饮的会所、茶馆，聚一起赌博、抽烟、喝茶、喝酒等，从早上打到第二天凌晨才回家，有的甚至几天不回家。这都是“群居终日”。

像这些人所谈论的是到哪里去吃野生动物，怎样炒股、赌博，如何买六合彩，如何去创造一个新的商业模式，还有如何打通人际关系等。这一切的言谈都不是为了体道、悟道、行道、与道合一，所作所为都不是从道心、本心流露出来，自然是“言不及义”呀！当人有些小聪明，就喜欢拿出来展示我是我能我慢，而不是用自己的聪明来利益他人，就是“好行小慧”。

以上三者就是小人整天扎堆聊天，唧唧喳喳，拉拉扯扯，言不及义。对于真正的君子而言，这是不可想象的。今日的微信朋友圈，不就是这样吗？绝大多数人是在消耗自己宝贵的生命，让自己的生命做无谓消耗，既不利他人，不利社会，不利自己生命全然绽放。像这样的人，他的命运很清楚，一定是难有大成就呀！

《论语》还有云："饱食终日，无所用心，难矣哉！"孔子说的句句是肺腑之言。你我是不是这样的人呢？我看到的实相与孔子看到的是一样的，在一张张茶桌上，绝大多数人是言不及义。所以我诚愿一张张茶桌都能成为微型的书院、道场，传播正能量！

【一七】子曰："君子义以为质，礼以行之，孙以出之，信以成之，君子哉！"

孔子说："君子义以为质，礼以行之，孙以出之，信以成之，君子哉！"义，宜也，合宜，恰如其分即是中道，也就是自然合乎道。也就是说所作所为都从本心、道心流露。礼、孙、信这些品质也是要合乎义，就是要合乎道，由道心、本心流露、生长出来。质，本质、核心、根本。孙同逊，谦逊，言语举止流露着谦逊的特性。信，自信。

此章的意思是："君子所作所为是以合乎道、合乎本心为生命的核心根本，礼是由此义流露出来的，谦逊的言行举止也是由此义流露出来。自己很有信心，能忠诚于自己本心，成就了完整的生命，圆满自在、心安快乐。君子就是这样呀！"

这里，若不是"义以为质"，即所作所为不能合乎本心、道心，则这"礼以行之，孙以出之，信以成之"是无有内质，只有形式。一株无根或是烂根之树，今天我们看到它还是郁郁葱葱，很茂盛，但过不了几天树叶就渐渐枯萎、掉落，树干树枝也逐渐干枯，渐渐死亡。可见只有根存，干、枝、叶、花、果才能生长。

若是"义以为质"，自然会以礼行之，以孙出之，以信成之，所展现出来的是君子的气质、气象。这是真正的君子呀！

我受此启发，自作一偈：

心似大树根，

功到其自深。
自然枝叶茂，
用心就是神。

【一八】子曰：“君子病无能焉，不病人之不己知也。”

孔子说：“君子病无能焉，不病人之不己知也。”病，担心、忧虑。此章意思说：“君子是担心自己的生命不能开启，恢复清净道心、本心，不能发挥生命的意义，利益众生。而不担心他人不了解自己有正能量、能力的呀！”

这里的深意，孔子是知道弟子中及社会上有很多人自认为自己怀才不遇，没有人能了解自己。其实当一个人将精力、能量用于所担心的事情上，他就无心于体道、悟道、行道，也就背离了生命的最核心，生命的无尽宝藏不可能开启。

孔子告诫弟子，如果有这样的想法，要转变错误的知见、观念，回到自己的身心上来，唯一要担心的是自己无能。所以孔子也曾说：“古之学者为己。”这其中的深意是相同的。还有古人云：“人不为己，天诛地灭。”这些都是实相的描述，不是危言耸听呀！

试问自己，当下这一刹那你心安自在吗？有挂碍吗？能全然接受生死吗？若还不能，证明自己还是无能，也就是说还不能做自己真正的生命主人。这与你有几个博士学位，有千亿财富，拥有高官厚禄等没有任何关系，唯有像孔子一样与道合一，自然就能体会到“朝闻道，夕死可矣”。

孔子是了悟了宇宙人生的真理实相，生死一如也、一体也。在大自然中只有变化没有生死。也就自然知道生在此，死也在此，如如不动呀！自然而然就会心安、自在、快乐。这是孔子真诚真心的叮咛，听到了吗？是不是这样，可以一一地去亲自求证呀！

自作一偈：
若是担心己无能，

毋忧他人不知己。
此生只为自作主，
无来无去无生死。

【一九】子曰：“君子疾没世而名不称（chèn）焉。”

孔子说：“君子疾没世而名不称焉。”疾，恨、怕。没世，就是其生之没，也就是离世之后。名，名声、名誉。称，相当。意思是说：“君子怕自己死后名声与‘君子’这美名不相合，不能对得起君子之名呀！”这里的深意是，君子是怕自己在没世后与实德“不称”，而有损君子之名呀！

其实君子之名，代表这个人是知行合一，有仁爱之心，所作所为是从本心、道心、良心流露。他是心量广大，超越二元对立，自证得一体世界，天下就一家，是自然流露出仁爱。所以君子自然就会如临深渊，如履薄冰，小心翼翼，担心自己德有伤，当名与实不称时，所作所为不能从天理、良心、本心流露，而只是从妄心、私心人欲去考虑，自私自利。要扬名于后世，难矣！

所以“古之学者为己”，即务本，也即是专注于修身。《大学》有云：“自天子以至于庶人，一是皆以修身为本，其本乱，而末治者否矣。”修身就是《大学》中开启本自具足的“明德”，是要通过“格物，致知，诚意，正心”，即是内圣。君子怕自己还没有内圣，没有自度自立，而获得君子之美名。如果自己死后名与实不相当，真的是羞死了，会内心不安。不要以为他人不知道，自己一定知道。每个人的良知就是最伟大的导师，自然就会告诉你。

像今日的“名师”，真的是“明白、了悟的名师”，还是“无明、迷惑的名师”呢？今日的“大师”，是“心量广大的大师”，还是“心量狭小的大师”呢？值得重新去考虑！

自作一偈：

修己为本是内圣，

君子正己自相称。
莫须担忧没世名，
唯有用心处不同。

【二〇】子曰：“君子求诸己，小人求诸人。”

孔子说：“君子求诸己，小人求诸人。”此章的意思是：“君子一切求之于自己，而小人一切求之于他人。”

君子是如何“求诸己”呢？君子是心量广大，心与虚空相应。譬如《六祖坛经》云：“心量广大，犹如虚空，无有边畔，亦无方圆大小，亦非青黄赤白，亦无上下长短，亦无嗔无喜，无是无非，无善无恶，无有头尾。”实相是心外无物。君子是亲证了万物同体，天人本合一，是超越二元对立。他的所作所为都是为了逐渐恢复这本自具足的道心、清净本心、本性，也就是为己。这正是求之于己。

这里的“己”就是这清净本心、良心，能大能小，无恶无善，犹如虚空，能生妙有。当一个人识得真正本心，也就识得了自己，自然就会求之于己。自己有无限可能，能生无穷无尽的妙有，即行走坐卧，语默动静等三妙行，一切皆是缘它出。所以孟子曾云：“学问之道无他，求其放心而已矣。”这是一句大实话，求其放心，即是找回放逸的心，也就找到真正的自己，即清净本心、良心。

小人则不同，心量狭小，只为个人私欲。他是从虚妄分别心出发，活在二元对立的世界，内心计较、拉扯，为他人而活，想要得到他人的认可。好名好利，四处求法，“寻师访道为参禅”等，生命的能量消耗其中。

这便是“求诸人”，只停留自我意识层面，还没有找到本自具足的无尽宝藏、清净本心，自然永不满足，欲壑难填。也就是人欲未去，天理存而不知。

自作一偈：
君子识得谁是己，

唯有本性自作主。
犹如虚空生妙有，
自然求己不求人。
小人将欲作天理，
不识本心向人求。
欲壑难填不知足，
寻师访道未知休。

【二一】子曰：“君子矜而不争，群而不党。”

孔子说：“君子矜而不争，群而不党。”矜，庄敬、自守、自持。群，合群。党，以利益相交则为党，而非志于道。意思是说：“君子是庄敬自守而不与人争，可以合群，但不会结党、拉帮结派呀！”

此章有深意，真正的君子是自然流露出“矜而不争，群而不党”的气象。他的“不争”不是表面的，而是他已亲历或亲证“争”的苦，“争”的不快乐不自在。

争，让自己无暇开启生命的无尽宝藏，树立敌人，是消耗自己生命的能量。让自己活在二元对立的世界之中，尔虞我诈，勾心斗角，精疲力尽，损人不利己呀！

不争，自然全然为己，所作所为都是为了自己的生命负责，没有敌人，只有朋友。不浪费生命能量与人争，自然莫能与之争，成为自己生命的主人，安心、自在、快乐！生命全然绽放，很好地发挥生命意义，利人利己呀！

不党，君子志于道，是为了这共同高远的目标努力，而不是为了个人或小组织、小集体的利益勾结在一起。合群的目标是为了相互鼓励、理解与支持，相互学习，相互协助，达到共同的目标，开启自己的生命。也就是每个人都能找到生命的真正归依处。真正体道、悟道、行道、与道合一，这是生命中第一顺位，比什么都重要。

孔子也曾云：“朝闻道，夕死可矣！”他深知自小人到君子的过程，难免会“矜而争，群而党”，实相也是如此。在现实生活中，有的人自己庄重矜持，但也按自己的好恶标准去要求他人，要求他人与自己同。若是他人不愿意，“争”就产生了。

还有现实生活中，绝大多数人是为了利益相交而勾结、成帮成党，又因为无利可图或利益分配不均而散伙、上法庭。这是至圣先师的告诫！过去如此，今天还是如此呀！

自作一偈：

矜持又无争，
合群也不党。
无事心头挂，
花枝春满香。

【二二】子曰：“君子不以言举人，不以人废言。”

孔子说：“君子不以言举人，不以人废言。”此章的意思是说：“君子不因为一个人的言语来举荐他，也不因为一个人有些不足而完全否定他的所有言语。”

这其中的深意是，君子荐人，不因某人言语合乎逻辑推理、常识而举荐他；也不因他言语合乎自己内心标准、条条框框而推举他；也不因为某人能出口成章能言善道而推举他；不因为某位大师、导师提及或夸奖而举荐他。

君子是以被举荐人在平常生活中流露出来的所作所为来做标准，也就是从一个人的身、口、意三妙行来考虑。唯有如此，才是真正公正光明。现有的企业用人制度及政府干部升迁考核，常是“以言举人”。这就是腐败的土壤，也是拍马屁、巧言令色的温床。

在孔子的时代也存在这样的人，真正的君子是不会“以言举人”，他自己本身是讷言敏行。讷言是少言，不是不言。他是言多少，做多少；做多少，言多少。君子当然也不会“以人废言”，不会因为某人外相丑陋、贫穷、学历低，或不是高官、富豪，或是曾入狱等，而完全不理会他的言语。

当人有妄想分别心，头脑有装满了个人的观念、知见，他是听不懂真人说的话，也看不懂真人。

譬如，若从外相视真实人间的佛陀，没有三十二种相，八十种好，又没有三头六臂，也没有在大雄宝殿见到的佛陀那样金光闪闪。真实的佛陀是穿着缝缝补补的“粪扫衣”，赤着脚，晒得黑黝黝的，托钵化缘，也就是乞食，是乞丐。像这样的人出现在你我面前，很慈悲地跟你喧说：“一切众生，皆具如来智慧德相，但因妄想执著，而不能证得。”还说：“应无所住而生其心。”等，你会相信吗？你能听得懂吗？能看出来他就是佛陀吗？

所以孔子这样的告诫，是值得每个人一一地去求证，他是不是说实相、真实语，唯证乃知呀！

自作一偈：

唯言举人是不全，
以人废言也会偏。
人间佛陀真现前，
试问自己识不识？

【二三】子贡问曰：“有一言而可以终身行之者乎？”子曰：“其恕乎？己所不欲，勿施于人。”

子贡问孔子说：“有一言而可以终身行之者乎？”古人称一字为一言。意思是说：“有没有一个字可以终身奉行的呢？”这里的深意是，子贡想把“六经”减至一字，将书越读越薄，达到一个字就可以贯之，可以于天下，可以行万世。像禅宗是来到无书，也就是不立文字。

这就是古人圣贤的读书方法。《道德经》有云：“为学日益，为道日损，损之又损，以至于无为，无为而无不为。”也就是来到了读无字天书，即《大地风云经》。人属于大自然一部分，人与自己、人与人之间的关系自然而然也是无字天书的一部分。而不是“为学日益”，书越读越厚，越迷惘，越有所知障碍，也就如《庄子》所云："以有涯随无涯，殆矣！"这一定是冲错了方向，但现代绝大多数人就是如此。

子贡真的绝顶聪明，也很会学，他知道孔子是过来人，可以用一言贯穿其一生。不出子贡所料，孔子很慈悲地说："其恕乎！"意思是说："那应该有一个恕字吧！"孔子担心子贡不明白"恕"字，又做了补充解释说："己所不欲，勿施于人。"

其实"恕"就是一种方法，推己及人，将心比心。这里的"恕"字，是圣者孔子心中的"恕"，而非一般人的"恕"，也非一般的"推己及人，将心比心"。这里的"己"是大己，而非小我。这里的"心"是清净本心，而非妄心。每个人皆有无限可能，有高等的心灵品质。孔子的"不欲"就是不愿意，不想要。背道而驰的、不合乎道的、不行在中道上的，这都是圣人所不欲、不想要的。若所作所为都是从妄心、人欲考虑出发，自私自利，内心深处是不安、不自在呀！

这里与绝大多数学者、大师的解读有很大的不同，他们大都是站在自我妄心去解读，而这里孔子是从清净本心出发去考虑。二者截然不同。也就是说自己所不愿意要的，也不要施给他人！

自作一偈：

子贡绝顶又会学，
问有一言行终身。
子凝"六经"为一恕，
推己及人心比心。

【二四】子曰："吾之于人也，谁毁谁誉？如有所誉者，其有所试矣。斯民也，三代之所以直道而行也。"

孔子自问自答地说："吾之于人也，谁毁谁誉？如有所誉者，其有所试矣。"毁，就如朱熹所云："称人之恶而损其真"，此曰毁。而誉则是"扬人之善而过其实"。不论是批评还是赞美，都不能清清净净，没有用归零的心，也就带有个人的主观色彩、好恶标准、条条框框，是超过真、超过实，这就是过其真实本来面目，就是或毁或誉，这都是不如实之批评与赞美。试，考验、检验。

意思是说：“我对于人，诋毁过谁，褒誉过谁呢？若我有所褒誉的人，那是经过长期考验的，他的所作所为自然是与我所褒奖的一致。”这里孔子是说，对于他人是毁不枉毁，誉不虚誉，要有根有据，必须经过亲自检验。真的要“讷言敏行”，也就是少言，多去检验，夸必有据。

孔子又补充说：“斯民也，三代之所以直道而行也。”斯，此、如此。民，人。斯民，指孔子时代的普通百姓。这时代风俗虽恶，但他们与夏商周三代的人民百姓同样是人类呀！三代，指夏、商、周。直道，指从纯净的本心、良心流露。意思是说：“这时代的人与三代的人相同，但夏、商、周三代的人所作所为都是从纯净本心、道心、良心流露出来。”

这里的深意是，三代的人君治理人民能都从本心、道心流露，自然是无毁无誉。而无毁无誉者内心清清净净，能让其如实呈现出来，就如同明镜照物，妍媸者妍媸，朴素者朴素，如此而已。也就是直道而行，人皆向善。春秋时代的人民百姓当然也可以用直道教化他们向善。所以无论修己安人，直道最要紧，都要切实守持呀！

自作一偈：
或毁或誉皆不真，
所誉所试能相称。
直道而行切守持，
斯民三代同根生。

【二五】子曰：“吾犹及史之阙文也，有马者借人乘之，今亡矣夫！”

孔子说：“吾犹及史之阙文也，有马者借人乘之，今亡矣夫！”史，掌理史书之官。阙同缺。文就是字。阙文，史官记史，遇到有疑问的字便缺而不记。借，借助。人，是指善调御者。亡，同无。此章的意思是说："我还能够看到史书中有存疑的字，是缺而不记。有马的人，自己不能调御使其驯良，则借助善调御者乘服之。我以前还曾见有那样的人，但到今天已经没有了。"

这是孔子晚年如实描述自己的所见所闻而已，也是真实存在自己身边的两件有代表性的事。一是史官记史，在过去是有疑则宁阙不臆。就是说，遇到不知或存疑的字，宁阙之，以待能知的人问之，而不妄以己意，别书一字代之。

孔子也曾云："知之为知之，不知为不知，是知也。"这是真知，也就是如实知，是不带个人主观的臆测，保持客观、如实。但现在已没有人这样做了，很多史官是多妄加穿凿，加油添醋，离实相、事实、本来面目越来越远了。

另一件事是调御马。马是春秋时代很重要的工具，也是孔子经常可以接触到的、很熟悉的工具。但不一定每个人都能调御马，如果自己不能御马，则借助善调者来乘服马，或借助他来协助自己乘服这匹马。

其实迷时是师度，悟时才自度。而今却是迷时妄度，也就是乱度。慈悲去度人、立人、达人，需要自己有智慧，要先自立、自度、自达。在自己不知、迷惑时，妄加臆测，似是而非，害人又害己。菩萨道是建立解脱道之上，自己若无知、不知、存疑、迷惑，不可能带领他人走向光明、开悟。还将以盲引盲，带领人们冲向深渊，冲向水深火热之中呀！

自作一偈：

有疑宁缺真史官，
知己不足借人长。
以盲引盲入深渊，
添油加醋离实相。

【二六】子曰："巧言乱德，小不忍则乱大谋。"

孔子说："巧言乱德，小不忍则乱大谋。"巧言，花言巧语，与"巧言令色鲜矣仁"之"巧言"相同。乱，扰乱。小，小我、私欲，小利小恩。大，大我。为公利他，无我无私，无边无际。

此章的意思是说：“花言巧语会扰乱本自具足的明德流露。小恩小利、个人的私欲即人欲不去，即不忍，自然就会扰乱、影响自己天理存，即大谋。也就是与大我合一，无我无私，无欲无求，为公利他。”

这里的深意是，花言巧语、拍马屁的人专门挑人喜欢听的、想听、爱听的，符合你内心的条条框框、标准、喜好的东西来说。你被熏得人陶醉，不知道自己是谁，还将这样的人视为知音。巧言的人就能得到升迁或成交订单，双方倒是各取所需，皆大欢喜。这都是以名利为核心，忘了也失去了自己最珍贵的清净本心、良心、道之心。所作所为以人欲、私心去考虑，这就是乱德。

当一个人长期浸泡在人欲、欲海之中而无法自拔，不忍离去，也就忘记自己是谁。就如《永嘉禅师证道歌》云：“摩尼珠，人不识，如来藏里亲收得。”忘了自己还有无价珍宝在身！只要恢复自己的清净本心、道心，找回无价珍宝，这才是大谋，让自己成为无限可能。

自作一偈：

巧言乱德本心失，
少说行道人欲去。
忠言逆耳唤人醒，
忍小谋大天理存。

【二七】子曰：“众恶之，必察焉。众好之，必察焉。”

孔子说：“众恶之，必察焉。众好之，必察焉。”察，仔细审查。这里有深意，若是以自我意识、个人的好恶标准、条条框框去仔细审查，再怎么仔细，即便拿着放大镜去观察，仍是看不清楚，迷迷糊糊，还是在门外绕。这与你有多认真，看得多仔细没有关系，但与你心镜的平整度、纯净度有直接的关系呀！心镜若凹凹凸凸，就像湖面起了波澜，是看不清影子的。

也就是说超越二元对立，用归零的心，用宁静的心灵品质，清清净净，无恶无善，无有个人的好恶标准去观察，自然就能看清任何事、物、人的本来面目。本来面目就是超越二元对立的，清清净净，无有好恶，在圣不增，在凡不灭。唯有用清净本心才能观察明白、清楚，才能如实观。不在清净纯净的本色上加色彩，添油加醋染污它。用有染污的心去仔细审查，永远是无明。

此章的意思是说："众人厌恶他，他未必可恶，必须是不带个人成见、观念，用归零的心如实去审查。而众人喜好他，他未必是好的，也一样要去如实观察呀！"

这里上一句有深意，真理是掌握在少数人手中，而小人之心是不能测度君子之腹。大智慧者知音难觅，"常独行，常独步，唯有达者同游涅槃路"。没有人能知，自然众人恶之，不合群。下一句是描述乡愿，也即孟子所云的"阉然媚于世也者"，媚俗趋时，刚好是满足又是合乎众人的好恶，自然众人都喜欢他。这都是不全面的，有偏颇的。

自作一偈：

众皆恶之察其美，
人都好之知其恶。
本来面目不染污，
清清净净无无明。

【二八】子曰："人能弘道，非道弘人。"

孔子说："人能弘道，非道弘人。"弘，廓大之义。也是扩大，推广光大。此章的意思是说："人能够弘扬道，而不是道能弘扬人。"

这里字简而意深，当一个人不知"道"是什么时，他是不可能弘扬道的。譬如一个人从来没有品尝过葡萄，他描述葡萄有多酸，事实上都是从书上、网络找到一些资料，再经过自己的想象、推理。这些都是头脑知见，而不是自己亲证的第一手资料。即便是第一手资料，与真实的存在即实相还是不能等量等同。这些也只是指月手指。唯有自己亲自去品尝，才知道其中的滋味。如人饮水，冷暖自知。

这里“能弘道”的人，是体道、悟道、行道，与道合一的人，是真正得道之人。孔子就是这样的人，老子、佛陀、耶稣也都是如此。他们只是指月手指，协助他人自己去体会、亲证道。谁都代替不了谁。譬如吃饭，孔子、老子、佛陀他们吃饭是自己饱，弟子们不会饱，饭还是要每个人自己去吃，肚子才能饱。

道是如如不动。《中庸》有云：“道也者，须臾不可离，可离非道也。”道在当下，也在眼前，遍一切处，它存在于每个人的自己身上，每个人都浸泡在道之中，只是不知道而已。只有亲证道又与道合一，才能协助他人去证道、得道，这才是“人能弘道”的真正深意。

为什么不是“道能弘人”呢？道，老子称之为“道”，佛教称之为“空”或“法界”，基督教称之为“上帝”，《易经》称之为“无极”，儒家称之为“天”等，其名相不同，所指的实相是相同，也就是宇宙大自然呀！

万物都是由道生出来，人也是。所以也将人的本心、本性称之为道，心即道即佛即天理。人是来自大自然，来自空，浸泡在空中，在天地父母、大自然的怀抱中，自然就有大自然的心灵品质、特征特性。也就是《道德经》所云：“为而不恃，长而不宰，功成而弗居，是以不去。”这就是无我无私、无欲无求地付出，去利益众生。心与空相应融入空，无边无际，能生妙有无限可能。

道是无言无语无字。法尔如斯运转，无常流动变化，生生不息从未停止过。人也是道的一部分，就浸泡在道中，怎么可能是道弘人呢？道无有偏私，包含万物，长养化育万物，平等爱护万物，不会厚人薄物，是一样地对待。就是如《道德经》所云：“天地不仁，以万物为刍狗。”不仁即大仁呀！

自作一偈：

道存当下一切处，
能有几人真识出。
天地万物道所生，
不言不语亦不仁。

【二九】子曰："过而不改，是谓过矣。"

孔子说："过而不改，是谓过矣。"意思是说："一个人有过而不改，这才真叫做过了。"

这章饱含深意，特别是"过"字与"改"字。这里的"过"是圣者孔子心目中的"过"，与"不及"是一样。千万别站在普通人的自我意识主场去解读，从人欲上去谈何谓"过"，那就永远是在"过"中谈"改过"，还是过或不及，在门外绕，在枝叶上，不中心源呀！唯有在"去人欲，存天理"之中，恢复本自具足的清净本心、道心、良心，才能真正知道何谓"过"，何谓"不及"呀！

若所作所为都能从纯净的本心、良心流露，就是《中庸》所云："喜怒哀乐之未发，谓之中；发而皆中节，谓之和。"这就是中道，恰如其分，即无过无不及，即达道。这里中道不是正中，而是活生生的，不在两端，也不在中间，当然也包含两端，不偏不倚，即偏即正，即倚即正，妙不可言。

若是从妄心、人欲出发考虑，就有个人好恶标准，永不知足，活在二元对立的世界中，得到自己想要的，去掉自己所不要的，刚好符合自己心中所想的，十分高兴、欢喜，这就是过。但当得不到所求的，去不了自己所不要的，就产生痛苦、悲伤，这也是不及。过犹不及，二者是一样，都不在中道上呀！

所以孔子为什么赞叹颜回"不迁怒，不二过"呢？就是颜回能及时改过。但这里的"改"，先要会反观，要明白什么是真正的"过"，还要知道在哪里下手、用功，才能"不二过"。所以这个"改"字是有密码的。像颜回是直截根源，在源头转念，从妄心、人欲直接提升到清净本心、良心。一真一切真，一正一切正。自然是清清净净，哪里还有二过呢？若是连"过"是什么都不知不觉，怎么可能改，这就是真正的大过呀！

自作一偈：

知过能改真不错，

过上饰非是文过。

为何不能于未然，

待到已然即是果。

【三〇】子曰：“吾尝终日不食，终夜不寝，以思，无益，不如学也。”

孔子说：“吾尝终日不食，终夜不寝，以思，无益，不如学也。”此章的意思是说：“我也曾尝试过整日不吃，整夜不睡，独自寻思，没有什么受益，还不如去学、去睡觉呀！”

这章是孔子的求道经历、心得。他“尝终日不食”，不就是道家的修行方法之“辟谷”吗？也许是很多天，不是只有一整天。他也经历过“终夜不寝”，不就是今天的打坐、静坐吗？“以思”不就是今日常说的“禅思”吗？孔子为了体道、闻道尝试过很多方法，这里只是举例有代表性的方便法，他得到的结论就是两个字：“无益”。

这与《六祖坛经》所云“不识本心，学法无益”是异曲同工，也和佛陀的修行经历相合。佛陀是经历过六年苦修，骨瘦如柴，前胸贴后背，试过多种法门，还是“无益”，也是不能大彻大悟。后来，他归零放下所有的法门，放松不放纵，努力而不用力，坐在菩提树下，夜睹明星，大彻大悟。佛陀是直接来到了以大自然为师，读懂无字天书，也就是《大地风云经》，深观了大自然的奥妙、浩瀚，虚空又无穷无尽。他发现自我的渺小，自我完全消融在宇宙中，清净本心自然恢复。本心本性犹如虚空，无有边畔，能生万有。佛陀不禁惊叹说：“一切众生皆具如来智慧德相，但因妄想执著，而不能证得。”在《金刚经》中三十处也有云：“阿耨多罗三藐三菩提”，就是无上正等正觉，其实也就是清净本心。

所以这里“不如学也”的“学”，就是学会识得清净本心、道心、良心，所作所为扣住这生命的核心，自然就能直截根源，无须摘叶寻枝。也就是老子的心法“致虚极，守静笃”。恢复本自具足的清净本心，所作所为从这清净本心、良心、道心自然流露，这是究竟法。也就是没有方法的方法，就是无为法。所有有为法都是方便法，譬如打坐、经行、辟谷、静坐、冥想等都是让这放逸的心回归到当下来。也就是孟子所云：“学问之道无他，求其放心而已矣。”

所以学什么，向谁学，怎么学太重要了。若是方向冲错，则是背道而驰，离道越来越远，真的是学法无益呀！

自作一偈：

终日不食夜不寝，

冥思苦想亦无益。

学问无他求放心，

扣住心法最究竟。

【三一】子曰：“君子谋道不谋食。耕也，馁在其中矣。学也，禄在其中矣。君子忧道不忧贫。”

孔子说：“君子谋道不谋食。”谋，谋求。食，指物质生活。不谋食并不是不吃饭，而是物质条件降至几近零，只满足个人最基本的物质需求。意思是说：“作为君子，当专注于求道，不必分心顾虑自己的生活需求。”

为什么孔子赞叹颜回呢？颜回“一箪食，一瓢饮，在陋室，人不堪其忧，回也不改其乐”，他做到了“谋道不谋食”。道即本心，也就是天理。不谋食就是“去人欲”，谋道就是“存天理”。他这样做，是为了恢复清净本心，也就是“存天理”。

孔子告诫弟子们“谋道不谋食”，又担心他们误解，会错意了。言语的描述是十分有限，君子并不是不谋食，而是他的所作所为，包括“谋食”，即挑水、劈柴、煮饭等都要扣住“谋道”这一生命核心。也就是如禅宗所云：挑水、劈柴、煮饭，行走坐卧皆禅。

所以孔子补充说明，他说：“耕也，馁在其中矣。学也，禄在其中矣。”耕，耕作，就如我用自然农法管理茶园。馁，饥饿。其中，君子的心中。学，孔子十五志于学，必是志于求道。禄，俸禄。意思是说：“君子在耕作时不在道，而他的心中还在担心自己挨饿。而在求道过程中，他的心中还想着俸禄。”

这里孔子其实就是说：该耕还是要耕，该学还是要学，只是不论耕作还是学，其心在道不在食，也不在俸禄而已。其实后世绝大多数读书人都是为了“书中自有颜如玉，书中自有黄金屋”“金榜题名时，洞房花烛夜”，这是与圣人之意相悖呀！

孔子强调说：“君子忧道不忧贫。”意思是说：“君子唯一担心的是自己能否体道、悟道、行道、与道合一，而不是担忧自己生活贫困。”孔子自己做到了，他曾说：“朝闻道，夕死可矣！”道是胜过外在的一切，得道自然心安自在，知足常乐！

自作一偈：

朝能闻道夕死可，
谋道其心不谋食。
虑禄思馁亦忧贫，
自净其意天理存。

【三二】子曰：“知及之，仁不能守之，虽得之，必失之。知及之，仁能守之，不庄以莅之，则民不敬。知及之，仁能守之，庄以莅（lì）之，动之不以礼，未善也。”

孔子说：“知及之，仁不能守之，虽得之，必失之。”知，这里是动词，觉知，即亲证。它也是名词，良知、觉知。及，到。之，本心、天理、本性。仁，是由本心、本性、天理流露出，也就是仁爱之心。守，自持、持守。意思是说：“当一个人，他已知足，也就是体会到觉知、良知，体会到了本心、天理。但仅有仁爱之心是不能自持自守本心、天理，即便他已悟到本心、天理、道是什么，如果还不能与之合一，必定又会失去。也就是本心又会被遮掩而泯灭，天理难存。”

孔子深知一步做出来的重要性，理可先通而事未圆通。他又进一步地说：“知及之，仁能守之，不庄以莅之，则民不敬。”莅，临也。意思是说：“已知足又体悟到本心、天理，还流露着仁爱之心，也能够守持本心、天理，但还不能以庄重来亲近、亲临百姓。因过于朴素朴实，百姓看不懂，自然不能生起恭敬之心，这样不利于化民利民呀！”

事实是如此，真实的老子、庄子他们是太过于朴实、朴素，就像大自然一样无声无息，朴素无华，真出现你我面前，真的没有几人能看得懂，自然就很少人会向他们学习请教。他们又没有名车，穿着也不讲究，以舒适为主，给人的印象不庄重，没有什么。孔子知道其中的道理，若要服务好百姓，即便是无我无私，无欲无求也是要讲方法的呀！

所以他更深一步讲：“知及之，仁能守之，庄以莅之，动之不以礼，未善也。”动之，一切发动人民作为、行动都是亲民。意思是说：“知足又体悟到本心、天理，还有仁爱之心，也能庄重来临民。一切作为、行动虽是亲民、爱民，但若是不合乎礼，也还是没有达到尽善尽美呀！”

此章可以说是孔子教育总纲的更细腻解读，就是对“志于道，据于德，依于仁，游于艺”进一步的解读。其中“知及之”就是“志于道，据于德”，也是天理与本心。就像一棵大树生长在大地上，有大地和树根。而“知及之，仁能守之”就是“志于道，据于德，依于仁”，也就是明明德，即内圣。就譬如大地和树根、树干。而“庄以莅之”“动之以礼”即是“外王”。明明德于天下，也就是一棵树的枝叶、花果。若“动之不以礼”，也就是无花无果，这棵树的生命还是未全然绽放。

孔子对自己及弟子们都是用最高标准“圣人”来要求，与王阳明一样“圣人此处，更有何道”，就是“圣人在此，会怎么想，怎么做？”。这不就是《金刚经》的“阿耨多罗三藐三菩提”，即“无上正等正觉”吗？所作所为都由此出，又能以一贯之，就能尽善尽美呀！

自作一偈：

心通理自通，

待到事及之。

一切从它出，

尽善也尽美。

【三三】子曰："君子不可小知，而可大受也。小人不可大受，而可小知也。"

孔子说："君子不可小知，而可大受也。"意思是说："一位君子不可能在小处和具体事上知其心量、能量，但他可接受大任务、大担当、大忍辱。"

这里的深意是，"不可小知"就是君子不器，心量广大，心与空相应，无有边畔，无穷无尽，无限可能，不可思议。也就是君子之腹不可测，不可度之。他在日常生活中，与一般人真没有两样。而在外相或具体行事时，有时不如一般人。

譬如颜回是"箪食瓢饮，居陋巷，乐在其中"。还有像孔子是"饭疏食饮水，曲肱枕之，乐在其中矣"。他也不懂打麻将，不赌博，不炒股票等，若是在小知上看，找不出君子来。

但他"可大受"，是大格局、大视野、大胸襟，能像大海一样成为百谷王，受众流之归。他是战胜自己的人，是真正的强者，不论诱惑有多大，都经受得住，不义、富且贵于我如浮云呀！内心如如不动，无欲无求，非将相之所能也，是真正的"大丈夫"，即大雄。而小人则反之。

孔子说："小人不可大受，而可小知也。"意思是说："一个小人不能经得住大的诱惑，自然是不能接受大任务、大担当、大忍辱。但他有很多小聪明，很能干，精炼。"

这里的深意，小人是心量、视野小，注重眼前的小恩小惠小利，目光短浅，只会在枝叶上劳碌。有可能他是有很多财富，又有很多技能、技术；也可能官位很高，但还是不可"大受"也，只可"小知"。因为他自私自利，为了个人私欲不择手段，心里长戚戚，只是志于利，游于艺。

而君子却是内心坦荡荡，心安自在，无欲无求，志于道，恢复纯净本心，所作所为都缘它出，清清净净，利益天下苍生呀！

自作一偈：

人有不同处，

小知识不出。

大受知君子，

本心无妄心。

【三四】子曰："民之于仁也，甚于水火。水火，吾见蹈而死者矣，未见蹈仁而死者也。"

孔子说："民之于仁也，甚于水火。"意思是说："人的生命有赖于仁，当下尤甚于其赖于水火。"这里是孔子描述当时的实相。众所周知，民之于水火，不可须臾离。有水有火，才有生命的存在。每个人身体里的水分约占体重的三分之二以上，且与外在的一切水是一体分不开的。而身体的温度就是火，与太阳的能量也是一体分不开的。从实相看，水火甚于仁呀！没有水火就没有人类，也就没有所谓人类所认为的仁呀！

但孔子说："民之于仁也，甚于水火。"这是有其深意。孔子所处的当下正是礼崩乐坏，君不君，臣不臣。人们的心灵品质很低，离仁很远，仁爱之心已被蒙蔽、泯灭，人与人之间的关系有严重危机。而人民生存的自然环境依旧是蓝天白云、青山绿水，人与自然的关系很和谐。当下恢复每个人的清净本心、唤醒仁爱之心是最急切的，甚于水火。

宇宙大自然的特征、特性是不仁即大仁。未显相的，即"无""空""道"，它是大仁的。而由它化育出来的显相，也就是万物，包括人、水、火也是仁，是大爱，是慈悲的化身。文字不同，所指是相同，这是实相的描述。

孔子接着说："水火，吾见蹈而死者矣，未见蹈仁而死者也。"意思是："我曾见有人蹈水蹈火而死的，没有见到有人是蹈仁而死的呀！"这里孔子告诉弟子们蹈仁既是容易，不会像蹈水蹈火一样丧失生命，但又是比蹈水蹈火难呀。

仁是无形无相，没有固定的标准去拿给人看，而中道也体现其中，度的把握是不容易，很难去拿捏。所以蹈水蹈火可能会丧失有形的生命体。但杀身成仁是要重新解读，杀身与成仁是无关，成仁不一定要杀身。仁是从本自具足的本心流露出来的。方法对，又知道本心、良心是什么，每一步一脚印去践行，功到仁自成，而未必要死，所以没有见到“蹈仁而死”，这是真实语。

自作一偈：

人与水火道之生，
水火有仁人亦有。
唤醒仁心最急切，
蹈仁甚于蹈水火。

【三五】子曰：“当仁不让于师。”

孔子说：“当仁不让于师。”当，既有在的意思，也有担当之意。仁是仁爱之心，是从纯净本心即明德流露，是大爱，是慈悲。让是谦让、不争、无争。师可以解读为师长，也可解读为众人。意思是说：“若是行仁之事，在己即当率先去做，莫让给老师或众人为之。”

这里的深意，行仁是亲自去做出来的，不必客气谦让，即便他是老师、大师，也只是指月手指，不能代替你去行仁。更甚的是有些老师、大师自己也不知何谓仁，怎么能带领你行仁。

还有，行仁也不是众人能替代的。仁是如人饮水，冷暖自知。它是自己本自具足的，不是外来的，唯有自己为之，所以为仁在己，不必谦让。但美名善名是外来的，就不可不逊。若是自己亲证了仁是什么，亲证者是知道师长或众人有没有亲证何谓“仁”。唯有真者知道假者，假的是没办法知道真的。若是真在仁中，本身就是仁，而师长、众人却未知仁，自然就是“不让于师”。

自然农法，我经过两年多的实践，发现每一块土地都是肥块，打雷下雨就是下肥，关键要做到适地适种。真的不使用化肥农药、除草剂，也能长出茶叶来。虽然刚开始前几年的产量降低不少，但土壤改观很多，逐渐恢复了土壤的本有清香，有泥土的气息，又松软了许多。这是我自己亲证的。当下如果某位农业专家、大师出现，要我使用化肥农药、除草剂，我是没必要谦让、听从。这不是我慢、傲慢，而是自信，二者有本质上区别呀!

"吾爱吾师，吾更爱真理。"我会以归零的心去聆听，但保留意见无争，也就有无限可能呀!

自作一偈:

仁是本自有，
唯证自乃知。
当仁不让师，
不是谁能替。

【三六】子曰："君子贞而不谅。"

孔子说："君子贞而不谅。"贞，正而固也，存于己而不变，是描述自己有纯净的本心、道心、良心。这是自信，所有方便法都是扣住这生命的核心，一切都是为了恢复这不变的本自具足的清净本心、道心、良心。这是每个人都有的，与孔子、老子、佛陀等大智慧者一样。在凡不减，在圣不增。所作所为都由此流露，自然就可以变通，随心所欲而不逾矩。谅，只是拘泥小信，死守诺言。

孔子曾云"言必信，行必果"是"硁硁然小人哉"。孟子也云："大人者，言不必信，行不必果，唯义所在。"所作所为都合乎道心、本心就是义，这就是"贞"，是大信。若死守"言必信，行必果"，流于偏执，不知权变，就是这里的"谅"。本章意思是说："君子能固守正道，随本心所欲，而不拘泥小信呀!"

这里的深意是，直截根源即是贞，也是正，就是中（zhòng）得心源，所作所为直接从源头流露。唯有源头活水来，清清净净没有污染的。摘叶寻枝即是谅，只是在枝叶末节上下功夫，仅守住匹夫匹妇之谅，而不知变通。言必信，行必果。

《庄子·盗跖》载，古有一人名尾生，他与女朋友约会，约好在桥下等她。由于下大雨，洪水一直在上涨，而女子还未赴约，他坚持“言必信，行必果”之谅，坚守在桥下不离去，最后眼睁睁看着自己被洪水冲走。这就不是君子之所为也。

自作一偈：

必信必果小人哉，
唯义所在是大人。
贞而不谅随本心，
直截根源真清净。

【三七】子曰：“事君，敬其事而后其食。”

孔子说：“事君，敬其事而后其食。”事，侍奉。敬，敬畏、恭敬。食，禄也，意思是说：“事君之道，先当恭敬、谨慎、又尽己之心，做好本职的事，食禄是自然而然就会有的，勿将食禄之心放于其中。”

这章深意，孔子每一件事都是扣住生命的核心，事君这事也不例外。一切皆以修身为本，本乱而末治，否矣！故“君子谋道不谋食，忧道不忧贫”，将尽自己之全力于谋道，也就是体道、悟道、行道、与道合一，就是恢复本有的纯净本心、道心，这是事君之事。其实事君这件事本身，也是有助于开启自己无尽宝藏，恢复自己的清净本心、良心。

这里的“敬”就是敬畏、恭敬、小心、谨慎，有助于收摄六根。《孟子》云：“学问之道无他，求其放心而已矣。”《六祖坛经》云：“不思善，不思恶。”这都是协助大家找到清净本心，所作所为从清净本心流露出来，自然是无我无私，无欲无求。

一切所作所为以利他为考量，呵护天地父母为出发，而不是读了一些书，考上大学，就牢记“金榜题名时，洞房花烛夜”等，读书目的仅仅停留在“书中自有黄金屋，书中自有颜如玉”，这就离事君之道远矣！

自作一偈：

敬事即为天下忧，
后食则是不谋食。

事事扣住生命根，
内圣外王自然成。

【三八】子曰：“有教无类。”

孔子说：“有教无类。”意思是说：“人人皆可教化，再分类别。”这章的深意是，实相人是有差别，因为因缘不同。有的人出生在王公贵族家中，有的人出生在贫困百姓家；有的人出生在城市，有的人出生在农村；有的人出生为汉族，也有的人出生为少数民族；有的人生在美国，有的人生在以色列，也有的人生在中国。无论是贵贱、贫富、智愚、善恶，男女之类，每个人都有本自具足的本心、道心。只要恢复清净本心、道心，恢复其本来面目，清清净净，每个人都有无限可能。

孔子自己也是“下学而上达”。他曾说自己是“吾少也贱，故多能鄙事。”他在三岁时就没了父亲，与二十出头的妈妈相依为命。试问我们自己，若是身心处于此境，能自强不息吗？能不抱怨吗？还能充满着自信吗？

孔子十五志于学，又是志于求道，这其中的自信与《六祖坛经》所说的是异曲同工：“祖言：汝是岭南人。又是獦獠，若为堪作佛？惠能曰：人虽有南北，佛性本无南北；獦獠身与和尚不同，佛性有何差别？”佛性与清净本心、道心，只是名相不同，所指的实相是相同。正因为孔子识得自己清净本心、道心，只需恢复而已。

孔子是过来人，看到每个人皆有无限可能，所以只要有人愿意志于道，孔子就教育之，因材施教，掖而进之，感而化之，超越国界、种族、贵贱、亲疏等二元对立，不复有类有分别，自然孔门人才济济又多样。譬如善财者有冉有、子贡；贫者有颜回、原宪；贵族有孟懿子；野人者，子路是也。还有曾参之鲁、高柴之愚，都是高第子弟。

孔子只是协助弟子们恢复纯净本心，各尽其所能，每个人都是独一无二，都是第一，都是神圣的。就如让小草成为小草，玫瑰成为玫瑰，松树成为松树，各成其本然。仅此而已！

自作一偈：
外相实有异，
唯有本心同。
夫子已识得，
人人为尧舜。

【三九】子曰："道不同，不相为谋。"

孔子说："道不同，不相为谋。"此章的意思是："每个人对道的体会有深浅、高度、方向的不同，便无法互相谋虑呀！"这章的深意是，真理实相即大自然即道，是唯一的，只有一个真实存在，过去如此，未来如此，现在如此，永远如此，必然如此。

对于每个人来说，道都是相同的，不会因为是大师、天子、大彻大悟者而不同。道也是遍一切处，存在于每个人身上，它是平等对待每个人，无恶无善，在圣不增，在凡不减。只是你没有打开智慧眼而不知道呀！

这里的"道不同"是孔子对他当时所见到实相的描述，是指人们各自心目中所认为的"道"。由于每个人体悟、闻思的深浅不同，还有方向的不同，自然而然就不能在一起相互切磋，相互学习，共同成长，同登彼岸。若是不知何谓道，似是而非，自然会背道而驰。

《论语》有云："中人以下，不可以语上也。"就是因为人的因缘不同，根器不同。中人以下的根器，自然不可以语上。这里的"上"即道，也就是唯一，是孔子所云"朝闻道，夕死可矣"的道，也是《中庸》所云"道也者，不可须臾离也，可离非道也"的道，每个人都从未离开过。

此章的深意暗合《道德经》云："上士闻道，勤而行之；中士闻道，若存若亡；下士闻道，大笑之。不笑不足以为道。"并不是"道"本身有不同，而是人对"道"的认知、观念有不同，自然所描述的"道"也就不同。

孔子是如实描述真正体道、悟道、得道、与道合一的人，他的心境与《永嘉禅师证道歌》所描述一样，是“常独行，常独步，唯有达者同游涅槃路”。无人与之谋呀！

自作一偈：

道同存当下，

不二遍一切。

所悟有不同，

焉能相为谋？

【四〇】子曰：“辞，达而已矣。”

孔子说：“辞，达而已矣。”辞，指辞命，各国邦交，奉使者在传达使命。或说，辞指文辞，主在达意，不尚富艳之工。其实二者皆是。此章的意思是说：“使者奉命出使，他的辞令只求能传达国家使命即可矣！”

这里的深意是什么呢？千万别小看这五个字，从古至今有几个真正“达”的？正如明代李贽读后旁评：“五字便是谈文秘密藏。”所有的辞命、文辞都是工具，是篮子，里面装有出使国的使命。这外交使者能否如实知国家使命，又能否如实描述出国家使命呢？达，也就是能超越二元对立，毫无好恶，不带个人主观的色彩，清清净净流露出来传达出去，能以合适的文字或言语传达给他国君主。至此还不够，由于各国语言、习俗等不同和局限，他国君主未必能如实了解出使国君主的真意。所以真正能辞达是不容易呀！

譬如，如人饮水，冷暖自知。若是用言语将饮水的实相如其本来面目传给听者，是没办法做到的。尽管用全部的言语，也是无法做到。唯有亲自去品尝甘露水，直截根源来到不立文字、言语道断的世界，冷暖自知。

这“辞达”不能仅在于言语，还要能推己及人，将身比身，将心比心，意通自然心有灵犀一点通。这才是真正的达意，是两位国君的心相通相印，都来到道，来到实相，都从本心、本性流露出来，无我无私，以利益他人、利益天下百姓来考虑，自然就达呀！

自作一偈：

辞是指月指，

君有真实义。

皆自本心出，

自然能达意。

【四一】师冕见，及阶，子曰："阶也。"及席，子曰："席也。"皆坐，子告之曰："某在斯，某在斯。"师冕出，子张问曰："与师言之，道与？"子曰："然。固相师之道也。"

"师冕见，及阶。"师冕，是乐师，名冕。古代乐师皆瞽者，即盲人。意思是："乐师冕来见孔子，走近台阶。"孔子告诉他："阶也。"意思是说："这是台阶了。"及席，就是走近坐席。孔子说："席也。"就是说："这就是坐席了。"待大家"皆坐"，就是坐定了，孔子告诉师冕说："某在斯，某在斯。"意思是说："某人坐在某处，某人坐在某处。"这里师冕是盲人，孔子才将在场的人一一介绍给他，他在说话时就知道有哪些顾忌。

当"师冕出"之后，子张问孔子说："与师言之，道与？"意思是说："刚才和师冕这一番话，也是道吗？"孔子说："然。固相师之道也。"相，协助。意思是说："对呀！这就是一种协助盲人的道呀！"

此章的深意，从子张的问可以看到他还是不知道"道"是什么，他自己觉得或所见到的"道"是奇特的，而孔子对"道"的亲证却是平淡无奇，无处不在。

当一个人不知道何谓道，譬如子张，他就是瞽者即盲人，是睁着眼睛的瞎子，还没有打开智慧眼即心眼，所以他是不能见"道"，看不到实相。而孔子是知道"道"是什么，自己也已亲证、品尝过，才能协助子张及其他弟子去体道、悟道、行道、与道合一，也就不会以盲引盲，带人冲向深渊，背道而驰。这就像孔子协助师冕一样，清清楚楚、明明白白地，一步一步真诚真心地协助瞽者走向目的地。若孔子自己也是瞽者，将是以盲引盲呀！

这里的深意是，老师、大师、言语、文字及经典等都是指月手指，只是协助告诉实相是什么，在哪里。还需自己去亲证，就如饭自己吃才能饱，路还是自己去走，无人可替代，生老病死亦是如此，都是自己孤单地去面对呀！

自作一偈：

不知何谓道，
睁眼也是瞎。
子张亦瞽者，
还需夫子相。

季氏篇第十六（凡十四章）

【〇一】季氏将伐颛臾（zhuān yú）。冉有、季路见于孔子，曰："季氏将有事于颛臾。"孔子曰："求！无乃尔是过与？夫颛臾，昔者先王以为东蒙主，且在邦域之中矣，是社稷之臣也，何以伐为？"冉有曰："夫子欲之，吾二臣者，皆不欲也。"孔子曰："求！周任有言曰：'陈力就列，不能者止。'危而不持，颠而不扶，则将焉用彼相矣？且尔言过矣！虎兕（sì）出于柙（xiá），龟玉毁于椟中，是谁之过与？"

冉有曰："今夫颛臾，固而近于费（bì），今不取，后世必为子孙忧。"孔子曰："求！君子疾夫舍曰欲之，而必为之辞。丘也闻有国有家者，不患寡而患不均，不患贫而患不安。盖均无贫，和无寡，安无倾。夫如是，故远人不服，则修文德以来之。既来之，则安之。今由与求也，相夫子，远人不服而不能来也，邦分崩离析而不能守也，而谋动干戈于邦内。吾恐季孙之忧，不在颛臾，而在萧墙之内也。"

"季氏将伐颛臾。"季氏，就是鲁国季康子。颛臾，国名，鲁之附庸，当时臣属于鲁。意思是说："季氏将兴兵攻打颛臾，贪其地。"当时孔子的弟子子路、冉有为季氏家臣，辅佐季氏，所以"冉有、季路见于孔子"，也就是冉有、子路来见孔子。他们俩说："季氏将有事于颛臾。"意思是说："季氏将向颛臾用兵了。"

孔子听了他们俩报告此事，而冉求尤其用心，孔子独责他说："求！无乃尔是过与？夫颛臾，昔者先王以为东蒙主，且在邦域之中矣，是社稷之臣也，何以伐为？"

无乃，是疑问辞。东蒙主，蒙山，位于当时鲁国东部，故名东蒙。而颛臾是周朝的先王所封，为东蒙山的祭主。社稷，公家。此时四分鲁国，季氏取其二，孟孙、叔孙各取其一，唯独附庸地如颛臾尚隶属于公家，这就是社稷之臣。今季氏又欲取之，所以孔子言颛臾乃先王封国不可伐，又在封域之中，也不必伐呀！是公家之臣，不是季氏所当伐。

意思是说："求呀！这怕是你的过失吧！那颛臾，从前先王封它为东蒙山之祭主，而且在鲁国封域之中，这是鲁国的社稷之臣呀，为何要攻打它呢？"

冉有听完后说："夫子欲之，吾二臣者，皆不欲也。"夫子是指季孙大夫。意思是说："季孙大夫要伐它，而我们两人都不主张呀！"孔子听了以后，发现冉有将自己的责任推卸得一干二净，将自己还说是功臣。

孔子是明眼人，所作所为是纯净本心、良心流露，是超越亲疏，不会因为冉有、子路是自己的弟子而偏向他们。孔子说："求！周任有言曰：'陈力就列，不能者止。'危而不持，颠而不扶，则将焉用彼相矣？且尔言过矣！虎兕出于柙，龟玉毁于椟中，是谁之过与？"

周任，古之良史。列，位也。相，如相瞽之相。瞽者即盲人，行走遇颠危，应当由相者扶持。若相者不能扶也不能持，用相者干什么呢？兕，野牛。柙，栏。出，自柙而逃走。椟，匮也。用于藏龟玉宝物。

这意思是说："求呀！从前史官有云：'先量自己的能力来就自己的职位，若力不胜任，便该辞去。'就如一位相瞽者，假若瞽者临危不扶持，颠跌而不搀扶，还用这相者来干什么呢？况且你的话真的是错了。老虎野牛从槛中逃逸出，龟和玉在匮中毁了，这是谁的过失呀！"这里的深意是，二子仕于季氏，而季氏有失，不能谏，也是不能逃其责。这就是孔子伟大之处，无有偏私，超越亲疏，为天下而忧。

而冉有就继续在找借口、理由，为自己辩护，他说："今夫颛臾，固而近于费，今不取，后世必为子孙忧。"费，季氏私臣。意思是："如今的颛臾，城郭完固，而离费邑甚近，若目前不取，将留为后代子孙的忧虑。"这里流露着冉有言语前后自相矛盾，是在编造谎言。

孔子毫不客气，将其拆穿。孔子说："求！君子疾夫舍曰欲之，而必为之辞。丘也闻有国有家者，不患寡而患不均，不患贫而患不安。盖均无贫，和无寡，安无倾。"疾，痛恨。

这里意思是说："君子痛恨不说自己想要的，而又捏造一个合乎逻辑的借口来为自己掩饰。我听人说过，有诸侯国，有大夫之家的统治者，不怕贫乏，只怕财富不均。不怕人口少，只怕不能相安呀！"

孔子更进一步说："夫如是，故远人不服，则修文德以来之。既来之，则安之。今由与求也，相夫子，远人不服而不能来也，邦分崩离析而不能守也，而谋动干戈于邦内。吾恐季孙之忧，不在颛臾，而在萧墙之内也。"

分，民有异心。崩，民欲去。离析，不可复合。干，楯。戈，戟。萧墙，屏也。人君于门树屏，臣来至屏而加肃敬，故曰萧墙。而萧墙之内，就是臣朝君在萧墙之内，此指哀公言。不敢斥君，故婉言之。

这里意思是说："正因为这样，所以如有远方的人不顺服，只有修自己文德，自然就招引他来，来了就让他们安心，安顿下来。现在你们两人，辅佐季氏，远方人不能顺服，你们又无法招引来，一国民心弄得分崩离析，你们不能好好把守，却谋划要在国内大动干戈，我怕季孙氏所应忧虑的并不是在颛臾，而是在我们国君的门屏之内呀！"

此章是冉有、子路处彼相之在，也就是占了相位，却不能直谏季孙，以成其恶。他们两人量己揆势，不能制季氏悖心于外，只好顺其意，将季氏之意告孔子，实际上是想让孔子之言以救其弊。而孔子像一位老吏在断狱，曲直分明，超越二元对立，无有亲疏，无有上下，无有偏私，清清净净，暗合《道德经》所云"天地不仁，以万物为刍狗。圣人不仁，以百姓为刍狗"的深意。

自作一偈：

季氏有事于颛臾，
社稷之臣何以伐？
哪有不谏成其恶，
龟玉毁椟虎出柙。
求觅借口为自辩，
夫子拆穿不能编。
若修文德远人服，
不在颛臾在萧墙。
子如老吏能断狱，
曲直分明自无偏。

【〇二】孔子曰：“天下有道，则礼乐征伐自天子出。天下无道，则礼乐征伐自诸侯出。自诸侯出，盖十世希不失矣。自大夫出，五世希不失矣。陪臣执国命，三世希不失矣。天下有道，则政不在大夫。天下有道，则庶人不议。”

孔子说：“天下有道，则礼乐征伐自天子出。”这里“道”就是指纯净本心、道心、良心。自天子以至于庶人，所作所为都从纯净本心、道心流露，真诚真心，清清净净。意思是说：“整个天下一片祥和，风调雨顺，国泰民安，人人心安自在，一切礼乐征伐都从天子那边出来，顺天之道而为。”也是《中庸》所云：“非天子，不议礼，不制度。”及“虽有其德，苟无其位，亦不敢作礼乐焉”。

孔子又接着说：“天下无道，则礼乐征伐自诸侯出。自诸侯出，盖十世希不失矣。自大夫出，五世希不失矣。陪臣执国命，三世希不失矣。”

陪臣，家臣。意思是说：“天下开始混乱，自天子以至庶人，所作所为由本心流露逐渐降为从妄心、欲心流露出来。到春秋时代，诸侯国为了各自利益各自为政，都不听令于天子，是擅自制礼作乐，征战讨伐。诸侯制礼作乐，征战讨伐的话，国家很少有可以超过十代而不灭亡的。到了春秋中期，当时大夫不听诸侯的了，各自为政。诸侯也丧失了权力，大夫掌权。礼乐征战由大夫出，不出五代就要垮掉了。到春秋末期，家臣掌权，而大夫没有权力，天下乱到极点了！没有不出三代不亡的。”

这里是孔子描述史实实相，告诉弟子们只要背道而驰，所作所为不是从纯净本心流露，而是从妄心、人欲流露，自私自利，对于每个人来说，都不是共赢共荣共存的。君不君，臣不臣，而最后下场结果是相同，只是十世、五世、三世的不同而已，五十步笑百步罢了！

《易经》云：“积善之家，必有余庆，积不善之家，必有余殃。”只要冲错了方向，结果都一样呀！天下有道与无道，关键是那一颗心。有道是从源头即清净本心直接流露，无道是从染污的心流露。唯有静下心来，深观周遭一切所展现的实相，就知道是有道还是无道，清清楚楚，一目了然呀！

孔子进一步说："天下有道，则政不在大夫。天下有道，则庶人不议。"意思是："大道行于天下，大夫不专政，协助国君治理国家，选贤举能，一生讲信修睦。所作所为顺天之道，整个天下风调雨顺，国泰民安，百姓心安自在，过着祥和的日子，内心充满着感恩之心，哪有闲情去议论君主、他人呢？"

这不就是老子所描述的一村一天堂的景象吗？即"至治之极，甘其食，美其服，安其居，乐其俗，邻国相望，鸡犬之声相闻，民至老死，不相往来"。这与"天下有道，则庶人不议"是相合，百姓是不会背后议论他人的是是非非。享受当下存在的一切，万物皆备于我，内心很知足、富有、快乐、自在呀！

自作一偈：

万物清净安其位，
唯有人类不安分。
有道无道果不同，
人人向往心安宁。

【〇三】孔子曰："禄之去公室，五世矣。政逮于大夫，四世矣。故夫三桓之子孙微矣。"

孔子说："禄之去公室，五世矣。政逮于大夫，四世矣。故夫三桓之子孙微矣。"禄，俸禄。这里指权力。五世，指宣、成、襄、昭、定五公。逮，及、到。四世，季孙氏文子、武子、平子、桓子四代。三桓，仲孙、叔孙、季孙。三家皆出于鲁桓公。微，衰微。

此章的意思是："爵禄之权自公家失去已有五世了。政事下及大夫手里，历经了季孙氏文子、武子、平子、桓子，也有四世了。所以三桓的子孙现在也衰微了。"

这章的深意是孔子针对鲁国内政实相的如实描述。只要是天下无道，生存的大背景也就礼乐崩坏。不论国君还是大夫再怎么经营，勾心斗角，尔虞我诈，绞尽脑汁去钻研，最后都是走向衰微。其实，不论谁破坏了这大背景，对谁都不利。就如污染环境，破坏地球生态，每个人都不好过，这是实相。

孔子是通过实相描述，让弟子们通过这指月手指见到活生生的现实，也就是见到当下存在的一切，体会恢复礼运大同世界的意义。和谐共赢的世界是多么重要呀！若能来到你好、我好、大家好的大同世界，每个人的生命都是独一无二，是神圣神奇，也都是第一。每个人都能生活在大同世界中，都是赢家，没有输赢，只有互相协助，共同成长，是心安自在快乐啊！

自作一偈：

世界如鱼缸，
你我泡其中。
谁染缸中水，
人人心不安。
句句是实相，
劝君如实观。

【〇四】孔子曰："益者三友，损者三友。友直，友谅，友多闻，益矣。友便（pián）辟，友善柔，友便佞，损矣。"

孔子说："益者三友，损者三友。"意思是说："有益即有正面影响、正能量的朋友有三类，有损即负面影响、负能量的朋友有三类。"这是孔子几十年生活经历的心得分享，是真实的描述。他发现了周遭的朋友中是有益、有损各三类，这里是描述有"损""益"二元，但没有对立，这只是实相的描述呀！

孔子为了让弟子们更好去践行中道，他一一地细说："友直，友谅，友多闻，益矣。友便辟，友善柔，友便佞，损矣。"直是从本心、良心流露，真诚真心。谅，宽恕、忠诚。多闻，深厚正知、正见。便辟，专门走歪门邪道。善柔，工于谄媚悦面善态之人。便佞，花言巧语。

意思是说："和正直的人为友，和宽恕的人为友，也和有深厚闻思、有正知正见的人为友，便直接受益了！而和专门走歪门邪道的人为友，和工于谄媚悦面善态之人为友，和能花言巧语之人为友，便是表面上是有损了！"

此章的深意是，孔子告诉弟子们在所有的朋友中，能如实地看清其实相吗？能全然接受损友、益友平等善待他们吗？怎么去做到这样呢？孔子曾云："三人行，必有我师焉。择其善者而从之，择其不善者而改之。"既要看一个人有益的方面，也要看一个人有损的方面。在益方面上去学习、思齐；在损方面上，反观自己的身心，看看自己也有这方面的不足吗？

其实，实相是一个人既有益的部分，也有损的部分。若是按孔子说的去交友，交不到朋友的。只有益没有损的人是找不到的；只有损没有益的人也是找不到的。所以，这不是孔子的本意呀！

孔子的真实义是协助弟子们看到损、益二元而不去对立，就是要超越二元对立，行走在中道上，如太极图的黑白阳阴鱼，阳中有阴，阴中有阳，不断变化，这是活生生的实相！在活生生的朋友关系中去践行，无字天书遍一切，中道亦如是呀！

自作一偈：

经典文字是工具，
直指实相与本心。
不解夫子真实义，
误人毁己也谤圣！

【〇五】孔子曰："益者三乐，损者三乐。乐节礼乐，乐道人之善，乐多贤友，益矣。乐骄乐，乐佚游。乐宴乐，损矣。"

孔子说："益者三乐，损者三乐。"乐，快乐。意思是："对人有益的快乐之事有三种，对人有损害的快乐之事亦有三种。"具体益者三乐是什么？损者三乐又是什么呢？

孔子告诉弟子们说："乐节礼乐，乐道人之善，乐多贤友，益矣。乐骄乐，乐佚游。乐宴乐，损矣。"礼乐之"乐"，是读yuè。骄乐之"乐"，是古音luò。道，同"导"，引导。佚，游手好闲。意思是说："以礼乐节制自己为乐事，以导人向善为乐事，以多交贤友为乐事，这就是有益的乐事呀！而以骄纵放肆的快乐为乐事，以游手好闲为乐，以吃喝玩乐为乐，这就是有损害身心健康的事。"

这里的深意是，凡是有益之乐事，譬如乐节礼乐、导人向善、多交贤友，都是利己又利他，还有也助于收摄六根，开启本自具足的无尽宝藏，净化身心。心净佛土净，自然会"众善奉行"。而凡是有损之乐事，譬如骄乐、佚游、乐宴，都是放逸人的欲望，是从人欲流露而出，为了满足个人的欲贪、私欲、情欲等，染污了纯净本心，也使社会污浊了。

孔子为什么要描述出来呢？他要协助弟子们回到活生生的生活中去求真求证，最终来到与佛教所云的一样"诸恶莫作，众善奉行，自净其意"。也就是恢复了本有清净本心，所作所为自然就从本心流露，将永远是大安心、大自在，无有任何副作用。若人是以满足个人欲贪之乐，不但会损害身心，内心还会空虚不安。试问自己是不是这样呢？也可以自己去亲证，唯证乃知呀！

自作一偈：

益损有三乐，
不知如之何？
要知其中味，
问己安不安？

【〇六】子曰："侍于君子有三愆。言未及之而言，谓之躁。言及之而不言，谓之隐。未见颜色而言，谓之瞽。"

孔子说："侍于君子有三愆。"愆，过失。这里的"君子"是有德有位者之通称。意思是说："侍奉君子有三种过失。"具体有哪三种呢？“言未及之而言，谓之躁。言及之而不言，谓之隐。未见颜色而言，谓之瞽。”燥，急躁、不安静。隐，有所隐匿，不说实情。瞽，盲人或无目者。

意思是说：“言语未到当说时而说，这叫急躁。有言语已问及到他时，他一言不发，这是心有所隐匿呀！不看对方颜色、脸色便轻易发言，是如盲人，未能察言观色。”

此章的深意是，孔子是描述现实中弟子们所存在的侍君子之三愆，而他自己也曾经有过此三愆。若孔子没有经历过、亲证过，是没办法做到用“躁”“隐”“瞽”这三个字来描述三愆的，是如此简单形象，又如此准确细腻呀！

静下心来，试问自己是不是也易犯这三种过失呢？有一种是，等不到他人说完就急于表达自己主张，一回来反观自己，发现内心深处是急躁的，有一股冲动的能量发出来，静不下来，没有做到《大学》的“止、定、静、安”。还有一种是，当有人问及他时而一句话不发，他是内心深处有隐情，或对问他的人不放心、不在乎等，不能真情流露。另有一种是，不看对方的脸色，也就是不看对方的感受、接受能力等，只说自己想说的言语，沉浸其中洋洋自得。

孔子将这三愆即过失指出，是要协助弟子们回到自身反观自己的过失，才有修正的可能，行走在中道上。这里并不是指向某人，在未圣之前，每个人皆是存在过失的。这三愆也是超越时空的，孔子时代的人有存在，今天的人一样也有存在，这是实相呀！

自作一偈：

三愆是法相，
述以躁瞽隐。
未圣人皆有，
此是离中道。

【〇七】孔子曰：“君子有三戒。少之时，血气未定，戒之在色。及其壮也，血气方刚，戒之在斗。及其老也，血气既衰，戒之在得。”

孔子说：“君子有三戒。”戒，警戒之事。意思是说：“君子有三件警戒之事。”孔子接着详细地说：“少之时，血气未定，戒之在色。及其壮也，血气方刚，戒之在斗。及其老也，血气既衰，戒之在得。”

血气，支撑每个有形生命体的存在，它是来自大自然的生命能量，与大自然是一体的，是无常流动变化的。未定，是指还未立志，未志于学、志于道。血气自然随着心所向所好在流动，这是实相。特别是年少时、青春期，血气未定，由于有自然生理的性冲动，容易对异性产生好感，所以戒之在美色。美色易扰乱少年的本心，戒之目的不是不能有美色，而是为了不太过而已。孔子讲究是中道，力求恰如其分。戒斗、戒得的意思也是如此。

这里的意思是说：“少年时，血气未能安定，当戒在好美色上。到了壮年时，血气正刚强又旺盛，当戒在好争好斗上。到年老了，血气已衰，当戒在好贪求有所得上。”

此章深意是，孔子深观到血气的无常流动变化。血气是每个人的生命能量，它的存在是无恶无善，但它随着因缘变化而变化。有时候它就如洪水猛兽，若是没有戒，每个人的生命会被血气奴役，将生命的能量即气血用之美色、好斗、贪求上，或是枝枝叶叶上，将会一事无成。若有戒，则能御血气，血气就是生命能量，也就能用之于“众善奉行，诸恶莫作，自净其意”。心净佛土净，也就自然一切净。

但这里的“戒”犹孟子所谓“持志”，这是根本戒，是由本心自然生出的。孟子曰：“志，者气之帅也。”实相是心理统率生理。君子是志于道，自然终身有所戒，其血气无时不为志所率所用，置心一处于道上，回到活生生的生活中体道、悟道、行道、与道合一。

如孔子自己十五志于学，志于道，自然是以志以道御血气，让生命全然绽放。还有王阳明十一岁立志做圣人，将自己生命能量贯之于其中，时时刻刻以作圣人之志御血气，最后也是大彻大悟呀！

自作一偈：

血气无善恶，
为何须三戒？
若为人欲使，
洪水猛兽般。
持志血气御，
志与发心同。
一切皆扣之，
生命自圆融。

【〇八】孔子曰："君子有三畏。畏天命，畏大人，畏圣人之言。小人不知天命而不畏也。狎大人。侮圣人之言。"

孔子说："君子有三畏。畏天命，畏大人，畏圣人之言。"畏，敬畏。天命，天就是大自然，是道，是真实存在的空，无形无相。它的特征特性是无我无私、无欲无求，默默地化育、支撑万物，生生不息。命，是指每个生命都是独一无二，都是天之子、道之子、大自然之子。你我也都是，是神奇、神圣，都有天、道、大自然的特征特性，本自具足，无我无私，无欲无求。

其实，天命也就是指纯净本心、本性，就是《中庸》所云："天命之谓性。"大人，是心量广大，心与虚空相应的人，是大格局、大胸襟的人。圣人之言，是大彻大悟者的言语。《论语》就是圣人之言，所有言语都是从纯净本心、本性流露，无恶无善，是如实语，是真言，是指月的工具。意思是说："君子有三方面敬畏。敬畏天命即良心、本心；敬畏心量广大的人；敬畏彻悟者的言语即经典。"

这里的深意，就是"畏圣人之言"，这不是全信经典、文字，完全遵照经典、文字去生活、行事而不敢违背，而是在活生生的生活、实相中去求真求证每一字每一句圣人之言，这才是真信正信，才是真正的"畏圣人之言"呀！

而小人则不同，孔子说："小人不知天命而不畏也。狎大人。侮圣人之言。”狎，轻视。侮，戏侮。意思是说：“小人不知不识自己的本心、本性，也就不知敬畏，轻视大格局、大心量的人，戏侮大彻大悟者的言语。”

此章的深意是，君子心量广大，深观宇宙的玄妙与浩瀚，自然生起三畏。君子敬畏每个人本有的本心、本性，若所作所为都由本心流露，自然内心清清净净。若遇到大人，见贤思齐，生起敬畏。而圣人之言是大彻大悟者深观实相的如实描述，能协助君子读懂无字天书，且逐字逐句地去求真求证，去亲证。君子深知圣言之深邃，无不敬畏。

而小人心量狭小，自私自利，只为眼前的小恩小惠，一切从私欲、妄心出发去考虑，不识何谓天命，自然也就不知纯净本心、本性、良心。也不知敬畏，所作所为肆无忌惮。麻雀焉知鸿鹄之志，小人之心是无法测度君子之腹，是不知何谓大人，也就不会生起敬畏。他觉得与自己没有太大的不同，都是因为看不懂大人呀！

至于圣人之言一样是深邃，小人只停留在技、术、艺等枝枝叶叶上。他对于圣人之言所描述的道、大自然、生命实相，也就是万物的总源头是漠不关心，觉得没有什么，好像与自己无关，不去求真求证，有时还加以嘲笑，甚至多加戏侮。这是不是实相呢？

自作一偈：

君子三畏能亲证，
天命大人圣人言。
小人焉知三畏妙？
无知无畏侮与狎。

【〇九】孔子曰：“生而知之者，上也。学而知之者，次也。困而学之，又其次也。困而不学，民斯为下矣。”

孔子说：“生而知之者，上也。”之，指道而不是技、术、艺。意思是说：“生来就知道‘道’是什么的，是上根器、利根的人，是有高等心灵品质的人。”

孔子又说："学而知之者，次也。困而学之，又其次也。"学是向古代先贤学习思齐，向经典、语言、文字即圣人之言学习。这些都是指月手指，通过手指指引协助，回到当下，向大自然、法界大师学习思齐，逐渐读懂这一部活生生的无字天书即《大地风云经》，整个宇宙、大自然是无常变化，无我无私。《道德经》云："为而不恃，长而不宰，功成而弗居。"每个人都是大自然的一分子，一样都有这样高等的心灵品质，唯有逐渐恢复清净本心。这才是直截根源，是学习的究竟法呀！

意思是说："通过学了才知道'道'是什么，那是次一等。经历困境即吃了很多苦而后去学习才知道的，是又次了一等的人。"

这里孔子是描述了中上根器的人，已是很不错，他们与上根、利根的终极目标是一样的。《中庸》云："或生而知之，或学而知之，或困而知之，及其知之，一也。"只要肯学，就能超越利钝根器之别，最终都是恢复本自具足清净本心、道心、良心。心灵品质是相同的，不同的是在学过程中，中根器之人，更要发奋求学，上根之人一遍就会，他学百遍才会，能够这样苦学，最终一也。《中庸》云："人一能之，己百；人十能之，己千之。果能此道矣，虽愚必明，虽柔必强。"但实相往往是相反的，都是上根之人，下笨功夫；下根之人，自作聪明。

最怕的是，孔子也指出来，就是"困而不学，民斯为下矣"。意思是说："若经历困苦，吃了很多苦，还是不学，那是无可救药，只能算是下等根器的人呀！"

此章的深意是，孔子告诫弟子们只要肯学，便非下等。好学是可以提升每个人心品质，改变每个人的命运。好学真的是一把万能钥匙，关键是上帝、大自然、道真的太公平，平等善待每一个人，都给每个人发了一把万能钥匙，可以打开每个人无尽宝藏，成就无限可能，只是绝大多数人不知道而已呀！

自作一偈：

根器是有别，
本心人人同。
肯学无下等，
皆可为尧舜。

【一〇】孔子曰：“君子有九思。视思明，听思聪，色思温，貌思恭，言思忠，事思敬，疑思问，忿思难，见得思义。”

孔子曰：“君子有九思。”这里的“思”不是用妄想、分别心去思，而是用清净的心灵品质来思。其实就是禅宗的“禅思”，是佛法的“止观”，是静虑，也是《大学》中所描述的止、定、静、安、虑。名相不同，所指相同。意思是说：“君子有九样的思。”

这里的深意是，这九思是清净本心的功用，可以用它恢复清净本心的功夫。但前提要知道这清净本心的样子是什么，它就是空、明、觉。能体会到吗？又怎么样去做呢？老子的六字心法“致虚极，守静笃”，就是描述怎么去做到、体会这样状态。来到心与虚空相应，无有边际。有宁静的心灵品质，无恶无善、清清净净。这也是《六祖坛经》“不思善，不思恶，正与么时”的状态。当有这样的心灵品质，就能做到孔子说真正的君子九思。

“视思明，听思聪，色思温，貌思恭，言思忠，事思敬，疑思问，忿思难，见得思义。”意思是说：“当下要去视时，觉知、反观自己真的如实去视即真明。当下自己去听，觉知、反观自己有用宁静的心灵如实去聆听即是聪。还有自己的面容有温和吗？自己能做到恭敬吗？言语是忠于本心吗？临事真的做到诚吗？遇有存疑觉察到自己如何问的？起了嗔心，有深观曾患难在前，见有利可得，应静虑是否合乎本心吗？”

其实，若心不在当下，也就做不到九思，也就不知其中味。正如《大学》云：“心不在焉，视而不见，听而不闻，食不知其味。”这九思也就是正其心。也是指《孟子》所云：“学问之道无他，求其放心而已矣。”就是把东飘西飘的放逸之心，也就是心猿意马拉回到当下来。真正的修行就在当下活生生的生活之中，一步一脚印地做出来，这样的修行可以是无处不在。

自作一偈：

学而不思殆，
九思能纠偏。
焉知是正思，
只要本心出。

【一一】孔子曰："见善如不及，见不善如探汤。吾见其人矣，吾闻其语矣。隐居以求其志，行义以达其道。吾闻其语矣，未见其人也。"

孔子说："见善如不及，见不善如探汤。吾见其人矣，吾闻其语矣。"不及，如追逃的人，追不上恐失之也。如探汤，用手指探触沸水。在现实生活常遇到的事，不速远离，将烂其手。意思是说："看见有善的即众善，自己像来不及奉行、思齐，恐失之。看到有不善的，像把手探触热汤一样，赶紧离去。我看见有这样的人！也听到过这样的言语了。"

这里的深意与佛教"诸恶莫作，众善奉行，自净其意"是异曲同工，但它更形象，更好体会。就是有这样的人，一边一步一脚印去做，自净其意，一边在与人分享自己亲证的心得。自然是可以见到其人，也可闻到其语呀！

孔子又描述另一种人："隐居以求其志，行义以达其道。吾闻其语矣，未见其人也。"意思是说："能隐居起来用于追求自己志向，行合宜之事用于达其道，也就是与道合一。我听见了那话，但从未见过那样的人呀！"

此中之深意是，若是一个人还需"隐居以求其志"，这只是证明他还是不明白自己的志向，仍未志于道，他不知道"道"是什么。只有知道"道"是什么，才能"行义以达其道"。义与不义的前提是要知道何谓"道"，合乎中道、合乎本心即是合宜，也就是义呀！不合乎本心，不合乎中道，就是不合宜即是不义。行义就是要扣住此核心，一步一步与道合一，即与达自己所志之道与之合一呀！

孔子有听到"隐居以求其志，行义以达其道"，没有见过真正做到"隐居以求其志，行义以达其道"的人。道是遍一切处，存在当下，在眼前，在你我的身上，须臾不可离也。知道就知道，不知道再怎么去求，还是不知道呀！

自作一偈：

见善未及恐失之，

不善即离如探汤。

自净其意本心存，
无学无证亦无生。
隐居求志是方便，
行义达道即功夫。
不知本心与虚空，
盲龟于海颈入木。

【一二】齐景公有马千驷，死之日，民无德而称焉。伯夷、叔齐饿于首阳之下，民到于今称之。其斯之谓与！

“齐景公有马千驷，死之日，民无德而称焉。”千驷，四千匹马，即谓千乘之国。无德，无积阴德。意思是说：“齐国君王齐景公有马四千匹，到他死之日，人民看不到他有德，也就没有可称赞的。”

齐景公所拥有不止马千驷，还有官位、地位、财富、美色等，这些正是当今社会许许多多人梦寐以求，不惜一切代价，甚至是不惜生命去求得。绝大多数人所作所为都是为了拥有一切。而景公所拥有的一切，在今天没有几人与之相匹敌。但在他死之日，人民对他没有可称赞的，这值得每位世人深思呀！

今天，你我所作所为能利益人民吗？能利益地球、利益天下吗？还是自我在构建的梦幻世界呢？是自我欲望展现吗？消耗生命的能量有扣住生命本质、核心吗？能做到无我无私吗？是阴德吗？百姓会称焉吗？

孔子描述另一种人则截然不同，也是告诉弟子们存在的实相，至于做不做是弟子们个人的事。孔子还说：“伯夷、叔齐饿于首阳之下，民到于今称之。”意思是说：“伯夷、叔齐饿居首阳山下，但人民直到今天还是称赞他们两人。”这里是描述伯夷、叔齐让国而饿，居在首阳山下，采薇而食。他们两人是真正的两袖清风，世上绝大多数人的物质条件方面都比他们富有，他们物质需求降至几近于零，也就是“去人欲，天理存”。

他们“让国”是真正让给有德有能力，愿意去利益天下的人做国君，让国此举就是从纯净本心流露，真诚真心，无我无私。若能将此举弘扬出来，也可以减少或避免为了权力、地位而勾心斗角、相互厮杀，血流成河，这也是利益天下苍生。

孔子最后说："其斯之谓与！"意思是说："说的是像这样吧！"就是将这真实发生过的事实、实相描述出来，就像禅宗的公案。至于从中得到什么启示、智慧，人的根器不同，自有不同体悟，只能随缘呀！

自作一偈：

景公何止马千驷，
为何死时无人称？
二贤饿死首阳下，
百姓至今还称之。
无善无恶心清净，
夫子只是述事实。

【一三】陈亢问于伯鱼曰："子亦有异闻乎？"对曰："未也。尝独立，鲤趋而过庭。曰：'学《诗》乎？'对曰：'未也。''不学《诗》，无以言。'鲤退而学《诗》。他日，又独立，鲤趋而过庭，曰：'学《礼》乎？'对曰：'未也。''不学《礼》，无以立。'鲤退而学《礼》。闻斯二者。"陈亢退而喜曰："问一得三，闻《诗》，闻《礼》，又闻君子之远其子也。"

陈亢问于伯鱼曰："子亦有异闻乎？"陈亢，字子禽，是孔子的弟子。伯鱼，名鲤，孔子之子。异闻，是陈亢以为伯鱼不同于门人之所闻，有私厚。意思是："你在你父亲那里听到些不同教诲吗？"

伯鱼对答说："未也。尝独立，鲤趋而过庭。"意思是说："没有呀！有一次，我父亲独自站立在堂上，我刚好在中庭趋过。我父亲说：'学《诗》乎？'意思是说：'你学过《诗经》了吗？'我对道：'未也。'也就是'没有'。我父亲将他学《诗》之目的告诉我说：'不学《诗》，无以言。'意思是：'不学《诗经》，便不懂得如何讲话。'

于是，我退下就学《诗经》。他日，又有一次，我父亲独自站立在堂上，我‘趋而过庭’，我父亲看到说：‘学《礼》乎？’意思是说：‘你学过礼了吗？’对道：‘未也。’也就是‘没有’。我父亲又将学礼的重要性告诉我说：‘不学《礼》，无以立。’我退后便学礼。”

伯鱼告诉陈亢说：“闻斯二者。”意思是说：“我私下只听到我父亲这两番教诲。”陈亢退下后大喜，说：“问一得三，闻《诗》，闻《礼》，又闻君子之远其子也。”远，是无私厚其子，非疏远之意。意思是说：“我这次问一事，听得了三事。其一是要学《诗经》，其二是学《礼》，其三是君子不会对自己的儿子有私厚，另开小灶。”

此章的深意，陈亢私下的一问，更体现出孔子的伟大、博爱，他超越亲疏，有教无类，视其一切弟子如亲儿子，存心是一样的。因材不同而所教诲的内容会有差异而已，但无私厚，所作所为都是从纯净本心、良心、道心流露。

孔子不论在何种因缘，都是真诚真心地付出。只要是真诚真心，是实相，就不怕人怀疑，让人自己去求真求证。最怕是有的人，是人云亦云之，而自己不去求真求证呀！

自作一偈：

子禽私下问伯鱼，
问一得三亢大喜。
有教无类本心出，
超越亲疏无偏私。

【一四】邦君之妻，君称之曰“夫人”，夫人自称曰“小童”，邦人称之曰“君夫人”，称之异邦曰“寡小君”，异邦人称之亦曰“君夫人”。

“邦君之妻，君称之曰‘夫人’，夫人自称曰‘小童’。”夫者，辅也。辅佐国君的人叫夫人。小童是国君之妻即夫人的谦辞。意思是说：“国君的妻子，国君就称她为夫人，而夫人自己称自己为小童。”

还有“邦人称之曰‘君夫人’，称之异邦曰‘寡小君’，异邦人称之亦曰‘君夫人’。”意思是说：“老百姓就称国君的夫人为君夫人，在异国人之前称她为寡小君，而异国人也称呼她君夫人。”

此章的深意是，一个国君的妻子，她的身份、地位是实相，是实际存在的，但在不同的场合下，她的名称、称呼却有很大不同。同样的一个人，在不同名称背后所指的实相是她需要付出，要有责任心、爱心、感恩心、包容心等，是需按各种称谓的内涵来正己，名实相符。那君夫人就是真正名副其实的“君夫人”了。君夫人自己正了，就是最好的辅助国君，母仪天下。譬如小童，这真的要内心很柔软、谦逊，才能成为名副其实的“小童”。所以正名是如此重要。

这里又有一层深意，实相是不断在变化的，角色也自然是不断转换，名称、名相也随之不断变化。也就是先有实相才有名相，实相是存在于每一个当下，当下存在需要相应名相，只要做到名副其实，自然就言顺，不会脸红心虚不安呀！

自作一偈：

角色转变贴名相，
正名所指其背后。
良心爱心责任心，
名符其实心不虚。

论语今解

阳货篇第十七

（凡二十六章）

【〇一】阳货欲见孔子，孔子不见。归（kuì）孔子豚。孔子时其亡也，而往拜之，遇诸涂。谓孔子曰："来！予与尔言。"曰："怀其宝而迷其邦，可谓仁乎？曰：不可。好从事而亟失时，可谓知乎？曰：不可。日月逝矣，岁不我与。"孔子曰："诺，吾将仕矣。"

"阳货欲见孔子，孔子不见。归孔子豚。"阳货，又叫阳虎，鲁国大夫季氏家臣。季氏几世以来把持着鲁国朝政，而阳货正把持着季氏的权柄，欲消灭三桓未遂。归，同馈，赠送。豚，小猪。意思是说："阳货想见孔子，孔子不见他。阳货送孔子一只小猪。"这里有一点必指明的是"古礼"，大夫有赐于士，士拜受，亲拜于赐者之室。阳货知孔子好礼，特赠孔子小猪一只，孔子自然会回拜他。

其实很多事不是你我能去设想、想象的，也不是孔子、阳货能设想、想象的。万事万物都是无常流动变化的，所以阳货没想到"孔子时其亡也"，也就是说："孔子趁阳货外出不在时，而去他家回拜。"但孔子也万万没有想到的是"而往拜之，遇诸涂"。诸，是"之于"合音。涂同"途"，表示路上。也就是说："往他家拜谢时，路上两人遇见了。"这些都是实相，都是随着因缘变化，不是谁能决定的，在我们的日常生活中也是经常出现类似的情景，是经常存在的。

阳货对孔子说："来！予与尔言。"意思是说："过来呀！我有话和你说。"从这里的语气可以听出阳货的傲慢、无礼。孔子过去，洗耳恭听。阳货接着说："怀其宝而迷其邦，可谓仁乎？曰：不可。好从事而亟失时，可谓知乎？曰：不可。日月逝矣，岁不我与。"宝，无尽宝藏，犹道也。亟，屡次。知同智。

意思是说："你怀藏有无尽宝藏，不肯用出来，而任一国之人迷乱失道，这算是仁爱吗？"阳货自回答说，"恐怕不可以算是仁爱吧！你喜好做事，却屡失机缘，这算是有智慧吗？"阳货自回答说："恐怕不可以算是有智慧呀！而光阴一天天飞逝，岁月不能等待你我呀！"

这里阳货也是描述当下的实相，他晓之以理，劝告孔子出山。这其中阳货是有私心、欲望作祟。孔子内心清清楚楚，他只能是无诤。孔子对自己要做什么、怎么做，心里有数。最后他直而婉回答说："诺，吾将仕矣。”意思是说：“我快打算出来做官了。”

此章的深意是，孔子与阳货的“道”不同，自然不与他相为谋。他也知阳货所言之用意，只能无诤，似答非答，只言将仕，不是不出仕，而是不欲仕于阳货。若有明君出现，孔子自然出仕协助明君利益天下，共襄盛举，所作所为都是从本心、道心、良心流露。

自作一偈：

道不同见也不欲，
虽言有理子无诤。
似答非答将仕罢，
焉能共事相为谋？

【〇二】子曰：“性相近也，习相远也。”

孔子说：“性相近也，习相远也。”性，本心本性，本善至善，是超越二元对立，是无恶无善之善，是真正的善。每个人都是大自然之子、道之子，都具足大自然、道的特征特性，无我无私，清清净净，无欲无求，这是实相。本性本心也是每个人都有的，这与年龄、性别、外相、种族、职业、官位、财富等无关。这就是孔子所言的性，是唯一的，不动不变，在凡不减，在圣不增。近，差别小。实相是每个人的本性、本心是相同，也就是“人人皆可为尧舜！”“人皆可成佛！”差别小到在于知道与不知道之间。

习，习气、习惯。这是后天染习而成的，有善有恶，因出生的家庭环境、社会背景、信仰、职业等一切的不同而不断变化，是可以转变的。远，差别大。正因为万物是众因缘聚合，才有五彩缤纷的世界，也自然差别大。每个人也是如此，都是独一无二，每个人的生命都是神圣、神奇的，这是“习相远”的精彩。也正因为习相远，即外相差别甚大，每个人都是独一无二，又是平等的，没有谁比谁高，也没有谁比谁低。就如佛陀所言“天上天下，唯我独尊”，这不是我慢，说的是实相。

万物都是伟大的存在，当然每个人也都是，正因习相远，才需因材施教。颜回、子路、子贡等有不同的性格、特征、特长，就各尽其所能，发挥各自所长，让他们各自生命意义发挥出来，利益天下呀！

自作一偈：

天命之谓性，

本来无善恶。

习为后天染，

相远也自然。

【〇三】子曰："唯上知与下愚不移。"

孔子说："唯上知与下愚不移。"上知，就是利根、大根器，也就是《道德经》所云的"上士闻道，勤而行之"之"上士"。也是《中庸》所云的"或生而知之""安而行之"的人，像这样的人都是属于上知者。下愚，钝根之人，小根器，心量狭小。正如《道德经》里所云的"下士闻道，大笑之，不笑不足为道"的"下士"，就是下愚者。孔子曾说的"困而不学，民斯为下"，到了"困而不学"自然成为下愚之人。移，迁移、改变。此章的意思："只有上知与下愚之人不可以迁移、改变。"

此章深意是，上知者闻道，勤而行之，自然去体道、悟道、行道、与道合一。他们闻道就像见到太阳一样，明白了太阳的样子，知它会发光发热。此时，若有位大师、大法王或权威人士等告诉那不是太阳，太阳不是这样子，而这亲证者也不会改变自己所见到的实相，十分坚定。真理实相、大道过去如此，现在如此，未来也是如此，不会因为他是大师、大法王或是权威人士等而改变的。这是上知者不移之真义。

而下愚者闻道，大笑之，是嘲讽、批评道或得道者。他们一出生就与天地父母在一起而不知不觉，看不起大自然、天地父母，自然不觉得重要，为了个人私欲，不惜代价地榨取大自然的资源，污染环境。即便到了今天，遇到天气异常、全球温室效应、雾霾日益加剧等严重环境问题，绝大多数人还是“困而不学”，也就是“困而不觉”，麻木不仁，不知不觉。譬如当下主流惯行农业还是大量使用化肥、农药、除草剂。因不觉不学永为下愚者，又因为下愚者不学，也就不会改变迁移。

但孟子云：“人人皆可为尧舜。”这句话是没错，人人都有清净本心，但也是要通过学、觉才能恢复本心、良心，来到与尧舜一样高的心灵品质呀！

自作一偈：

上知不改是志坚，
不学永为下愚者。
虽皆不移器有别，
唯有归零本心同。

【〇四】子之武城，闻弦歌之声。夫子莞尔而笑曰：“割鸡焉用牛刀？”子游对曰：“昔者偃也闻诸夫子曰：‘君子学道则爱人，小人学道则易使也。’”子曰：“二三子！偃之言是也。前言戏之耳。”

“子之武城，闻弦歌之声。”之，往义。武城，鲁邑名。时子游为武城宰。弦，指琴瑟。意思是说：“孔子去到武城，听到了弦歌的声音。”孔子明白子游在践行以礼乐为教，邑人皆弦歌。他看到了这样的景象氛围、气场，内心由衷地高兴。子游能明白礼乐的功用，对于收摄六根，放下万缘，回归本心有重要辅助，又能引领邑人去践行，一步一个脚印地做出来，真的是很好呀！

孔子莞尔而笑说：“割鸡焉用牛刀？”莞尔，微笑的样子。意思是，孔子微笑地说：“割一只鸡，哪用宰牛刀呀？”这里描述了孔子深惜之，子游之才而用于武城之小邑。子游对道：“昔者偃也闻诸夫子曰：‘君子学道则爱人，小人学道则易使也。’”偃，子游自称其名。意思是说：“往日我曾听先生说过：‘君子学了道，就懂得了爱所有人。小人学了道，就易从使命。’”

这里深意是，平日孔子所言每句话，看似无益，但子游却牢记于心，还去践行，不论是君子还是小人，只要学到道，都有助社会和谐，人心的净化，社会越来越祥和。这也启示为人父母、为人师长在平时要注意说话，每一句话对孩子的影响很大，别以为无益呀！

孔子听了子游这一番话，担心其他弟子们误解，孔子补充说一句话："二三子！偃之言是也。前言戏之耳。"意思是说："诸位，偃的话是对的呀！我前面所说只是一句戏言而已，对他开玩笑的。"

此章的深意，孔子到武城，看到子游在践行礼乐之教，一时高兴，就说了"割鸡焉用牛刀"这句戏言，足见孔子言语也有轻松一面。但在轻松言辞里，却能流露出礼乐教育的重要，不论是治理天下国家，即便是像武城这样的小邑，都要实施礼乐教育，这才是为政之道。

自作一偈：

子闻弦歌声，

偃知礼乐义。

口出一戏言，

戏言亦真言。

【〇五】公山弗扰以费畔，召，子欲往。子路不说，曰："末之也已，何必公山氏之之也！"子曰："夫召我者，而岂徒哉？如有用我者，吾其为东周乎！"

"公山弗扰以费畔，召，子欲往。"公山弗扰即公山不狃，季氏家臣，为季氏费邑宰。畔通叛。意思是说："公山弗扰盘踞费邑准备叛季氏，使人召孔子，孔子想要前往赴召。"这里是有何原因，均难考证。但春秋末期，君不君，臣不臣。而诸侯、陪臣、卿大夫彼此之间是三角关系，很微妙。在这关系当中，诸侯、卿大夫、陪臣都是从自我私欲、欲望出发考虑。而孔子与三者截然不同，他所考虑的是从整个天下利益出发，利益百姓，利益国家，利益天下。这是他的本心，是永不变的。

孔子为何想要前往呢？这是权变。公山弗扰以费畔，又召见他，他若可以前往实地考察，实事求是，了解整个政局，说不定能够找到最省力的杠杆点，改变全局，有利于天下的和谐。而不是说要协助公山弗扰叛乱，这肯定不是孔子的本心、本意。

子路读不懂孔子，正如《永嘉禅师证道歌》云：“逆行顺行天莫测。”子路不高兴是正常，麻雀焉知鸿鹄之志。他说：“末之也已，何必公山氏之之也！”末，没有。之，往。已，止，算了。之之也，第一个“之”字是助词，后一个“之”字是动词，去到。意思是说：“没有地方去就算了，为什么一定要去公山弗扰那里呢？”

孔子无法向子路讲明自己的用心，但孔子深知每一件事未必是坏事，一切都是大自然最好的安排。此召见未必是徒然的，也会有好结果。孔子说：“夫召我者，而岂徒哉？如有用我者，吾其为东周乎！”徒，徒然、空无所据。其，大概、可能。为，恢复。周，周礼。意思是说：“他来召我，难道只是空召吗？当有真能用我的人，我或许可以在东方恢复周礼呢？”

此章的深意，孔子是时时刻刻为天下忧心，扣住了生命的核心，所作所为从天下利益为考虑。哪怕是一位乱臣来召，他也不为个人的形象、名誉去考虑，而是在寻找转机、突破口，撬动全局，扭转政局，恢复周礼。而不像子路只考虑外在的名誉等，这也是孔子之所以能成为子路老师的地方。孔子所思的是从究竟根源、本源下手，是有截然不同的地方呀！

自作一偈：

公山氏召子欲往，
夫子所为本心出。
逆行顺行由不识，
无得无失忧天下。

【〇六】子张问仁于孔子。孔子曰：“能行五者于天下，为仁矣。”请问之，曰：“恭、宽、信、敏、惠。恭则不侮，宽则得众，信则人任焉，敏则有功，惠则足以使人。”

“子张问仁于孔子。”孔子说：“能行五者于天下，为仁矣。”意思是说：“能够在遍一切处、遍天下将这五方面的心灵品质流露出来，那就是仁人呀！”这里孔子是针对子张而言的，是为他开出的药方。

子张愿闻其详五者，请问了孔子。孔子清楚告诉他说：“恭、宽、信、敏、惠。”他担心子张不明，补充说明：“恭则不侮，宽则得众，信则人任焉，敏则有功，惠则足以使人。”恭，恭敬。侮，己恭以接人，人亦以恭待己，自然不被侮慢。宽，心量宽广，心包太虚，包容、接受众人的优点与不足，自然得众。信则人任焉，能守住自有本心，也就是自信的人，就能得人信任。敏则有功，敏捷行事，就能立功。惠则足以使人，能给予人物质、精神、心灵恩惠，自然而然人们愿意听使、服从、跟从。

此章的深意是，天下不在心外。此处之“心”非有形肉团子，它是无形无相，遍一切处，与真实存在的虚空一样，能生妙有。恭、宽、信、敏、惠五者都由此心生。唯有做到《大学》所云：“止、定、静、安。”才自然由心生恭、宽、信、敏、惠五者。而且知行本合一，都由此本心生，能亲证、体证就是知，知即行，自然就能行出来。自然而然就不侮，还能得众，能得到他人的信任，还可以有功，也就有人跟从。这些都是仁爱之心的流露呀！

自作一偈：

为偃出良方，
恭宽信敏惠。
各有其妙用，
如何行出来？

【〇七】佛肸（bì xī）召，子欲往。子路曰：“昔者由也闻诸夫子曰：‘亲于其身为不善者，君子不入也。’佛肸以中牟畔，子之往也，如之何？”子曰：“然，有是言也。不曰坚乎？磨而不磷。不曰白乎？涅而不缁。吾岂匏瓜也哉？焉能系而不食！”

“佛肸召，子欲往。”佛肸，晋国大夫赵简的家臣。意思是说：“佛肸召孔子，孔子又想去。”又是子路站出来，他用孔子曾说的话，针对当下孔子所做的事点出来，看孔子会怎么说。子路说：“昔者由也闻诸夫子曰：‘亲于其身为不善者，君子不入也。’”意思是说：“以前我曾听先生说过：‘那人他亲身做了不善即违背本心的事，君子就不到他那里。’”

子路又把真正要说的事道明，让孔子回答。子路说：“佛肸以中牟畔，子之往也，如之何？”意思是说：“现在佛肸据中牟作叛赵氏，先生却要去他处，这怎么说呀？”

子路还不能真正理解孔子所说的“亲于其身为不善者，君子不入也”之深意。孔子对弟子们说这句话时，是弟子们还很年轻，涉世浅，磨练少，易受污染。他有这一份担心，才出此言。而今日子路因不解其深意，认为孔子也不应这样做。他忘记了孔子经历众多的磨练，身经百战，是能经受考验，在尘不染尘，和光同尘。

孔子是知道子路不明白他的深意，就直截了当告诉子路说：“然，有是言也。不曰坚乎？磨而不磷。不曰白乎？涅而不缁。吾岂匏瓜也哉？焉能系而不食！”“磷”当“薄”讲。“涅”当“染”讲。“缁”当“黑”讲。匏瓜，味苦，人所不食。

意思是说：“对呀！我是说过这话的。不是说坚固的东西，磨也磨不薄吗？不是说洁白的东西，染也染不黑吗？我难道是那苦味的匏瓜？哪能老是挂在那里不吃呢？”

这里孔子是表明自己能同流不合污，已达至坚至白之境，不论他处在怎样的浊乱环境，不受丝毫污染。若能磨得磷，便非真坚；涅得缁，便非真白。真白、真坚犹如虚空，彩笔画空空不染，金刚磨空空不磷，这是孔子的本心、道心。还有匏瓜可作浮囊，而不用作食器，只是一偏之用。而圣人无用，无所不用，故云“吾岂匏瓜”，乃显无可无不可，心亦如虚空。

所以孔子可以随心所欲而不逾矩。公山氏召，佛肸召，他都有欲往之意。至于他结果都未往，自有未往的道理，唯有孔子本人自知，非古今诸位所能了解。

自作一偈：

子又遇召子欲往，
由曾闻诸夫子曰。
深知子路不识得，
欲往未能皆有理。
随心所欲不逾矩，
唯有夫子能自知。

【〇八】子曰：“由也！女闻六言六蔽矣乎？”对曰：“未也。”“居！吾语女。好仁不好学，其蔽也愚。好知不好学，其蔽也荡。好信不好学，其蔽也贼。好直不好学，其蔽也绞。好勇不好学，其蔽也乱。好刚不好学，其蔽也狂。”

孔子说：“由也！女闻六言六蔽矣乎？”言，美名、虚名、美德。蔽，毛病，或覆障之义。意思是说：“仲由呀！你听过有六种美德，六种覆障的说法吗？”子路对道：“未也。”就是说：“没有呀！”

孔子说：“居！吾语女。好仁不好学，其蔽也愚。好知不好学，其蔽也荡。好信不好学，其蔽也贼。好直不好学，其蔽也绞。好勇不好学，其蔽也乱。好刚不好学，其蔽也狂。”好，喜好。如《大学》云：“有所好乐，则不得其正。”愚，若可陷可罔之类，或一味喜好仁，但不知仁所指是什么。荡，放而无归，能放不能收。贼，伤害。绞，急切。乱，犯上作乱。狂，狂妄，抵触他人。

意思是说：“你坐下来，我告诉你。喜好仁不喜好学，其蔽成为愚昧。喜好智慧而不喜好学，其蔽是成为放荡无归宿，不能收。喜好信不喜好学，其蔽反成伤害。好直不好学，其蔽急切，如父攘羊而子证之。喜好勇不喜好学，其蔽常易犯上作乱。喜好刚不喜好学，其蔽易狂妄，抵触他人。”

此章的深意，六言即仁、知、信、直、勇、刚，皆是美名，亦是虚名，也是美德。当只知六言是美名，而不知其所指实相是什么，名与实不符，则是虚名而非美德。当只好六言之虚名，而不好学，就不能转化美德。仁、知、信、直、勇、刚，此六言皆是由纯净的本心、本性流露，无有好恶，清清净净。若有所好乐，则不得其正，也就心不能清净。若又不好学，就不能回到当下去觉知、觉察。学者，觉也，学习怎样读懂自我这一部无字天书，就能像“颜回者好学也，不迁怒，不二过”，自然行走在中道上，无过也无不及。

若是领会了仁的深意，就回到当下觉知仁是什么样子；若是领会了智的深意，也回到当下觉知智是什么样子；若是领会了守信的深意，回到当下觉知如何权变守信，也就不会伤害；领会了直的深意，回到当下去觉知何谓是直，合乎中道，自然合乎礼，直而又合乎礼，不会发生“父攘羊而子证之”；领会了勇的深意，回到当下去觉知何谓勇，其蔽自去，自然不犯上作乱；领会刚的深意，也就会回到当下在自己身上去觉知何谓是刚，自然其蔽不在，狂也不存。

六言六蔽都是由每个人的清净本心出，无有好乐，回到当下行走在道上，自然六言能化为美德，六蔽也成为美德的助缘。六蔽去，美德存。还有好乐本身也是由本心、本性流露，只是被人欲染污以致不能清净，即心已动了，不能融入当下，行走在中道上。

自作一偈：

六言六蔽子语由，
有好不学即生蔽。
唯有好学妙用多，
能化美德蔽也去。

【〇九】子曰："小子何莫学夫《诗》？《诗》可以兴，可以观，可以群，可以怨。迩之事父，远之事君。多识于鸟兽草木之名。"

孔子说："小子何莫学夫《诗》？"小子，称呼门弟子，有事告之。意思是："小子们，为何没有人学《诗经》呢？"《诗》，是《诗经》。它是"六经"之一，也是描述无字天书即《大地风云经》的经典。

所有文字、经典都是来自无字天书即《大地风云经》，也就是大自然。没有大自然这一部无字天书，就不会有文字，也就没有经典。不论是文字、经典，还是大彻大悟者如老子、孔子、佛陀等，都是指月的手指，可以协助他人看到月亮，即大自然、真理实相。孔子是过来人，他自己通过学大量的诗，但还没有编辑成《诗经》，《诗经》是孔子晚年整理的，共305篇。发现很多益处，有助于开启小子们的无尽宝藏。

孔子说出《诗经》的具体功能、妙用，它"可以兴，可以观，可以群，可以怨"。兴，引发心灵开启，让其真善美自然流露出来，把人们的志向、情怀引发出来。观，深观天地万物与人之间万象。群，合群，以《诗经》会友，志趣相投，彼此切磋，共同成长。怨，讽刺上级。怨而不怒即无邪，虽怨而不违礼。

意思是："《诗经》可以让人的情感丰盈起来，可以懂得如何深观大地风云及人间万象是无常流动变化，可以懂得在人群中如何相处交友，也可以懂得在处世不得意时如何怨。"

这里的"可以兴，可以观，可以群，可以怨"是每个人本自具足的，只是大家不知道而已，也不懂得去开启、恢复。其实孔子告诉小子们每个人都可以去开启，让人的生命丰盈起来，拥有丰富多彩的人生。《诗经》也只是指月的手指，若能回到当下亲自去践行，定会发现自己真的"可以兴，可以观，可以群，可以怨"。也会发现自己真的有无限可能，可以为家庭，为社会，为国家，为天下做很多有益的事，发挥生命意义。

孔子补充一个功能："迩之事父，远之事君。"迩，在亲近处。远，更高、更远。事，协助。意思是说："在最亲近处，可以协助父亲发挥意义。在更高、更远的范围，可以协助君主治理国家。"

还有一个功能："多识于鸟兽草木之名。"意思是说："也可以使人多认识一些鸟兽草木之名称。"大自然的万物本来就无名称、名相。多识名相，可以进一步深观实相、大自然，读懂无字天书，直截根源，去体道、悟道、行道、得道、与道合一。

自作一偈：

劝君为何不学诗，
文字经典指月指。
可以兴观群怨矣，
事父事君多识名。
直截根源观实相，
体道行道与道合。

【一〇】子谓伯鱼曰："女为《周南》《召南》矣乎？人而不为《周南》《召南》，其犹正墙面而立也与！"

孔子对孔鲤伯鱼说："女为《周南》《召南》矣乎？"女通汝，你。为，犹学也。意思是说："你学《诗经》中的《周南》《召南》了吗？"孔鲤洗耳恭听。孔子接着说："人而不为《周南》《召南》，其犹正墙面而立也与！"正墙面而立，面向墙壁站立着，不能前行一步，寸步难行。意思是说："人若不学《周南》《召南》，就好像正面对墙而站立，寸步难行呀！"

此章的深意是，《诗经》里有十五国风，国风的开篇就是《周南》《召南》两风，一共二十六首诗。《周南》《召南》被称作正风，是被周天子王道所化的诗歌。而其他的十三国风称为变风，是周天子王道不行之后的诗歌。《周南》《召南》是国风之始，所讲多为夫妇之道，正是三纲之首，五教之端。三纲即君臣、父子、夫妇，这三者是人伦的纲常。

这些都是实相的描述，是活生生存在于当下现实的生活中，超越时空。人而不学《周南》《召南》，真不知道怎样去顺天之道做出来。而三纲始于夫妇，正如《易经·序卦传》云："有夫妇然后有父子，有父子然后有君臣。"夫妇之道不立，如面墙而立寸步难行。夫妇这一纲正常不乱，家庭、社会就会安定天下平。

一般人不学《诗》之《周南》《召南》，不能齐其家。为人君者不学《诗》之《周南》《召南》，则不能治国平天下。所以孔子告诉伯鱼不能不学呀！

自作一偈：

不学周南与召南，
欲立夫妇之道难。
此纲一乱一切乱，
顺天之道齐治平。

【一一】子曰："礼云礼云，玉帛云乎哉？乐云乐云，钟鼓云乎哉？"

孔子说："礼云礼云，玉帛云乎哉！"玉帛，礼之所用，是礼的枝枝叶叶，礼的文饰。玉，圭璋之属。帛，束帛之属。意思是说："尽说礼呀!礼呀！难道是仅指那些玉帛吗？"

孔子说完礼，又来说乐。他说："乐云乐云，钟鼓云乎哉。"钟鼓，乐之所用，是乐器而已。意思是说："尽说乐呀!乐呀！难道只是钟鼓之类的乐器吗？"

此章的深意是，礼不能停留在赠礼玉帛，乐也不能只停留在鸣钟鼓，这些都只是礼乐的枝叶而已，不是礼乐之本。礼之本在于敬，敬是礼的神髓。乐之本在和，和是乐的核心。人必先有敬心而将之贯玉帛之中，这是由礼的根本长出礼的枝叶，方为真正的礼而非玉帛。

譬如，今天礼仪培训露八颗牙齿，脸带有微笑，而脸部肌肉是僵硬的，不是由诚敬心在自然放松下流露，缺乏真诚真心又僵硬，给人有不舒服之感。所以，"礼云礼云，露八个牙云乎哉！"露八个牙不等于礼呀，赠玉帛也不等于礼呀。在日常"礼尚往来"绝非是你给来什么，往返更多东西，关键是人与人之间的往来，心存真诚真心恭敬，礼轻情意重，君子之交淡如水，这是礼的根本。

乐是必先内心有和气而发之以钟鼓。钟鼓之声的韵律才自然和谐。若遗其本，专事其末，无其内，徒求其外，玉帛、钟鼓不得为礼乐之全部，只是礼乐之末也。唯有敬与和，礼乐自然存。[①]

自作一偈：

礼云礼云非玉帛，
乐云乐云不钟鼓。
玉帛钟鼓礼乐末，
诚敬中和从本生。

【一二】子曰："色厉而内荏，譬诸小人，其犹穿窬（yú）之盗也与！"

孔子说："色厉而内荏。"厉，威严。荏，柔弱。意思是说："外貌看似很威严，内心深处其实是柔弱、胆怯。"

孔子担心弟子们不容易体会到，举大家熟悉的事例描述此种人的心境。"譬诸小人，其犹穿窬之盗也与！"穿，穿壁。窬，逾墙，翻墙。意思是说："外貌威严而内心柔弱的人，就拿那些自私的小人来譬喻，他们就好像是穿墙挖洞的小偷一类吧！"

此章的深意，孔子是在描述实际存在的"色厉而内荏"的人，他是实相描述，不是自己捏造，凭空想象出来的。这样的人，他的内心是很空虚，不自信又胆怯，担心他人识破看出来，自然就会情不自禁要掩饰自己内心的柔弱，外表装得很威严，活得很不真实，活在恐惧之中，担惊受怕。孔子将这样的人譬喻像穿墙挖洞的小偷，真的很形象，二者心境是如此相似。内心恐惧害怕，随时担心被人发现，内心没有真正庄严，总怕别人看出来，一定会努力装出一副威严的样子。

实相是真的如此，在现实生活中，内心越是空虚、胆怯、不快乐的

① 此章可与《论语·八佾·〇三》合参。

人，越要装出一副威严、强大、快乐的样子。譬如，没有多少钱的人，抽好烟，开好车，讲气派，想方设法告诉别人我很有钱，有实力，博得他人认同。是不是这样呢？试问自己是否曾有过此种心理呢？周遭是否也有这样的人呢？可以一一地求真求证呀！其实，你真的是太阳，没有必要告诉他人你是太阳，只要如实地照耀温暖他人，利益一切众生即可。

自作一偈：

外似威严内胆怯，
犹如穿窬之盗也。
为何不露庄严相？
心有三毒不自主。

【一三】子曰："乡原，德之贼也。"

孔子说："乡原，德之贼也。"乡，其群鄙俗。原，读古声，同愿。乡愿指的是一种人，就是一乡之人都称他为善人的人。贼，败坏，伤害。此章的意思："一乡中全不得罪那种无原则的老好人，是道德的祸害呀！"

此章的深意，《孟子·尽心篇》有详细的解读。《尽心篇》有云，万章问孟子曰："非之无举也，刺之无刺也，同乎流俗，合乎污世，居之似忠信，行之似廉洁，众皆悦之，自以为是，而不可与人尧舜之道，故曰德之贼也。"

也就是说，乡原这种人最能掩饰自己恶性，八面玲珑，谁也不得罪，令人无法举出事实来诽谤他，也找不到缺点来讥刺他。实际上这种人是同流合污，善于掩饰，就像忠信廉洁之人，所以赢得大众的称赞。其实他无德，自私自利而伪装有德，不是忠信廉洁之人，自然不可以和他人尧舜之道。孔子是担心这样的人乱德惑众，将这实相告诉弟子们。

试问自己是这样的人吗？周遭有这样的人吗？在今天的社会中，乡原不少，他在乡里随波逐流，媚于世俗，左右逢源，所作所为以他人欢心为出发，对所有人说贴心的话，貌似有德之人，被世俗所尊重，多作楷模标准，其实是德之贼。孔子特意指明，恐其乱德也。

自作一偈：

为啥乡原德之贼？

貌似忠信与廉洁。

掩恶谁也不得罪，

子特指明恐乱德。

【一四】子曰："道听而涂说，德之弃也。"

孔子说："道听而涂说，德之弃也。""道"，绝大多数人解读为"道路"，可以参考。但我个人体会，这里的"道"是"志于道"的"道"，也是"朝闻道，夕死可矣"的"道"。它是指本心、道心，也是指真实存在的空、法界、大自然等。名相不同，实指相同。"涂"通"途"，就是道路。德，得道者。弃，不取。意思是说："听到了道，就在路上喧说，此做法是得道者所不取的。"

这里是有深意的，孔子的教育总纲是"志于道，据于德，依于仁，游于艺"。"道"，是生命中最重要，是人生第一顺位。在听了"道"之后，要知道"道"是什么？"道"在哪里？"道"的特征特性又是什么？为什么孔子说"朝闻道，夕死可矣"呢？《中庸》也云："道也者须臾不可离，可离非道也。"还有，为什么"道"存在当下遍一切处呢？

这些问题，要一一地去求真求证，在每一个当下去体会出来，自然慢慢地与道合一，这样才能安心自在，找到生命归依处，才可能协助他人去体道、悟道、行道、与道合一。若自己没有彻证，不能与道合一，只是耳闻口说而已，还不如录音器。添油加醋是污染，便见不到真实存在的"道"，也是得道者所不取的呀！

"道"是活生生的存在当下，不是言语能描述的，唯有自己去亲证，温故而知新，才能协助他人去亲证，就可以为人师呀！若只是听闻后就在路上四处喧说，自己还是不知道真正的"道"是什么，那就是以盲引盲。那不是教人，而是害人，断人慧命。慎之！

自作一偈：

道听途说德之弃，
温故知新可为师。
断人慧命切慎之，
如人饮水证乃知。

【一五】子曰：“鄙夫可与事君也与哉！其未得之也，患得之。既得之，患失之。苟患失之，无所不至矣。”

孔子说：“鄙夫可与事君也与哉！”鄙夫，是比小人心灵品质还低的人。他贪图名利、权力、地位等，行为卑劣。第二个“与”字同欤。意思是说：“一个鄙夫，可和他共同协助君王吗？”这是孔子自己先提出疑问，然后自己很肯定回答说：“其未得之也，患得之。既得之，患失之。”意思是说：“当他还没有得到时，只担心得不到。既已得到了，又怕它失去。”

这里的深意，鄙夫比小人的心量还狭小，是极端的人，他心如针眼，活在狭小的二元对立世界中，一心只盯着自己想得到的事物，譬如官位、金钱等。在还没有得到自己想要的时候，怕的是得不到，他就活在担惊受怕之中，就绞尽脑汁地去钻研，目标只锁定在自己想要还未得到的事物上，所作所为只为这目标，不达目标誓不罢休。但当他得到自己想要的东西，烦恼又来了，担心所得会失去。

孔子接着说：“苟患失之，无所不至矣。”意思是说：“若怕所得到的失去，譬如官位、权力，他就会无所不为，没有底线的。”其实像这样的人，为了保住既得，什么事都做得出来。小则吮痈舐痔，大则弑父与君，都是生于他的患失之心呀！

此章深意是，孔子将这实相描述出来，就像一面照妖镜、一把斩妖剑。这里像是在说与自己无关的鄙夫，其实不然，你试用它来照照自己，看清自己是这样的人吗？也照照周遭是不是有这样的人，你愿意与这样的人共事吗？愿意与这样的自己相处吗？唯有自己能照见，就能转妖魔为佛呀！

自作一偈：

勿与鄙夫共事君，

只在得失心难安。

其人心量如针眼，

苟患失之无不至。

此章像面照妖镜，

唯有自照魔转佛。

【一六】子曰："古者民有三疾，今也或是之亡也。古之狂也肆，今之狂也荡。古之矜也廉，今之矜也忿戾。古之愚也直，今之愚也诈而已矣。"

孔子说："古者民有三疾，今也或是之亡也。""亡"通"无"字。意思是说："古时的人常见有三种毛病，现在或许连这三种毛病都不见了。"这里的深意，不是说今人没有三疾了，而是他见到今人之三疾甚于古者，病得更严重，每况日下，世风日下，人心不古，更加难治了。

孔子将古今人民的三疾作了比较，让今人更好去体会。孔子说："古之狂也肆，今之狂也荡。古之矜也廉，今之矜也忿戾。古之愚也直，今之愚也诈而已矣。"狂者，志高。肆，不拘小节，放纵而已。荡，无忌惮，肆意妄为。矜，持守严谨。廉，行为方正，有棱角，难于亲近。忿戾，多怒好争斗，凶恶蛮横。直，直情用事，没有弯曲之心。诈，狡诈。

意思是说："古代的狂人常易肆志不居，现代的狂人则易肆意妄为；古代矜持者行为方正有棱角，不易亲近，现代的矜持者则多怒好争斗；古代愚昧者直情用事，没有弯曲之心，现代愚昧者则是变诈百出了，没有底线，让人活在恐惧之中呀！"

此章的深意，孔子是描述他所处的社会现实，礼崩乐坏，世风日下，人与自己、人与人之间的关系被破坏了。君不君，臣不臣，父不父，子不子，子弑父，臣弑君，人也不像人了。人与人之间的关系出现了很大的危机。孔子身处当下，深有体会，周游列国，欲尽全力挽狂澜呀！

孔子开出的一副药方是“仁”，仁者爱人，正是根治当时社会的良药。正因为有孔子在，有人来操心这些问题，老子就可以骑着青牛走了。而今日更甚，不仅仅是人与自己，人与人，连人与自然的关系都出现严重的危机。孔子的“仁”、老子的“道法自然”无为思想，就是当今社会的良药呀！

自作一偈：

民有三疾今甚古，
世风日下人皆苦。
开出良方即是仁，
仁者爱人疾自舒。

【一七】子曰：“巧言令色，鲜矣仁。”①

【一八】子曰：“恶紫之夺朱也，恶郑声之乱雅乐也，恶利口之覆邦家者。”

孔子说：“恶紫之夺朱也。”恶，厌恶。这里的意思是：“我厌恶紫色夺去了朱色。”其实紫色就是由黑色加赤色而成，名为间色。朱色是青黄赤白黑五种正色之中的赤色。紫色中有赤色成分，故能乱朱色，能予人以美好之感，令人喜好，让人内在宁静的心被摇动，以夺朱之正。朱色就是本色正色，给人内心是宁静，平和。

---

① 本章与《论语·学而·〇三》重出，可与之合参。这里不再作解读。

譬如两只茶杯，一只杯子是有大画家画的各样画，颜色丰富多彩，也很和谐很美。另一只杯子素身保持本色。哪一只会让人的内心更加宁静平和呢？这就是孔子为什么会厌恶紫色的原因呀！

孔子要说的另一恶是说："恶郑声之乱雅乐也。"郑声，郑国的音乐，其声过于哀伤，不得性情之正。雅乐是先王的雅正之乐，中正和平。意思是说："我厌恶郑国音乐扰乱了先王雅正之乐。"雅乐可调和性情，而郑国音乐淫哀，过于哀伤，偏离中正平和，不得性情之正，与雅乐相违。时下众人喜好郑声，不知雅乐，这就是以淫乱雅正呀！这也是孔子所恶的。

还有一恶是："恶利口之覆邦家者。"利口，佞也，以是为非，以非为是；以贤为不肖，以不肖为贤；能取悦人君又信之。意思是："厌恶利口之人，能取悦时君，倾覆国家。"此人可以将死说成为活的，还让人君悦而信之。像这样的人可以倾覆败亡其家国呀！

此章的深意，孔子这三恶并不是二元对立，而是彰显孔子的仁爱之心，责任心。他所恶的不是为个人私欲，而是为天下而恶的，所作所为所恶都是从本心流露，由良知发出，自然是超越二元对立。这是无恶无善之恶，也是利益天下呀！

自作一偈：

为何有三恶？

无非过不及。

所恶本心出，

自然无善恶。

【一九】子曰："予欲无言。"子贡曰："子如不言，则小子何述焉？"子曰："天何言哉？四时行焉，百物生焉，天何言哉？"

孔子说："予欲无言。"意思是说："我想没有什么可说了。"这里的深意，孔子知道自己所说的一切都是深观实相后而流露。也就是说，读懂了无字天书即《大地风云经》后，用文字、言语尽全力如实地描述而已。他所说的也只是为了协助弟子们直截根源，读懂无字天书，深观实相。

所有的文字、言语、经典都是指月手指，但绝大多数人只停留在钻研手指头、工具上，看不到手指头所指的月亮，即实相、大自然这一部无字天书呀！

孔子的“予欲无言”是破文字相，这里的深意与《金刚经》云：“若以色见我，以音声求我，是人行邪道，不能见如来”“若人言如来有所说法，即为谤佛。不能解我所说故。须菩提，说法者无法可说，是名说法”是相同的。这也与禅宗“不立文字，教外别传”的深意相同呀！此处无言岂是不言，更甚有言呀！

子贡是不能体会孔子“无言”的深意，他说：“子如不言，则小子何述焉？”意思是说：“夫子如果不再有言语，那小弟子们何从传述呢？”这里看到子贡还是不能读懂无字天书即《大地风云经》，仍是依赖夫子，不能自依止，法依止，法依法界。仍是夫子作之，弟子述之。

孔子一听就明白子贡悟道的深度，手把手地协助子贡直截根源去深观实相，读懂无字天书即大自然。孔子说：“天何言哉？四时行焉，百物生焉，天何言哉？”天即大自然、宇宙。意思是说：“天说些什么呢？春、夏、秋、冬，四时在不断的运行，飞潜动植百物在不断生生灭灭，天说些什么呢？”

这里孔子不是譬喻而是如实描述大自然的真实存在。不论孔子言与不言，在与不在，整个大自然都是流动无常变化，生生灭灭。而且这一切存在于当下眼前遍一切处，在诉说“无常”“无我”“寂静涅槃”三法印，还有“缘起甚深”。也在诉说《易经》中的“三易”，简易、变易、不易。所以孔子不言却是“有言”，说时默，默时说。关键是你能读懂吗？能看懂吗？

自作一偈：

子欲无言非不言，

未解夫子真实意。

直截根源观实相，

四时行焉百物生。

【二〇】孺悲欲见孔子，孔子辞以疾。将命者出户，取瑟而歌，使之闻之。

“孺悲欲见孔子，孔子辞以疾。”孺悲，鲁人，从孔子学礼，是孔子的弟子。意思是说：“孺悲要求见孔子，孔子不肯见，因病推辞。”至于孔子是何种原因不见他，古往之说不一，难有定解。

孔子推辞后怎么做呢？“将命者出户，取瑟而歌，使之闻之。”将命者，传话的人。之，前字是指孺悲，后字是指音乐。意思是说：“传话的人走出门口，孔子立即取瑟弹之，又边弹边唱，使孺悲听到，让他知道夫子没有病，是不想见他而已。”

此章的深意，孔子是拒绝见他，又让他知道是不想见他。其实这也是教育方法，是方便法。不教而教，看似不教实是深教，外人是看不懂。孔子教育的核心是要协助弟子们开启本自具足的无尽宝藏，恢复其清净本心而已。他所有的教育方法、方便法都是扣住这核心。方法没有高下之分，八万四千法门都是平等，只要能助于弟子们开启生命的无尽宝藏，就是好方法。

弟子的因缘、根器不同，自然没有固定的教育方法，这就是因材施教。关键是让弟子们知道自己身上藏有宝藏，回到自身逐渐开启。让子贡成为子贡、颜回成为颜回、子路成为子路，而不是颜回成为子贡、子路成为颜回、子贡成为子路。这才是真正的教育，各尽其能，各显其性，让生命全然绽放，让小草有小草的精彩，小花有小花的神韵、生命力。每一个生命都是伟大的存在，是独一无二，神圣又神奇呀！

自作一偈：

欲见夫子辞以疾，
取瑟而歌使之闻。
看似不教实深教，
扣此核心是平等。

【二一】宰我问："三年之丧，期已久矣。君子三年不为礼，礼必坏。三年不为乐，乐必崩。旧谷既没，新谷既升，钻燧改火，期已可矣。"

子曰："食夫稻，衣夫锦，于女安乎？"曰："安。""女安则为之。夫君子之居丧，食旨不甘，闻乐不乐，居处不安，故不为也。今女安，则为之。"

宰我出，子曰："予之不仁也！子生三年，然后免于父母之怀。夫三年之丧，天下之通丧也。予也，有三年之爱于其父母乎？"

宰我问道："三年之丧，期已久矣。君子三年不为礼，礼必坏。三年不为乐，乐必崩。旧谷既没，新谷既升，钻燧改火，期已可矣。"第一个"期"读"qī"，期限之期，三年为期。下一个"期"读"jī"，一周年。坏，败坏。崩，坠失。没，尽。升，登收。"钻燧改火"。古人取火，钻一木为燧，中凿眼，取木为钻，钻头放燧眼中，用绳力牵之，两木相磨火星飞爆，即成火。此燧木既燃，常保勿熄。一木将尽，另用一木接其火，后薪继前薪，是谓传薪。唯传薪须随四时改变，另钻新燧。春用榆柳，夏用枣杏，秋用柞楢，冬用槐檀，一年而周，此谓改火。

意思是："三年之丧，好像期限过长了。君子三年不践行礼，礼必从此而败坏。君子三年不作乐，乐必从此而坠失。而且旧的稻谷已经吃完了，新的稻谷也已登收了，钻燧之木也随四时变化都改了，以一年之期也就够了。"

这里的深意，宰我之问很合乎逻辑，看似很有道理。其实宰我还不知道礼、乐是什么？在哪里？真正的核心又是什么？其实守"三年之丧"就是真正在行礼。礼的核心不就是敬吗？若敬没了，礼还在吗？守"三年之丧"也正是真正在为乐。乐的核心是和，在守丧时是最好的静心、收摄六根，内心达到清静无为，自然就中正平和。这正是找到乐的核心：和呀！体会了和是什么，乐自然生了。

所以三年之丧正好可以闭关呀！还可以亲证死亡"黑洞"是真实存在。在死亡的"黑洞"面前，人人平等，人人要面对，它是与年龄、地位、财富、种族、学历等无关。逝去的父母就是伟大的导师，用生命告诉我们，生死大事是谁都逃脱不了。试问自己了悟生死大事了吗？找到生命皈依处了吗？找到生命的意义了吗？内心安详自在了吗？“三年之丧”对一个人的人生成长是很宝贵的，三年会长吗？

孔子听了宰我的话后说：“食夫稻，衣夫锦，于女安乎？”食夫稻，古代北方以稻食为贵，居丧者不食。衣夫锦，有文采之衣，以帛为之，居丧衣素无采饰。意思是：“你居丧一年在吃美味、穿锦衣，你的内心安不安呢？”宰予说：“安。”就是说：“我心安呀！”

孔子说：“女安则为之。夫君子之居丧，食旨不甘，闻乐不乐，居处不安，故不为也。今女安，则为之。”旨，甜美，指好吃的美食。意思是：“你既然觉得心安宁，就可以这样去做呀！君子在守丧期中，即便有美食吃也不觉甜美，听了美乐也感觉不到快乐，在日常起居还觉得心不安，所以他们就不这样做。如今你既然觉得心安，就这样去做吧。”

这里的深意，君子的不安不仅仅是悲伤、缅怀父母，更重要的是他在居丧时不知道生命的真正皈依处，不知生从何处，死往何处，不知“道”是什么？食旨、闻乐、居处，都是外在官能之受，只是刺激感官满足欲贪，而不是内心底自然流露的知足之乐，所以他不甘、不乐、不安是正常的。唯有像孔子云：“朝闻道，夕死可矣。”也就是知道“道”是什么，自然就会“饭疏食饮水，曲肱而枕之，乐在其中矣！”自然而然快乐心安、自在。

宰予出去后，孔子说：“予之不仁也！子生三年，然后免于父母之怀。夫三年之丧，天下之通丧也。予也，有三年之爱于其父母乎？”意思是：“宰予的不仁呀！孩子生下三个年头，才能离开了父母的怀抱。那三年的丧期，是天下通行的丧期呀！宰予难道没有三年时间被父母爱过、抱在怀里吗？”

这里是孔子等宰予走后对其他弟子说的，也是实相的描述。无论是谁，都有三年之爱于父母，宰予也不例外。三年之丧，是天下通丧，是好事呀！

自作一偈：

三年又不为，

礼坏乐也崩。

通丧致敬和，
礼乐自然存。
期丧既可已，
食稻又衣锦。
汝安则为之，
亦非予之意。

【二二】子曰：“饱食终日，无所用心，难矣哉！不有博弈者乎？为之犹贤乎已。”

孔子说：“饱食终日，无所用心，难矣哉！”意思是说：“吃饱了饭，一天到晚没有地方可以用心，像这样的人要开启智慧，迈向高等心灵品质，真的是难呀！”这里的深意，孔子是描述一类实际存在的人。

这样的人在今天真的很多，“饱食终日，无所用心”。早上去酒楼喝早茶，边吃早点边聊八卦新闻，一聊到中午，就又加一两个菜，把中午饭也吃了，吃完了没事就凑几个人一起打麻将，小赌一下，美其名曰小赌可以怡情。时间很快就到了晚上，又去找饭馆吃个晚饭，真的是“饱食终日”。

他们没有找到生命的意义，不知道“道”是什么？也还没有发现每个人都与孔子、老子、佛陀一样有一颗圣人的心，不知道也不明白自己有无尽宝藏，有无限可能，所以无所用心。就无所事事、浑浑噩噩，得过且过。

这并不是说你是科学家、教授、专家、大师等就能找到生命核心，就能找到生命真正归依处。因为真理实相的存在与你的职业、地位、年龄、学历等无关，知道就知道，不知道就不知道。实相存在当下遍一切处，唯有心宁静下来，慧眼打开了，也才能够见到。

所以孔子又说：“不有博弈者乎？为之犹贤乎已。”博，六博，是局戏，六箸十二棋，今不得其实，不具体说明。弈即围棋。意思是说：“不是有六博和围棋的吗？做这事总比没有事好一些呀。”其实六博、围棋都是有助于收摄六根，也是方便法，让人心静下，少作恶。去恶少恶便是善，所以“为之犹贤”呀！

自作一偈：

饱食终日心无用，

若要启智高心灵。

唯有心静慧眼开，

博弈犹贤浑浑然。

【二三】子路曰：“君子尚勇乎？”子曰：“君子义以为上。君子有勇而无义为乱，小人有勇而无义为盗。”

子路说：“君子尚勇乎？”尚，崇尚，以什么为上。意思是说：“君子以勇为上吗？”子路以勇著称，他是用自己的长处、优点来问孔子，这问题本身就藏有子路想要的答案。是不是这样，可以静下心来，反观自己在问问题动机中那细微的心理，这比答案更重要、更有意义呀！直截根源，来至源头，自净其意。若能如此，这就是颜回，而非子路。

孔子深知子路不明他的用心，也未至颜回的心境，不能心心相印，还是要用言语、文字去描述。他说：“君子义以为上。君子有勇而无义为乱，小人有勇而无义为盗。”义者，宜也。就是合乎中道，合乎本心，所作所为是无欲无求又利他。

这句的意思是：“君子是以合乎本心合乎中道、自利利他为上。君子若只有勇而没有合乎本心合乎中道，其实就越做越乱。小人若只有勇而没有合乎中道合乎本心，自私自利，就只做对自己有利的事，这与强盗没有两样呀。”

这里的深意，勇是一个人的良好品质，它是由道心、本心流露出来的功用。所做的事由道心、本心流露出来，就用义来描述。正如一个人有眼睛或者有了前行的方向。若是没有方向或冲错方向，或是没有眼睛看不清方向，不就是愚昧的人吗？像这样的人越勤奋越努力越乱，伤害越大，君子也就不会为乱呀！小人也就不会为盗呀！

实相是天道未必酬勤呀！唯有打开了智慧眼，见到了天道，也知道“道”是什么的人，他的努力自然合宜即有义，也就能步步扣住生命核心，从而进一步去体道、悟道、行道，渐渐与道合一呀！

自作一偈：

君子小人皆有勇，
无义如同人无眼。
为乱为盗不出奇，
未见天道未酬勤。

【二四】子贡曰：“君子亦有恶乎？”子曰：“有恶。恶称人之恶者。恶居下流而讪上者。恶勇而无礼者。恶果敢而窒者。”曰：“赐也，亦有恶乎？”“恶徼以为知者。恶不孙以为勇者。恶讦以为直者。”

子贡说：“君子亦有恶乎？”意思是说：“君子也有厌恶吗？”孔子说：“有恶。恶称人之恶者。恶居下流而讪上者。恶勇而无礼者，恶果敢而窒者。”下流，在下位或是心灵品质低的人。上者，在上位或是心灵品质高的人。讪，诽谤。窒，阻塞，顽固不化。

意思是说：“君子是有所厌恶的。厌恶喜好称说别人缺点、不足之处的人；厌恶自己心灵品质还很低却谤毁高等心灵品质的人；厌恶勇而无礼即无敬畏之心的人；厌恶果断敢干却不能灵活变通即心灵窒塞不通的人。”

这里的深意，绝大多数的解读是君子对人有厌恶，这样的解读也不错，但是有这样的错觉，好像与自己无关。更深层的解读是，君子自己内心是有所厌恶的。当一个人看到自己的不足、缺点生起厌恶不喜欢，自然是想出离、改变、转化，也就会逐渐恢复转烦恼为菩提的能力，自净其意，净化心灵。

还有是能看到自己也有不足、缺点，也有所恶的地方，照见到自己脸不比别人白，也是有黑点，自然就能包容他人，生起仁爱之心、慈悲心，全然接受，善待他人的不足、缺点。也就是“行之不得，反求诸己”。

这里君子有四恶，每一恶都可以用它来反观自己，在自己心上下功夫，直截根源，自净其意。心净佛土净，净土在当下，遍一切处，不在他方。而向外去看，朝向他人、他方世界，就是在枝枝叶叶上摘叶寻枝，有让你厌恶不完的人，今天走了一个，明天又来。就像野草一样，“野火烧不尽，春风吹又生”，无穷无尽，让你活在厌恶中，永无宁日。

孔子知道子贡问这问题，他的心中一定是有恶的。所以孔子问子贡说：“赐也，亦有恶乎？”意思是说：“赐呀！你也有所厌恶吗？”子贡向孔子道明：“恶徼以为知者。恶不孙以为勇者。恶讦以为直者。”徼，抄袭。知通智。孙，逊让。讦，攻击，揭发别人。

意思是说：“厌恶抄袭他人所诉说而自己没有亲证，还自以为聪明的人；厌恶不懂逊让顺从而作乱，还自以为很勇敢的人；厌恶揭发他人短处还自以为是正直的人。”

此章的深意，不论是孔子所描述的君子四恶，还是子贡所描述的三恶，一定都是当时的实相描述，是真实存在的。向外去看而看到恶，真的不是最重要的。“古之学者为己”，最重要的是看自己有没有君子四恶和子贡所说的三恶，有则改之，无则勉之。净化心灵，提升心灵品质，迈向高等心灵品质。这是修行的核心、根本呀！

自作一偈：

赐有三恶君子四，
所恶即是修正处。
无善无恶心清净，
净土天堂自现前。

【二五】子曰：“唯女子与小人为难养也。近之则不孙，远之则怨。”

孔子说：“唯女子与小人为难养也。”唯，不是唯独、只有，而是加强语气之助辞，可以不译。女子，指家中的妾侍。小人，仆人。养，教也。意思是：“家中的妾侍和仆人是难教育的呀！”这章深意是，在古代男女授受不亲，孔门弟子，七十二贤也好，三千弟子也好，都是男生，女生无有一人。若有倒成怪事。所以这女子只能是家中妾侍，并非指全天下的女性。

孔子是中国第一位办私学的，他虽是有教无类，但都是以“志于道，据于德，依于仁，游于艺”这总纲贯穿于教育当中，所以女子、小人的教育普及还办不到。女子、小人的教育只能依赖于大家族的族长、家长的教育，这才有了孔子看到这实际存在的现象，也就是“唯女子与小人为难养也”。很多人责难孔子歧视，他只是描述社会真实存在的实相，只是如实的描述，并无歧视。

孔子不但描述出真实的问题，还指出问题的关键点，他说：“近之则不孙，远之则怨。”近，亲近。孙通逊，恭逊。远，疏远。怨，埋怨。意思是说：“你若和他们亲近一些，他们便不知有逊让、恭逊，很随便。你若和他们疏远了，他们就会埋怨你，怨恨你呀！”

这里孔子只是将实相描述出来，让弟子们回到活生生的现实生活中亲证，女子与小人是不是真的“难养也”？如何做到“近之孙，远之不怨”呢？这也是中道的践行呀！处处无不是中道。

自作一偈：

女子小人为难养，
近之不逊远之怨。
实无歧义如实说，
依文解字责夫子。
此处亦可行中道，
不懂夫子之仁心。

【二六】子曰：“年四十而见恶焉，其终也已。”

孔子说：“年四十而见恶焉，其终也已。”见恶，见可解为被，表示被动词。恶（wù），厌恶。“见恶”就是被人所厌恶。这种解读占绝大多数。还有一种解读，恶（è），“见恶”便是尚不能去恶从善。也就是还不能“诸恶莫作，众善奉行，自净其意”。此章的意思：“古人到了年四十，还不能去恶从善，而在作恶，那人这辈子也就一眼望穿了，看到头了。”

此章的深意，古人寿命短，年四十黄土快到脖子上。孔子也曾云：“四十、五十而无闻焉，斯亦不足畏也已!”是与此章暗合，也就是当一个人到了四十岁以上还不能体道、悟道、行道、与道合一，顺天道而为之，便是“其终也已”或是“不足畏也已”。这与你的财富、地位、学历、名望、权力等无关呀！

譬如佛陀在二十九岁时放弃了太子位置，放弃了荣华富贵，奢靡的生活，选择去苦行。他在三十五岁时大彻大悟，生命全然绽放。但他却是世界上物质财富几近零的人，无所有却拥有无限。还有富可敌国兼外交部长的子贡，是当时国际风云人物，他为了闻道，也进入孔子的私学。

其实，唯有顺天道而为之，所作所为从本心流露，由良知发出，行走在中道上，才能不为恶。但有恶也不要灰心，这并不可怕，关键是能改，能转恶为善，能转烦恼为菩提，去恶即是善，恶即过即淫，也就是过度了。

人的最基本生活需求是合理的，也是合乎自然的、合乎中道的呀！超过基本需求为贪欲而活。若不能顺天之道而为就是背道而驰也就是恶呀！这里无主语，是指普遍性，绝大多数人都存在。

自作一偈：

黄土脖子上，
作恶无善行。
终即丧本心，
与外等无关。

微子篇第十八

（凡十一章）

【〇一】微子去之，箕子为之奴，比干谏而死。孔子曰："殷有三仁焉。"

"微子去之，箕子为之奴，比干谏而死。"微、箕，两国名。子，爵也。微子，纣王庶兄，是商纣王的哥哥，他们是亲兄弟。箕子、比干，纣王诸父也。诸父是伯叔的通称。箕子是商纣王的叔叔，因直谏纣王而不听，佯狂而被囚为奴。比干也是商纣王的叔叔，对商纣王忠心耿耿，谏之尤力。纣王对此不满，就对比干说，相传圣贤的心里都有七窍，他要剖开比干的心看看到底有没有。于是比干被纣王剖心而死。

意思是说："微子见纣无道，避而离去；箕子佯狂被囚为奴隶；比干直谏尤力被剖心而死。"这三位都是历史真实存在的人，也是真实发生的事，这里是史实的描述，可以去求真求证，看经典所指的是不是实相，这是很重要的，以免见指不见月。

孔子是亲自求真求证过，深知三人都是为了国泰民安，为了天下利益，他们所流露出来的做法虽有不同，但内在真诚真心、仁爱之心是相同的，自然同为仁人。所以孔子说："殷有三仁焉。"意思是说："殷在那时，有三位仁人了。"孔子感叹异世者即殷朝却有人真正知道了仁，而与他同时代的人却不知道仁呀！在孔子的心目中，"仁"字何等清楚，明明白白，他是真正清楚知道什么是"仁"的人，堪称是"千古一眼"。哪里像子路、子张、子贡、武伯等，如隔墙猜谜，不知何谓仁呀！所以唯有孔子才知道微子、箕子、比干三人所为是为仁呀！

自作一偈：

殷有三仁者，
唯有夫子知。
不识何谓仁，
隔墙在猜谜。

【〇二】柳下惠为士师，三黜。人曰：“子未可去乎？”曰：“直道而事人，焉往而不三黜？枉道而事人，何必去父母之邦？”

柳下惠为士师，三黜。士师，典狱之官，也就是掌管刑法的官。三黜，多次被罢免官。意思是说：“柳下惠当鲁国的狱官，无罪却被多次黜退。”有人觉得奇怪，问柳下惠说：“子未可去乎？”意思是说：“先生为何还不往他国去呢？”

柳下惠回答说：“直道而事人，焉往而不三黜？枉道而事人，何必去父母之邦？”直道，是指所作所为直截从本心、良心、道心流露，是真诚真心，不为个人得失。枉道，是指所作所为违背本心、良心、道之心，考虑个人得失，不能从本心、良心流露。意思是说：“我以直道事人，去到哪里都将会被多次黜退。而我若是枉道事人，又何必一定要离开生我养我的国家呢？”

此章的深意，柳下惠直道事人而不枉，三黜而不去父母之邦。他事人是从本心、良心流露出来的，他是个识得清净本心的人，才能守得住那颗清净本心呀！

正如方外史曰：“唯见得真，故守得定。”这才是真正的禅定，如如不动，不为外在的名利得失所缚所役，清清净净，就是《金刚经》有云“无所住而生其心”。在尘不染尘，做自己生命的主人，柳下惠是也。难怪孔子称柳下惠之贤呀！

自作一偈：

直道是本色，
焉往不三黜？
以枉而事人，
不必至他邦。

【〇三】齐景公待孔子，曰：“若季氏，则吾不能。以季、孟之间待之。”曰：“吾老矣，不能用也。”孔子行。

“齐景公待孔子。”意思是说：“齐景公待遇孔子。”也就是景公在商量安置孔子。景公说：“若季氏，则吾不能。以季、孟之间待之。”鲁国三卿，季孙氏为上卿位最贵，相同于齐国的田氏。齐景公说自己不能像鲁君之待季氏一样待孔子，但也不会使其位卑若鲁之孟氏，所以他说自己只能以季、孟间待孔子。意思是说：“像鲁君待遇季氏一样，我就不能了。以在季孙氏、孟孙氏之间的礼节待孔子。”

但景公私下又说：“吾老矣，不能用也。”意思是说：“我已老了，不能用他了！”为什么景公这样说呢？时下景公为臣子所制，亦不能自主，景公虽然喜悦孔子之道，但终不能用他。所以推辞圣道难成，他称自己已年老，而不能用孔子，这是无奈之举。孔子志在行道，将自己生命发挥出来，利益众生，他是无欲无求，真诚真心，而不是谋求官位，荣华富贵。外在这些名闻利养都不是孔子所欲的。

道在齐国不能行，“孔子行”，也就是孔子离开齐国回鲁国。此章也是事实描述，是真实存在的，在《史记·孔子世家》里记载得很详细。大概是说，孔子年三十五，鲁昭公奔到齐不久，孔子也到了齐国，在齐国期间，景公两度问政于孔子，孔子答以“君君、臣臣、父父、子子”以及“政在节财”。景公大悦，将以尼溪田封给孔子，被晏婴阻止。后来，景公说出待孔子之礼。这就是《论语》此章所记的言辞，却成了经典。先有实相，或发生过的事实，才能用言语描述，最后成为经典。经典是地图，是工具，是指月手指。

自作一偈：

景公待孔子，
侍之季孟间。
吾老未能用，
此举是无奈。
此载即史实，
如此为经典。

值得世人醒，
手指不是月。

【〇四】齐人归女乐，季桓子受之，三日不朝，孔子行。

“齐人归女乐，季桓子受之，三日不朝，孔子行。”归，读馈，馈赠。意思是说：“齐人送来一批女乐队。季桓子接受了，三天不举行朝礼，孔子即知无法在鲁国行道，便辞官去鲁。”所以“孔子行”，也就是孔子离开鲁。

此章的大背景在《史记·孔子世家》有说，大意是鲁定公十四年，孔子年五十六，由大司寇行摄相事。孔子闻国政三月，商品不二价，路人不拾遗，鲁国大治。与鲁为邻的齐国，深恐鲁国重用孔子会给自己构成威胁，对自己不利，所以齐国采用犁锄所说之计，以女乐迷惑鲁君，破坏孔子之政。齐国选了八十名美女，能歌善舞，以及文马三十驷，致赠鲁君。女乐文马就陈列于鲁国城南高门外，季桓子引鲁君前往观看，终于接受。定公果然为女乐所迷，以致连续三天不理朝政。孔子与季氏出现不和。不久，鲁国郊祭，又不依礼将祭毕的膰肉分送大夫，因此“孔子行”，孔子便辞官离开鲁国前往卫国。孔子在卫居十月，受谗言之害，又离开卫国到了陈国。

孔子去鲁后开始了他十四年的周游列国。《论语·微子〇三、〇四》都有“孔子行”，是记孔子去齐、去鲁，足见孔子是能随顺因缘，可以行则行，可以止则止，所以他为时中之圣呀！

自作一偈：
行摄相事鲁大治，
邻国恐其有不利。
巧施财色君臣迷，
良政遭损夫子行。
所作所为为苍生，
随顺因缘时中圣。

【〇五】楚狂接舆歌而过孔子，曰：“凤兮凤兮！何德之衰？往者不可谏，来者犹可追。已而已而！今之从政者殆而！”孔子下，欲与之言，趋而辟之，不得与之言。

“楚狂接舆歌而过孔子。”接舆，楚国的贤人，佯狂避世，失其姓名。因他接孔子之车而歌，故称之曰接舆。他是一名隐士，犹晨门、荷蓧丈人、长沮、桀溺之例。意思是说：“楚国一狂人，接在孔子车后而歌，越过孔子车而前。”

他歌道：“凤兮凤兮！何德之衰？往者不可谏，来者犹可追。已而已而！今之从政者殆而！”往者，事已过去。来者，还没有发生的事。已，亡的意思。而，语助词。殆，危。意思是说：“凤啊！凤啊！为何你德如此般衰败呢？以往的事莫说了，将来的还可以改变呀！算了！算了！那些从事政治的人哪一个不是危殆之人呀，怎么可与他们共事！”

这里的深意，接舆算是孔子一个知己，他是一位能看清时下国际风云的人，也知道孔子之德，将孔子比作凤鸟。他是出于好心，在劝告孔子不要做无用的努力，大势已去，过去的事就算了，我就不想说了，但以后的事还可以改变，是可把握的。接舆并不认为孔子之德有如此般衰败呀，只是生不逢时。但孔子本人并不是这样认为的，这是孔子与绝大多数隐者的不同之处。

其实这里也是对孔子之德的肯定，何德之衰是外相，但孔子的内心是知足、丰盈、幸福、自在、快乐。接舆并没有完全读懂孔子。孔子静静地听他歌过，深感接舆有挺深的见地，算是知己吧！

于是“孔子下，欲与之言，趋而辟之，不得与之言”。意思是说：“孔子听他歌，下车来，想和他说话，那狂人急行避去，夫子不得与他交流。”这里是如实描述的事实，虽然狂人不与孔子言，但这并没有矮化孔子，而是更彰显孔子的伟大。孔子不为个人私利私欲委曲求全，而是为天下的利益，他心甘情愿，毫无怨言怨恨。孔子是知道自己在做什么，“常独行，常独步，达者同游涅槃路”，真的没有几人能真正读懂孔子。他并非是外人所说那样“明知不可为而为之”呀！而是他本来就应该这样做呀！

自作一偈：
接舆歌赞之，
夫子是凤鸟。
算是一知己，
不得与之言。
心中也无怨，
如此是本然。

【〇六】长沮、桀溺耦而耕，孔子过之，使子路问津焉。长沮曰："夫执舆者为谁？"子路曰："为孔丘。"曰："是鲁孔丘与？"曰："是也。"曰："是知津矣。"问于桀溺。桀溺曰："子为谁？"曰："为仲由。"曰："是鲁孔丘之徒与？"对曰："然。"曰："滔滔者，天下皆是也，而谁以易之？且而，与其从辟人之士也，岂若从辟世之士哉！"耰而不辍。子路行以告，夫子怃然曰："鸟兽不可与同群，吾非斯人之徒与而谁与？天下有道，丘不与易也。"

"长沮、桀溺耦而耕，孔子过之，使子路问津焉。"长沮、桀溺，隐者也，姓名不传。沮，沮洳。溺，淖溺。因为他们在水边，所以以之来命名。耜，广五寸，二耜为耦。津，济渡处。意思是说："长沮、桀溺两人并排在田中耕，孔子路过，让子路去问渡口在哪里。"长沮说："夫执舆者为谁？"执就是拿，执舆者就是赶车的人。意思是说："那执舆在车上的是谁呀？"子路说："为孔丘。"意思是说："是孔丘。"长沮说："是鲁孔丘与？"意思是说："是鲁国孔丘吗？"子路说："是也。"意思说："是的。"长沮说："是知津矣。"意思是说："那他是该知道渡口在哪里的呀！"

从子路与长沮的对话中，可见当时孔子盛名在外，人人都知孔子有学问，长沮其实是赞叹孔子无所不知。但孔子所知的与隐者所知的截然不同，孔子所知的是每个人都有良心、本心、道心，人人皆可以为尧舜，而隐者所知的只是一些名相、地理知识，是知识，不是智慧。而且每个人都长个嘴是用来吃饭、问路、问问题的。

子路没办法，只能无诤，就问于桀溺。桀溺说：“子为谁？”意思是说：“你是谁？”子路说：“为仲由。”意思是说：“是仲由。”桀溺说：“是鲁孔丘之徒与？”意思是说：“是那鲁国孔丘之徒仲由吗？”子路对答：“然。”就是“是的”。桀溺说：“滔滔者，天下皆是也，而谁以易之？且而，与其从辟人之士也，岂若从辟世之士哉！”滔滔，水流的样子。且，而且。而同尔，你。辟同避。意思是说：“你看那滔滔的流水，天下都是一样，谁能改变它呢？而且你与其跟从避人之士，还不如跟从避世之士呀！”

这里是桀溺告诉子路，世道像流水一般滔滔，终日不息，礼坏乐崩处处如是，可以说是“天下乌鸦一般黑”，天下皆如此，谁能改变它呢？

桀溺的一番剖析，既合乎逻辑，又是实相的描述，绝大多数人听了是会选择放弃的。但他还只是停留在主观的客观，不能如实描述，忽略了整个宇宙是无常流动变化，是无我的，不是你我能决定。孔子正因为明了这一真理实相，在他个人心中无有避人、避世之说，他只是做自己本该做的事。外人看似“明知不可为而为之”，事实非也。

桀溺“耰而不辍。”耰，平整土地，覆盖种子。辍，停止、中止。意思是：“一边说，一边不停地耙土。”

“子路行以告。”就是说，子路离开将这些话告诉孔子。夫子怃然地说：“鸟兽不可与同群，吾非斯人之徒与而谁与？天下有道，丘不与易也。”怃然，犹怅然，失意的样子。斯人之徒，指世上的人。就是说，孔子怅然停顿了一会，说：“鸟兽是不可与之同群的呀！我不和世上的人同群，又和谁同群呢？假若天下有道，我就不会来改变它。”

这里可看到孔子不是避人之士，人与人本应该生活在一起，而不是与鸟兽同群，物以类聚，孔子只是实相描述。只是人与人之间的关系出现严重危机，人心已严重染污，心灵品质低下，君不君，臣不臣，父不父，子不子。天下无道，洁身自好的隐士如长沮、桀溺在乱世归隐；而孔子菩萨心肠，木铎职分，一心以大道施济苍生，才周游列国，四海为家。有多少人能读懂孔子的仁心呢？

自作一偈：

子路问津二隐士，
答之即知其心境。
夫子独行又独步，
和光同尘不染尘。

【〇七】子路从而后，遇丈人，以杖荷蓧（diào）。子路问曰："子见夫子乎？"丈人曰："四体不勤，五谷不分，孰为夫子？"植其杖而芸。子路拱而立。止子路宿，杀鸡为黍而食之，见其二子焉。明日，子路行，以告。子曰："隐者也。"使子路反见之。至，则行矣。子路曰："不仕无义，长幼之节不可废也。君臣之义，如之何其废之？欲洁其身而乱大伦。君子之仕也，行其义也。道之不行，已知之矣。"

"子路从而后，遇丈人，以杖荷蓧。"蓧，竹器名。荷，挑担。意思是，子路跟从孔子走，落在后面了，遇见一老者用木杖挑着一竹器也在路上行走。子路问道："子见夫子乎？"意思是："您见到我们夫子了吗？"夫子在当时是一个泛指的概念，凡是做大夫的都叫夫子，不是特指孔子。孔子做过大夫所以弟子们都叫他夫子，且在弟子们心中，夫子就是孔子的专称。

而子路问夫子，丈人并不知道夫子是谁。丈人说："四体不勤，五谷不分，孰为夫子？"意思是说："我手足不停劳作，没有闲暇，五谷来不及耕种，哪里顾得上你的夫子是谁？"说完，丈人"植其杖而芸"。植，竖。芸，去田除草。意思是他走到田中，把杖插地，俯下身去除草。

"子路拱而立。"也就是子路拱着手立在一旁。丈人感受子路的诚敬，就"止子路宿"，也就是丈人不让子路前行，在他家里留宿过夜。丈人好客，"杀鸡为黍而食之"。食，拿东西给人吃。意思是，"丈人杀了一只鸡，做些黍饭请子路吃"。又"见其二子焉"，就是丈人叫两个儿子和子路见面。明日，就是第二天。"子路行，以告"，也就是子路先辞，他见到了孔子，就把昨天的事告诉了孔子。孔子说：“隐者也。”意思是说：“这是一位隐者呀！”“使子路反见之，”也就是命子路返回去见他。至，是子路到他家，发现“则行矣”，也就是“丈人已经出门了”。

子路说：“不仕无义，长幼之节不可废也。君臣之义，如之何其废之？欲洁其身而乱大伦。君子之仕也，行其义也。道之不行，已知之矣。”仕，替国家做事，发挥生命意义。义，宜也。合乎本心，顺天之道。读书人隐居不仕，便是废弃君臣之大伦，不合乎本心，不合乎道呀。大伦是指君臣言。

意思是说：“一个读书人，不出仕是不合乎道呀。长幼之节都不可废弃，君臣之义又如何可以废弃呢？若为了要洁身自好，把人世间的大伦乱了。君子出仕，也只是做合乎道的事罢了。至于大道不能行于天下，早已知这实相了。”

这里是子路所说的话，但不像是子路的平时风格、语气，好像是孔子教他这样说。好在丈人不在，不然就被丈人识破。能识破也无妨，正合孔子之意！

此章深意，孔子听了子路的描述，通过蛛丝马迹，如让其二子与子路见面等所作所为，发现了此丈人是不同于其他隐者，所以使子路告诉丈人话，也就是子路所说的这段话。孔子是站在五伦之义上，告诉丈人作为一名读书人，不能止于洁身自好，而需借助出仕发挥生命意义，利益天下苍生呀！

自作一偈：

拱而立于丈人旁，
留宿美食见二子。
辞行以告知隐者，
使由反见丈人行。
道之不行行其义，
君子之仕是合宜。
洁身自爱乱大伦，
不仕无义心难安。

【〇八】逸民：伯夷、叔齐、虞仲、夷逸、朱张、柳下惠、少连。子曰："不降其志，不辱其身，伯夷、叔齐与。"谓："柳下惠、少连，降志辱身矣。言中伦，行中虑，其斯而已矣。"谓："虞仲、夷逸，隐居放言，身中清，废中权。我则异于是，无可无不可。"

"逸民：伯夷、叔齐、虞仲、夷逸、朱张、柳下惠、少连。"逸，同"佚"，散失，遗佚于世。民，无位之称。逸民就是古代的隐士贤人。意思是说："古代隐士贤人有伯夷、叔齐、虞仲、夷逸、朱张、柳下惠、少连。"

孔子对这些逸民做了评点。他说："不降其志，不辱其身，伯夷、叔齐与。"意思是："守住不降低自己志向，保住自己洁白之身不受玷辱，这是伯夷、叔齐吧！"皇《疏》："夷齐隐居饿死是不降志也，不仕乱朝，是不辱身也，是心迹俱超逸也。"

孔子接着说："柳下惠、少连，降志辱身矣。言中伦，行中虑，其斯而已矣。"言，言语。中，合乎。伦，伦常大义。行，所作所为。虑，禅思，正思维。意思是："他们虽然降志辱身了，但言语合乎伦常大义，有分寸，所作所为经过正思维深观实相而流露出来。如此而已。"皇《疏》："此二人心逸而迹不逸也，并仕鲁朝。而柳下惠三黜，则是降志辱身也。虽降志辱身而言行必中于伦虑，故云其斯而已矣。"

孔子又点评了虞仲、夷逸。孔子说："虞仲、夷逸，隐居放言，身中清，废中权。"废，自废武功，放下自我，自然合乎权变。意思是："虞仲、夷逸，两人隐居起来，不出来做官，说话而不拘束，守住其身之清白不受玷辱。放弃自我，随顺当时因缘，都合乎权宜之计。"

孔子没有对朱张评点，朱张这个人肯定曾经出生过，而且比孔子早很多年，只是朱张行事在孔子时已失传了，所以他只论六贤，不及朱张。只存其姓名在逸民之列，盖其慎也，这是古代史官之风。

孔子对诸贤点评过又说："我则异于是，无可无不可。"意思是说："我就和他们不同，我是没有什么可以，没有什么不可以呀！"

这里的深意，孔子既可以是诸贤的各种生命境界，也可以不是，真的来到"随心所欲而不逾矩"，孟子所云："孔子可以仕则仕，可以止则止，可以久则久，可以速则速。”所作所为从纯净本心、良心流露出来，无我无私，真诚真心。随顺当下各种因缘，无常流动不断变化，或出或处，毫无执著，自然是无可无不可。这正是孔子所说“我则异于是”的真实义呀！

自作一偈：

论了六贤不论朱，
知其有可与不可。
夫子自论异于是，
随心所欲矩不逾。

【〇九】大师挚适齐，亚饭干适楚，三饭缭适蔡，四饭缺适秦，鼓方叔入于河，播鼗武入于汉，少师阳、击磬襄入于海。

“大师挚适齐，亚饭干适楚，三饭缭适蔡，四饭缺适秦。”大音泰，大师，鲁乐官之长。挚，是他名。亚，次义。干、缭、缺就是名而已。适，到。意思是：“太师挚去了齐国，亚饭干去了楚国，三饭缭去了蔡国，四饭缺去了秦国。”

也就是《白虎通·礼乐篇》说，天子一日四餐，诸侯一日三餐，用餐时须以音乐劝食，每餐各有奏乐的人。亚饭干就是第二餐的奏乐人。三饭、四饭以此类推。此处有四饭乐人，则知鲁君也是一日四餐，鲁为周公之后，得备天子之礼乐，亦得备四饭乐官。

“鼓方叔入于河，播鼗武入于汉，少师阳、击磬襄入于海。”鼓，击鼓者，名方叔。播，摇。鼗，小鼓。少师，乐官之佐。阳、襄，二人名。襄是孔子所从学琴者。意思是说：“击鼓的人方叔入了黄河，摇小鼓的人武入了汉水，少师阳、击磬襄，他们入了海。”

此章所描述是实相，鲁哀公时，礼坏乐崩，乐人皆离去，逾河蹈海，乐官四散。这就是时下孔子所处的大背景，也是实相呀！

孔子的理想是恢复周朝的礼乐制度，以乐来教化民众，实相却是混乱衰微，乐官各自散去，有些凄凉。即便是如此，孔子并无放弃，外人看到是不可为，而孔子却以木铎之职分在为，这正是常人所不理解的。难怪有人说，世上无仲尼，万古如长夜呀！

自作一偈：

礼崩乐坏时，
乐官各离去。
人曰不可为，
夫子无放弃。
难怪有人曰，
是句真实语。
世上无仲尼，
万古如长夜。

【一〇】周公谓鲁公曰："君子不施其亲，不使大臣怨乎不以。故旧无大故，则不弃也。无求备于一人。"

周公教鲁公说："君子不施其亲，不使大臣怨乎不以。"鲁公，周公儿子伯禽。他受封到了鲁国，而周公告诫之，鲁人传颂，久而不忘。也许孔子也曾和弟子们言之，所以《论语》编辑者记之。施，是读为弛，弃忘。以，用。不以，不用。意思是说："君子不要疏远自己亲属，不要使大臣有怨而不被所用。"

这里的深意，君子就是大人，也就是不器之人，心量广大，也就是《大学》有云"格物、致知、诚意、正心、修身"之人，也是内圣之人。这里的"不施其亲"即家齐，也就是与自己最亲近的家人不和谐而疏远，则治国难矣。而这里的"齐"不是为了齐而齐，而是不齐而齐，包容所有亲属不同的才能、性格、个性等。这样的家族就如大自然一样，也正合《庄子·齐物篇》的深意，充满着生命力、神韵。

这里的"不使大臣怨乎不以"是暗藏着国治的深意，若是能让大臣无怨，或是不怨大臣，使臣能被所用。上下一团和气，为了共同目标发挥生命意义，利益天下，何愁天下不平呢？

周公又说：“故旧无大故，则不弃也。无求备于一人。”故旧，老朋友。大故，恶逆等重大罪过。意思是说：“老朋友若没有重大罪过，不要摒弃他。不要对一个人求全责备。”

这里的深意，只要没有重大的过错，就要珍惜每个缘分，善待每一位故旧。能够茫茫人海之中相遇，是何等因缘，何等殊胜呀！感恩所有老朋友相互协助、支持与陪伴。除非有重大罪过，不得已离去。只要每个人真的对老朋友真诚真心，而不是以利相交，就足矣呀！

其实每个人都有自己的过失、不足，有善的一面，也有恶的一面。正如太极图黑白两仪，既是要看到自己白，也要看到自己黑，而且白、黑是不断无常流动变化。唯有看到自己是如此，他人亦是如此，自然就不会“求备于一人呀！”

自作一偈：

此乃周公谓鲁公，
鲁人传颂久不忘。
不齐而齐真家齐，
上下和气自无怨。
唯有自知无求备，
真诚真心惜故旧。

【一一】周有八士：伯达、伯适、仲突、仲忽、叔夜、叔夏、季随、季騧。

“周有八士。”就是说周代有八个读书人，分别是：“伯达、伯适、仲突、仲忽、叔夜、叔夏、季随、季騧。”这八士，其名两两相随，实是双生呀！这八人以伯、仲、叔、季排行命名，集于一家，产于一母，每次生二子，四次八子。他们后来都成为贤士，辅佐武王治天下，政通人和，天下和美，天下不用刑罚十年。也就是十年之内，天下没有人犯法，这不是和谐社会又是什么呢？

编者附之于此，思周成王之盛世，天下的贤人被任用。这里是言古伤今，哀叹当世贤人不能被起用而隐去，所以天下如此衰乱。君不君，臣不臣，父不父，子不子。贤人因无圣主明君，纷纷隐去，这是从侧面去描述时下的实相，天下无道呀！

这里有深意，看似只描述周有八士，又将八士的名字罗列出来，是不是觉得没有什么呢？不论是周初文武时期，还是周成王时期，都是孔子所向往的礼运大同世界。为什么时下是如此衰乱呢？这是从大同世界堕落为春秋时期的现状。太阳还是那个太阳，空气还是那么清新，大地还是那大地，流水也是如此纯净，人与人之间的关系却尔虞我诈，人民生活在水深火热之中。

为什么会是如此的状况呢？唯有人心不知足不安分呀，才将如此清净的世界搅得如此浑浊，真的是背道而驰了。解铃还须系铃人，万物之灵的人类心被束缚了、不清净了，还须用清净本心才能解开，天下才能恢复宁静祥和呀！孔子，老子，佛陀等圣贤就是这样的角色，也就是天人师呀！

自作一偈：

周有八士集一家，
天下和美用贤士。
言古伤今叹当世，
无有明君贤人隐。
污浊恶世心不净，
解铃还须系铃人。

子张篇第十九

（凡二十五章）

【〇一】子张曰："士见危致命，见得思义，祭思敬，丧思哀，其可已矣。"

子张说："士见危致命，见得思义，祭思敬，丧思哀，其可已矣。"致命，就是孔子所说的授命，在《论语·宪问·一三》子路问成人，孔子答语中有"见危授命"一语。这里的"思"就是《大学》的"止、定、静、安、虑"之全程，也就是禅思、静虑。也是佛法中的"止观"呀！

意思是说："一个士人见危难自然会接受承担这使命；见到有利益等可取得时，自然会思虑是否合乎道，合乎本心。合则可取，不合则是'富且贵于我如浮云'。在祭祀时须反观是否有诚敬，临丧时须反观能否见到内心的哀戚呀！那就算可以了！"

此章是子张之言，也是平日孔子所言。譬如"见危致命"就是出自《论语·宪问·一三》。"见得思义"也是出自于孔子，在《论语·季氏·一〇》孔子曰"君子有九思"，其中就有一语。"祭思敬"一语，也曾在《论语·八佾·一二》出现："祭如在，祭神如神在。""丧思哀"也是在《论语·八佾·〇四》中，孔子说："丧，与其易也宁戚。"

这些都是孔子殁后，子张述遗教以诱后学以及同门相互切磋，让孔子的言语发挥其作用，是为继往圣绝学呀！这里有一深意，子张个人心得分享的目的是告诉后学，要成为一个真正的士人可以从这四件事上去践行、体会。子张自己也是这样去做，当他真正将这四件事做出来，就明白什么是本心、良心，就自然会用纯净的本心做一切事情呀！

自作一偈：

偃述夫子之遗教，

此为继往圣绝学。

事事核心须静虑，

得其神髓则可矣。

【〇二】子张曰：“执德不弘，信道不笃，焉能为有？焉能为亡？”

子张说：“执德不弘，信道不笃，焉能为有？焉能为亡？”执德，守德，已找回本自具足的本心、良心。弘，扩大，宏大。信，自信。道，就是每个人的清净本心、道心。老子称之“道”，佛陀称之为“空”“法界”，基督教称之为“上帝”等，名相不同，所指实相相同。道是真实存在当下遍一切处。笃，笃实。亡，无。

此章的意思是：“守住清净本心不扩而充之，自己相信道就在当下遍一切处而不能笃定。这样，怎么好算他有得道呢？又怎么好算他没有得道呢？”

这章的深意，方外史曰，“弘”字、“笃”字用得妙，真是如此。一个所谓得道者即大德，若是“不弘”“不笃”，那怎么能知道他是“执德”“信道”呢？这里的“德”“道”其实就是真实存在的本心与空，在未显相时，是无形无相。唯有“弘”“笃”，也就是做出来，所作所为即三妙行从纯净本心、道心流露，自然而然就有大自然、道的特征、特性，无欲无求，无我无私。这就是得道即执德，自然就会利益天下众生，也就是能弘。

孔子云：“朝闻道，夕死可矣。”这就是信道又笃定、笃实。如果能这样去做出来，为有为无自然一目了然，而不是说出来、讲出来的。用生命去求道，以身殉道，不是叫你去死，而是以了悟生死大事为生命第一顺位，但绝大多数人是为财色名而死。若还没有达到这样的信心、信念，都只是头脑中的知见观念，还是不知道。

唯有真正去做出来，有就是有，无就是无，像大自然中的万物一样，春天百花开，自然而然流露出来。像这样的状态，为有为无无需言语。唯有空明觉活在当下，才能看得懂，看得清楚明白呀！

自作一偈：

人人皆能明明德，
浸泡道中海中鱼。
唯有知道不知道，
焉有不弘与不笃。

【〇三】子夏之门人问交于子张。子张曰："子夏云何？"对曰："子夏曰：'可者与之，其不可者拒之。'"子张曰："异乎吾所闻：'君子尊贤而容众，嘉善而矜不能。'我之大贤与，于人何所不容？我之不贤与，人将拒我，如之何其拒人也？"

"子夏之门人问交于子张。"问交，问交友之道。意思是，子夏的门人向子张请教交友之道。子张说："子夏云何？"也就是说，子张反过来问子夏的门人："你们先生子夏如何说呢？"那门人对道："子夏曰：'可者与之，其不可者拒之。'"意思是说："那门人复述子夏的话：'可以交的，与他为友，不可与为友的，应该拒绝不可与他交友。'"

这里的深意，子夏所说没有对错，而是子夏为什么会对门人这样说呢？这些门人涉世未深，也就是像父母教小孩子去辨别好人、坏人相同，以免受伤。对于子夏而言，他曾云："无友不如己者"，也就是无友不如自己呀！这并不是拒人呀！而是孔子所云："三人行，必有我师焉。"就是亦友亦师。所以这里没有对错，只是因缘不同，所处交友的阶段不同而已，这是有子夏的仁心在其中呀！

子张说："异乎吾所闻：'君子尊贤而容众，嘉善而矜不能。'我之大贤与，于人何所不容？我之不贤与，人将拒我，如之何其拒人也？"嘉，嘉许。矜，同情。意思是说："这和我所听闻的不同了：'一个君子，既尊敬贤者又容纳众人，既嘉许善者又同情不能的人。'我若是个大贤，对人又有什么不能容纳呢？我自己若是不贤，人家将拒绝我，还怎么拒绝别人呢？"这里是子张的宽容，也是论交友之道，并不是子张更高明，其实就是孔子的"泛爱众，而亲仁"之遗训。

此章的深意，两者都交友的方便法，并无高低之分，法门无有高下，门门平等。子夏之教门人，为初涉世者所须守。子张所言，则君子大贤之所要事。两者都是出自于孔子，均可取法，但也不免各有所偏弊，可以依据当下不同因缘，多加辨别学习、思齐呀！适合自己的实情，就是最好的呀！

自作一偈：

子张子夏无对错，
皆有仁心在其中。
法门门门是平等，
恰到好处即中道。

【〇四】子夏曰：“虽小道，必有可观者焉，致远恐泥，是以君子不为也。”

子夏说：“虽小道，必有可观者焉，致远恐泥，是以君子不为也。”小道，凡守持一艺一能而不通道者，都只是雕虫小技。如农、圃、医、卜、书、画等百家众技。而孔子“朝闻道，夕死可矣”的“道”，它就是《道德经》云“道生一，一生二，二生三，三生万物”的“道”，也就是基督教所称的“上帝”，佛教称之为“空”“法界”，六祖称之为“自性”。

在《六祖坛经》有偈曰：“何期自性，本自清净；何期自性，本不生灭；何期自性，本自具足；何期自性，本不动摇；何期自性，能生万法。”这里不论是“道”“空”“法界”，还是“上帝”“自性”，所指的都是真实存在的“虚空”，无边无际，无形无相，充满着生命力，能生妙有，也就是说它“玄之又玄，众妙之门”。这是万物生命的总源头，我们每个人、动物、植物、山河大地、日月星宿、银河系等一切现象都是由它创造出来。

道、虚空、大自然是最伟大的高科技，譬如人的舌头是柔软，牙齿是坚固的，结构又是那么的科学。还有前面长的两只眼睛，眉毛是横，鼻子是竖等，其实人体就是惊异的小宇宙，却是由大自然造出来的。还有牛、狗、猪、马等一切动物以及苹果树、兰花等植物，每一个生命都是伟大的存在，都是由道、大自然造出来，当看到了道、虚空、大自然神奇与奥妙，人类的一切造作都是小道，那所谓的高科技也只是雕虫小技，还有副作用。譬如核技术、转基因、克隆、化肥、农药、除草剂等都如此，对地球造成了严重破坏，人类聪明反被聪明误呀！泥，就是陷进去。

此章的意思是：“即便是小道，雕虫小技，一定也有可观的地方，但心量要广大高远，也要担心自己陷进去而不能自拔，只停留在摘叶寻枝上，所以君子不为呀！”这就是《后汉书·蔡邕传》邕上封事说：“夫书画辞赋，才之小者，匡国理政，未有其能焉。”所以一个人所谓的成功值得重新省思呀！

自作一偈：

小道虽必有可观，
为何君子不为也？
还须致远与恐泥，
不如直截其根源。

【〇五】子夏曰：“日知其所亡，月无忘其所能，可谓好学也已矣。”

子夏说：“日知其所亡，月无忘其所能，可谓好学也已矣。”亡同无。也已矣，语气词。此章的意思是：“每天能知道尚未闻知的，每月能不忘了所已能的，这可以说是好学吧！”

此章是子夏的心得分享，此便是子夏之学，非孔子之学，这是小人儒的阶段，而非君子儒。这里的“好学”还只是停留在摘叶寻枝上，《道德经》云“为学日益”的阶段，子夏进入了无涯学海。正如庄子云：“吾生也有涯，而知也无涯。以有涯随无涯，殆已！已而为知者，殆而已矣!”子夏还认为自己好学，从绝大多数人看来的确是好学，也很有计划，也合乎逻辑，我敢说百分之九十五以上的人认为读书为学应当如此，应当日益。

但是孔子的好学却是说：“不迁怒、不二过、颜回者好学也。”这正合《道德经》云：“为道日损，损之又损，以致无为，无为无不为。”这就是直截根源，自净其意，净化心灵，将贪嗔痴三毒转化为菩提，化腐朽为神奇，也正是宋儒朱熹所云“存天理，灭人欲”的深意呀！

当心灵净化了，心净一切净，所作所为从本心、良心、道心流露出来。自然就顺天理，自然而然就会做到一以贯之，无为无不为，无我无私，这才是孔子、颜回真正的好学呀！

像这样的“学”，才是《论语·学而·〇一》所云“学而时习之，不亦说乎”的“学”，它是整部《论语》的第一个字呀！也只有这样的“学”，才能从心灵的深处生起由衷的快乐，自然而然法喜充满。真不是“学海无涯苦作舟”，若是以苦作舟，方向一定是学错了，未中心源，要慎之又慎呀！

自作一偈：

子夏有涯随无涯，
若是以此为好学。
此生殆贻害无穷，
未能直截中心源。

【〇六】子夏曰：“博学而笃志，切问而近思，仁在其中矣。”

子夏说：“博学而笃志，切问而近思，仁在其中矣。”笃，笃定、坚定。切，与中医“望闻问切”的“切”相同，切中问题的关键核心。近思，何晏集解中的“近思者，思己所能及之事”，也就回到当下，做每个当下所能及的事，循是而进，自卑自近及远，若厌卑近而好高骛远，流于虚空，迄无依据。

此章的意思是：“一个人既能广博地学习，又能笃守其志，还能切中问题的核心，不会好高骛远，不会不切实际地空想，而能回到当下，用宁静的心灵深观当下实际存在的一切，仁心也就在其中呀！”

此章的深意，当一个人广博地学习即《道德经》云：“为学日益。”让他成为大学问家，成为博士，就是容易强化自我，变成为我是我能，还有我慢，就会背道而驰，迷失其读书的真正目的，而不能守其志。

而孔子要求弟子们“志于道”，也就是说既要广博地学习又要不断归零，也就是《道德经》云：“为道日损，损之又损，以致无为。”学习的核心是扣住自身的亲证，如人饮水冷暖自知，要切中自己实际存在的问题，知道问题关键。只有本人自己知道，这样才能根本上解决问题。“格物致知”离自身最近也是最切实际的问题，不能去切问、近思，又怎么能“意诚、心正、身修、家齐、国治、天下平”呢？

在《中庸》孔子有云：“力行近乎仁。”其实“博学、笃志、切问、近思”，就是真正的力行，力行本身这件事就是近乎仁，仁也自然就在其中矣。其实所做一切都是为己。学习的终极目的就是爱自己，做自己，放出自己耀眼的光芒，就能更好协助他人成长，不会以盲引盲，这也就是仁呀！

自作一偈：

博学笃志两不偏，
切问近思也中道。
所作所为爱自己，
仁在其中是自然。

【〇七】子夏曰：“百工居肆以成其事，君子学以致其道。”

子夏说：“百工居肆以成其事，君子学以致其道。”百工，各种技艺工人，不是普通工人，而是巧师，也就是具有制造器物技能的工人。如工艺美术大师、陶瓷大师、书法家、画家、斫琴师等。肆，是官府制造器物的场所，或市中陈列器物的地方，这里从前解。致，使之来到与道合一。

这里的“道”，就是孔子所云的“志于道，据于德，依于仁，游于艺”之“道”，也是孔子“朝闻道，夕死可矣”的“道”。它是万物生命的总源头，也就是《道德经》云：“道生一，一生二，二生三，三生万物。”它是每个人生命的归依处。知道了“道”是什么，“道”在哪里，也就知道了生从哪里来，死往何处去，也自然明白了孔子为什么会说：“朝闻道，夕死可矣。”

其实，生死一如，无来无去，无生也无死。每个人本身就是道的显相，现象的生生灭灭只是变化而已，由众多因缘和合而存在。实相真的每个人从未离开过道，如同大海中的鱼从出生就未离开过大海一样。若是真的知道了这实相，自然就会大安心大自在。这不是修行能修出来的，只是你知道不知道而已！

此章意思是：“百工长日居在肆中以成其器物，君子终身在学而时习中以求闻道、悟道、体道、行道、与道合一。”

此章的深意，百工实际是游于艺，若不知道自己还可以“志于道，据于德，依于仁”，这样的百工永远只停留在枝枝叶叶上，再大的大师也只是“小人儒”呀！是不是这样，大家可以到周遭找所谓的大师去求证，问问他们心安吗？自在吗？知足吗？

君子则不同，他是用生命去求道。求道是君子生命的第一顺位，自然是“志于道”，所作所为扣住这个生命的核心，这样他的生命能量就不会挫耗掉，也就是“学以致其道”。像这样的人，唯一的目的是爱自己，做他自己，放出自己耀眼的光芒。这样的生命哪有不绽放呢？这就是百工与君子的不同，百工只“成其事”，而君子不器，却“致其道”，无形无相，无为无不为。

自作一偈：

摘叶寻枝成其事，
直截根源致其道。
百工若是师君子，
君子百工无两般。

【〇八】子夏曰：“小人之过也必文。”

子夏说：“小人之过也必文。”文，掩饰。此章的意思：“小人有过失，必把它来掩饰。”此章的深意，有时候别人说你是小人时，就会生气，你会认为自己官位这么高，有几个博士学位，几亿甚至百亿、千亿身价等，怎么可能是小人呢？外相的官位、学历、财富与你是小人、君子是真无关呀！

孔子高徒颜回“一箪食，一瓢饮，在陋巷。人不堪其忧，回也不改其乐”。孔子本人“饭疏食饮水，曲肱而枕之，乐在其中矣。不义而富且贵，于我如浮云”。富可敌国的子贡，是外交家，又是鲁、卫两国的宰相，他对孔子是如此敬重，在夫子逝世后，还为他守陵六年。这些值得大家静下心去静思，子贡敬重的是孔子的肉身吗？还是孔子在生前闻道、悟道、体道、行道、与道合一呢？

为什么在这里说这么多呢？想告诉今人还有“文过”之念，便是小人了。有没有只有自己本人知道，静下心来随时反观就清清楚楚，有过真的不可怕，君子是全然接受，把它当作成长的资粮，自然就会做到“不二过”。深知文过亦是过，过上加过，将会酿成大错，故君子不为也。

君子是为己，就是爱自己，做自己生命的主人，放出自己耀眼的光芒。自然会自净其意，净化心灵，内心坦荡荡，无我无私。小人则不同，向心外去求，所求的是名闻利养，自然就怕得不到，得到怕失去，自然而然就会去掩饰，内心就长戚戚，文过是必然，但小人也可以通过学习而致君子呀！每个人的生命都是无限可能的。

自作一偈：

小人必文过，
文过过上过。
改过生智慧，
文过内非贤。

【〇九】子夏曰：“君子有三变。望之俨然，即之也温，听其言也厉。”

子夏说：“君子有三变。望之俨然，即之也温，听其言也厉。”俨然，庄严的样子。温，色之和。厉，严正。即，接近。此章的意思是：“君子给人的感觉会有三种变化。远处望他，见他是很庄严；接近了他觉得温文和蔼，如沐春风；到了身前听他说话，言辞是那么的严正。”

此章的深意，子夏描述他所见到君子给他的感觉。这里，并不是君子有三种变化，而是子夏从远望君子，接近了君子，又听君子说话，整个过程对君子的感觉有了不同的变化。其实君子所作所为都是从本心、良心流露，他是根据当下不同因缘自然呈现而已。

子夏远望他，他本来就是这样的庄严。不是说我是君子我要庄严，这已是有自我在作祟，已经不自然了。在日常生活中，绝大多数人认为我是学国学的，我是学佛的，我要有学国学的样子，也装出学佛的样子等，这些当然还算不错，但这已经不是自然流露。“即之也温，听其言也厉”这两种也是自然流露出来，本来就应该如此，看似有变，只是随顺因缘，但内心实不变，都是清清净净，真诚真心。

这只是通过子夏的深观，就是在描述孔子的生命气象。敬以真心，义以方外，仁德浑然，一副庄严永之存，接近温和仁之着，言辞清正义之发呀！

自作一偈：

外相有三变，

不变是本心。

自然在流露，

夫子是如此。

【一〇】子夏曰：“君子信而后劳其民。未信，则以为厉己也。信而后谏。未信，则以为谤己也。”

子夏说：“君子信而后劳其民。未信，则以为厉己也。”信，人信之，取得百姓信任。厉，虐待。意思是说：“君子先要取得百姓的信赖，然后才来让百姓一起协助做事。若未取得百姓信赖，则百姓以为是有意作害于他们了。”

这里让我想起自己从惯行农法茶园转为自然农法茶园的事，茶园从二零一四年秋至今均是无使用化肥农药，无使用除草剂，当然也不使用任何有机肥、酵素等。刚开始家人及周遭的茶农都说不可能，只有疯子傻了才干这样的事，也不支持。而我自己心里十分明白一定要做出来，也准备好损失由自己负责。我也只能无诤并默默去做，先让茶树为我代言，终有一天，我为茶代言。

二零一五年十月的秋茶，有两个茶区损失惨重，其中一个茶区的产量损失了百分之九十，但整体产量还有过半，茶园的土壤自己也在净化，土质有很大改观，比我原来的想象好多了。

二零一六年三月十二日植树节，我与茶道院同仁在茶园种了近千株树苗，有桂花、红豆杉、竹柏等，还会在一些茶山加上亭子。整体规划有种茶人书院、茶道院、户内外道法自然静心营、住宿、自然农法茶园及实地学习基地等，规划已在公众微信平台发布，现在逐渐完善中。很多人也知道我在做什么，越来越多人来协助我。

只有以实际行动去赢得茶农、家人信赖与支持，也只有做好我自己，放出自己耀眼的光芒，才能赢得他人协助呀。若是我自己没有做好，不仅不能赢得他人信赖，还会怨我有意作害于他们，如此一来，事倍功半呀！

子夏还说：“信而后谏。未信，则以为谤己也。”意思是说：“君子若在臣之位时，先要取得君王的信赖，然后才谏君。如果未取得信任，君主就会以为你在毁谤他。”

此章是描述君子要劳其民、谏其君的前提是考虑怎样去做好自己，能不能去承担？哪怕是再大的委屈、损失，都要自己去承担。要积极地去把事情做出来，毫无怨言，默默地去付出，最后若是赢得百姓、君主的信赖，将会是无事不办呀！

自作一偈：

自信是从爱己生，
未信事半功倍难。
做好自己即为己，
此生只为放光芒。

【一一】子夏曰：“大德不逾闲，小德出入可也。”

子夏说：“大德不逾闲，小德出入可也。”子夏说的这两句话据《韩诗外传》《晏子春秋·内篇杂上》以及《荀子·王制篇》所记，这两句话是古语。《荀子·王制篇》所云的是大节小节，所以大德小德，犹云大节小节。闲，门栏。不踰闲，不超越门栏。即随心所欲不逾矩。此章的意思是：“人的德行，在大处可以随心所欲不逾矩，在小处上有一些出入是可以的。”

此章的深意与《永嘉禅师证道歌》所云“大象不游于兔径，大悟不拘于小节”是相同的。这里其实是告诉方向比努力更重要呀！我常跟人分享，只要方向错，或者不知道方向，越努力越精细越勤奋，不仅是背道而驰，而且是离道越来越远呀！所以天道未必酬勤是实相的描述，唯有“悟后起修方真修”。

当知道“道”是什么？道在哪里？了解了道与我们的生命息息相关，所作所为就会扣住生命核心，也就不会浪费生命能量做无用功，全力以赴做自己爱自己，让自己生命全然绽放，放出耀眼的光芒。也自然就会减少攀缘，逐渐放下万缘，收摄六根，内心清清净净，自然而然就会不拘小节，也就是“小德出入可也。”

《孟子》云：“言不必信，行不必果，唯义所在。”所作所为从本心、道心自然流露，逆行顺行天莫测，不是为了让人能识出，真的来到随心所欲不逾矩之境。

自作一偈：

大处不逾矩，
小节无拘泥。
一切唯义在，
生命放光彩。

【一二】子游曰："子夏之门人小子，当洒扫应对进退则可矣。抑末也。本之则无，如之何？"子夏闻之，曰："噫！言游过矣！君子之道，孰先传焉？孰后倦焉？譬诸草木，区以别矣。君子之道，焉可诬也？有始有卒者，其惟圣人乎？"

子游说："子夏之门人小子，当洒扫应对进退则可矣。抑末也。本之则无，如之何？"洒扫，以水挥地及墙阶，令尘不扬然后扫之，日常生活中常做的事。应对，应是唯诺，对必有辞。进退，凡抠衣趋隅，与夫正立拱手，威仪容节，皆幼仪所当学习。抑，但是、不过，表示转折。

意思是说："子夏的门人小子，做些洒水扫地，应对宾客，趋走进退诸细事就可以了。可惜这些只不过是末节，若探究其根本处，就没有了。这如何是好呀？"

"子夏闻之。"也就是子夏听了这一番话。子夏说："噫！言游过矣！君子之道，孰先传焉？孰后倦焉？譬诸草木，区以别矣。君子之道，焉可诬也？有始有卒者，其惟圣人乎？"倦，"诲人不倦"的倦，是厌倦，也就是倦传其宜后者。区，分区、分类。诬，欺罔。言若不量其深浅，不问其生熟，一概以教，专以高远者语之，则是诬之。

意思是说："唉！子游错了。君子之道，哪些是先传授给人？哪些是放在后面，厌倦不教呢？就譬如田圃中草木，都是有分类区别。君子之道，怎么可以用欺罔来对人呢？至于有始有终的，浅深大小都学通的，大概只有圣人吧？"

此章的深意是，子游看到子夏不分长幼，使"当洒扫应对进退则可矣"，皆以此教，所以子游讥之，其实子游之讥是要子夏门人小子知本。子夏之辩，是要门人即末悟本。若认为这些是末，也就只能在末节上，若知其本，头头皆本。即便是洒扫、应对、进退也就是本，本末本一体。有始有终即是始终如一，就是将本末圆融一贯地传授弟子，不必循序渐进，恐怕只有圣人能做到的。若是真的知道所作所为的目的是为了什么？知道生命的核心是什么？真的能来到"行走坐卧、语默动静皆是禅。"那洒扫、应对、进退也是禅。

有一禅宗公案。开悟前，劈柴、挑水、煮饭。悟后，还是劈柴、挑水、煮饭。区别是悟前劈柴时想着挑水，挑水时想着做饭。悟后，劈柴时，心融入劈柴；挑水时，心融入挑水；煮饭时，心融入煮饭。当深知其中之心法，洒扫时洒扫；应对时应对；进退时进退，这也是礼乐的真正核心。

自作一偈：

道在当下遍一切，
洒扫应对进退是。
探本究末方便说，
无有本末本一体。

【一三】子夏曰："仕而优则学，学而优则仕。"

子夏说："仕而优则学，学而优则仕。"仕，做官从职。优，充足、闲暇，有余力。意思是说："仕者有闲暇，宜从学；学者有闲暇，宜从仕。"

此章的深意，仕与学，所事虽不同，所志却相同，这一点是肯定的。据我个人所深观的实相，学与仕本就是一体，是不二的。两者都是从本心、良心流露出来的，都是本心、良心的用，由本有的良知发出。

学的目的是为了开启本自具足的无尽宝藏，也是为了体道、悟道、行道、与道合一，也就是恢复自己本有的清净的本心、道心。仕也是本心之用，目的是为了服务社会，协助君主治理国家，利人利己，利益天下苍生，发挥生命意义。其实，仕时也是在学，学时也是为了更好地仕。学仕本是一体，其所用的心是相同的，都是由良知发出。

为什么两者之间用"优"字呢？其所指的实相是要慢下来，停止下来，心静下来，有闲暇，就能掌握《大学》的心法，即"知止而后定，定而后能静，静而后能安，安而后能虑，虑而后能得"。唯有如此，才能识得本心。

也就是《孟子》所云："学问之道无他，求其放心而已矣。"当本心找回了，恢复了清净无染的本心，也就是“明明德”，自然可以“亲民”“止于至善”。所以“优”对于学与仕是如此的重要呀！唯有真正做到“优”，才能真正地学，真正地仕。学与仕都是从清净本心流露出来，清清净净呀！

自作一偈：

优即心闲暇，
亦是本心复。
学仕是一体，
皆是从此出。

【一四】子游曰：“丧，致乎哀而止。”

子游说：“丧，致乎哀而止。”致，极、竭尽。哀，不同于恸，程度较轻，淡淡的悲伤。意思是说：“丧礼只要极尽到居丧者的哀情就够了。”此章是子游的心得分享，这里的深意是讲丧礼要发乎情，真诚真心，止乎礼，不尚文饰，哀而不伤。不要悲哀过度，然若过而至于毁身灭性，这是君子所戒。

邢昺《疏》说《孝经·丧亲章注》：“不食三日，哀毁过情，灭性而死，皆亏孝道。故圣人制礼施教，不令至于陨灭。”举行丧礼，参加丧礼的目的不仅仅是让人悲伤，凭吊死者，更重要的是让生者融入这肃穆的氛围之中，有助于收摄六根，回到当下来，体会死亡这“黑洞”的厉害。它能装下你所有一切，如财富、地位、名望、子女、爱情、房产等，你一样也带不走。在死亡的面前，人人平等，谁都要经历这一遭。

其实，死者就是最伟大的导师，以身示现，告诉你这一实相，来时一丝不挂，去时几缕青烟。当明了这个实相，会感恩死者的教导，在现实生活中，珍惜生命，自然就会活好每一个当下，清醒明觉活在当下，活出生命意义，让自己成为高等心灵品质的人，内心自在、安详、快乐。至于死亡，不是你我能决定的，交给伟大的大自然吧！

自作一偈：

哀而不伤止乎礼，
毁身灭性亏孝道。
体会黑洞真厉害，
人人平等谁能逃。
死者导师现身说，
知死后生自安详。

【一五】子游曰：“吾友张也，为难能也，然而未仁。”

子游说：“吾友张也，为难能也，然而未仁。”这里的“张”绝大多数的版本解读为子张，对此保留意见，很大可能不是子张。子张，名颛孙师，字子张。名在古代婴儿出生三个月后由父辈或德者所取。名同于自称，老师称弟子，长辈称少辈，上级称下级。而字是用在平辈，下对上、卑对尊的称呼，表示尊敬。

孔子在《论语·先进》中说：“柴也愚，参也鲁，师也辟，由也喭。”这里的“师”就是子张。还有《论语·先进》记载：“子贡问：‘师（子张）与商（子夏）也孰贤？’子曰：‘师也过，商也不及。’曰：‘然则师愈与？’子曰：‘过犹不及。’”这里两章都只称呼其名，而这里子游只呼“张”即不是名，也可能不是子张。再加上子游是孔门十哲，子张、子游都是孔门十二哲。子张是孔子座前比较出色的一人，被誉为儒家弟子忠信的楷模，哪里未仁呢？他又是“子张之儒”的创始人，“子张之儒”列儒家八派之首。

而子游是文学科著称，在德行科“仁”方面未必比子张好，还有子游子张之间就是同学关系。这里的“张”也许是子游另一位好朋友非子张。其实即便是子张也无妨，不影响此章核心，不要在枝叶上争辩，也无意义呀！

此章的意思是：“我的朋友张呀！他可算是人所难能的了，也就是说，吾友张才能很高，无人企及，但这样也未称得上是为仁呀！”此章的深意，子游在他朋友圈中有一位好友，不论是礼、乐、射、书、数、御、卜六艺等其他技能、技术、艺术，是他人难以企及的。但像在技艺上这么出色的人，还未称得为仁呀！所以为仁与一个人的学历、技艺、财富、地位、年龄等外在一切无关呀。子游只是想把这一实相告诉世人，让世人回到当下，回到自身上去找。仁是描述纯净本心之用的名相，也可以说是阳明先生亲证到每个人本自具足的良知！由本心、道心流露，无须外求呀！

自作一偈：

不论技艺高，

还未称为仁。

仁为本心用，

莫须向外求。

【一六】曾子曰："堂堂乎张也，难与并为仁矣。"

曾子说："堂堂乎张也，难与并为仁矣。"堂堂，高大开广的样子，就是仪表堂堂，容貌之盛。此章的意思是："张这个人是相貌堂堂，风流倜傥呀！但是要和他一起行于仁道，那是很难的呀！"

此章的深意，本章当与上章合参，上章"难能"与此章"堂堂"，是子游、曾子两人对张这个人的描述而已。此章曾子也是在描述一个实相，他发现了张这个人从外相看仪表堂堂、文质彬彬，看似仁者的形象，可是当你真正与他相处、一起共学时，并非如此，所以曾子才感叹说"难与并为仁矣"。

其实在当下的现实生活中，有好多人身穿僧袍、住在寺中，看似得道高僧，但是与之相处，却发现他内心比俗世人还动荡不安。像这样的人，自己内心还不能安，还不知道道是什么、自性是什么、空是什么，怎么能带领众生一起体道、悟道、行道、与道合一呢？

在《金刚经》中有云："世尊。如我解佛所说义。不应以三十二相观如来。尔时世尊而说偈言。若以色见我，以音声求我，是人行邪道，不能见如来。"这都是佛陀的叮咛呀！

此章也是曾子用实相告诫弟子们，不要以貌取人，不要因为一个人相貌堂堂、文质彬彬就以为他是仁者，而忽略此人的心灵品质。要真正读懂高等心灵品质的人，唯有你与他一样高，才能看出来。不然真正的佛陀、老子、颜回站在你的面前，你也会觉得他们没有什么呀！唯有你是高等心灵品质的人，才能吸引相同心灵品质的人。所以“古之学者为己”是说到了核心，为学的唯一目的是爱自己，做自己生命的主人，放出自己生命耀眼的光芒。自己的生命真的能绽放了，一切问题就都不是问题呀！

自作一偈：

虽是貌堂堂，
难与并为仁。
莫以相取人，
归零心自平。

【一七】曾子曰：“吾闻诸夫子：‘人未有自致者也，必也亲丧乎。’”

曾子说：“吾闻诸夫子：‘人未有自致者也，必也亲丧乎。’”致，尽其极。自致，就是自不能已，达至极点，也就是情不自禁。夫子是指孔子。此章的意思是说：“我听夫子说过：‘人没有能自然的尽情流露，达致极点。有一种情况一定自然会发生，就是遇到父母之丧吧！’”

此章的深意是，曾子在重述孔子曾经说过的话：“人未有自致者也，必也亲丧乎。”孔子说这句话时是实相描述，他自己是已经体验过，深知自致的感受，自然而然能尽其情。这种感觉“如人饮水，冷暖自知”。

孔子在三岁时他父亲叔梁纥去世，这时孔子情感流露还不能尽然，不是很懂事。在十七岁时母亲颜征在去世，这时孔子已成人，他自己亲自操办母亲的丧事，将母亲与父亲合葬一起。在这全程中自然看到与自己朝夕相处的母亲，却不能动，不能言语，被自己亲自埋葬入土里。无数美好的生活片段自然浮现，重温母亲无我无私无欲无求地为自己默默地付出，不计回报，能不感动吗？能不哀痛吗？

在世间有一种爱是最纯粹，又是清净无污染的，就是母爱。它是最接近天地父母的大爱，是真诚真心，当真正体会到了，母子之间的情感流动自然发生，能不致其极吗？这种爱本自天成的，自动自发，由纯净本心、道心流露出来，情不自禁。

自作一偈：

母爱最纯粹，
天成无染污。
若遇母亲丧，
焉有不自致？

【一八】曾子曰："吾闻诸夫子：'孟庄子之孝也，其他可能也，其不改父之臣与父之政，是难能也。'"

曾子说："吾闻诸夫子：'孟庄子之孝也，其他可能也，其不改父之臣与父之政，是难能也。'"孟庄子，鲁国大夫仲孙速。其父献子，名蔑，有贤德。此章的意思是说："我听夫子说过：'孟庄子的孝行，其他的事情是他人都可以做到的。只有一点，没有改换他父亲生前所用的旧臣及所行的旧政，这是很难得的呀！'"

此章的深意，在于孟庄子与他人不同的"难能"这一点上，也就是"其不改父之臣与父之政"。这里关键点是，孟庄子的父之臣与父之政，都是有助于家齐，国治，天下平，利益天下苍生，还必须孟庄子本人的心灵品质与父亲一样，才能看得懂"父之臣与父之政"呀！

《孝经》里云："大孝者，善继其志也。"也就说，孟庄子能继承父志，这就是大孝。孔子曾云："三年不改于父之道，可谓孝矣。"真正的孝是能继承父母亲身上的美德与大志。

若父无有大志，而子有大志，"其改父之臣与父之政"是可以的。如禹政鲧道，未闻儒者谓不孝呀！此种情况不改才是真正不孝呀！所以这里“改”与“不改”才是最妙最精彩的地方，就是孔子有“可与立，不可与权”之教呀！也就是“改”与“不改”全在于“权”上，这是活生生的中道智慧，这也就是孟庄子的真正不同其他人的地方，真是难能也。

自作一偈：

改与不改在于权，
父无大志子却有。
须改不改真不孝，
中道智慧是难能。

【一九】孟氏使阳肤为士师，问于曾子。曾子曰：“上失其道，民散久矣。如得其情，则哀矜而勿喜。”

“孟氏使阳肤为士师，问于曾子。”孟氏就是孟孙氏，鲁国的权臣。阳肤，曾子弟子。士师，就是典狱官，法官。这句的意思是：“孟氏让曾子的弟子阳肤当法官，阳肤来问曾子。”

曾子说：“上失其道，民散久矣。如得其情，则哀矜而勿喜。”失，丧失。这里的“道”，是所作所为从本心、道心良心流露，也就是顺天之道，国泰民安。民散，谓其情乖离叛上。哀，悲悯。矜，怜惜。意思是说：“在上位的人已丧失了良心、本心，背道而驰，百姓早也就离心离德了，你遇判狱能审出他们犯罪之实，就当悲悯他们，怜惜他们，莫要因能明察而沾沾自喜呀！”

此章的深意就在曾子这一番话，是出于一片仁心，最为可贵。他深观“民散”这实相的背后，是在上位者丧失其正道，所作所为从欲望、私欲生发，自私自利，社会混乱，百姓流离失所，无处安身，是不得已而犯法。谁不愿意安安心心过日子呢？谁愿意去作奸犯科呢？所以对这些犯罪的人，你应当悲悯他们，不要以为自己能明察而觉得自己了不起就沾沾自喜。这是曾子可贵的地方，只有至孝方能至善。曾子的话，可堪为万世士师即法官座右铭呀！

自作一偈：
上失其正道，
民众散已久。
士师得其情，
哀矜而勿喜。
此话仁心出，
万世士师铭。

【二〇】子贡曰："纣之不善，不如是之甚也。是以君子恶居下流，天下之恶皆归焉。"

子贡说："纣之不善，不如是之甚也。"纣，就是殷纣王。纣就是他的谥号。他是殷王帝乙之子，名三干，字受。暴虐无道，为周武王所伐而丧天下。甚，过分。意思是说："殷纣王的不善，并不像后世说的那么过分呀！"

这里是子贡在描述一事实，殷纣王果然恶，但是并非像人们所说那么坏，他是被人们说得这样坏，人言可畏。人们会把这一个人的恶行进行加工、修饰、夸张、添油加醋，不能如实地去描述，这时候殷纣王跳进黄河也洗不清。哑巴吃黄连，有苦说不出。子贡是大商人，又是外交家，深知人心的险恶、无知、愚昧，都是人云亦云，添油加醋，他知道这一实相。

子贡说："是以君子恶居下流，天下之恶皆归焉。"下流，有不善行为而处在人下。意思是说："所以君子不喜欢处在下流，一旦有不善自居下流，就像纣王一样，天下的恶名都归到他身上。"

这里子贡此语，旨在劝人，以纣为鉴戒，为善不为恶，也就是"诸恶莫作，众善奉行，自净其意"。还告诫人们知之为知之，要如实描述，不加入转播，人言可畏。谁能无过无恶呢？若是被人添油加醋，歪曲夸张事实，你会怎么样？让人回归理性，让这传播止于智者。

自作一偈：
若是居下流，

天下恶名归。
纣王果然恶，
并非世人说。
添油又加醋，
已是皆变味。
要人不去说，
除非己莫为。

【二一】子贡曰："君子之过也，如日月之食焉。过也，人皆见之。更也，人皆仰之。"

子贡说："君子之过也，如日月之食焉。过也，人皆见之。更也，人皆仰之。"日月之食，就是日食月食，食同蚀。日食是日光被月亮遮蔽的现象。月食是由地球遮蔽日光，让它不能反射到地球的现象。更，变更、更改。此章的意思是说："君子有过失，犹如日食月食般，他有过时，人人都看得见。他改过时，人人都仰望着他。"

此章的深意可与《论语·子张·〇八》合参，也就是子夏曰："小人之过也必文。"君子所作所为是从本心、良心、道心流露，无我无私，无欲无求呀！君子为学目的是爱自己，做自己生命的主人。不停地在体道、悟道、行道、与道合一，放出自己耀眼的光芒而已。

在这过程中，他有过与不及都是出于无心，也就自然不会加以文饰，故人人都可以见得到。关键是他也能够见到自己有过，又能"更也"，也就是改过来转过来，成为生命成长的资粮，让其生命全然绽放，大放异彩，人皆仰之，这是自然而然的事呀！

如日月之蚀，人皆仰之，盼其即复光明，并无损害其本有的尊贵。只是让人感受更加真实，更富有的生命意义，也是通过自身不断的成长，以身作则，用实相告诉人们，每人皆有无限可能，只是你想不想知道而已。

颜回就是这样的人。"颜回者，好学也，不迁怒，不二过。"小人则截然不同，有过必文饰，只是过上加过，以不实的言辞掩饰其过失，让这世界变得不真实呀！心转了，世界变了，心净佛土净，真实不虚呀！

自作一偈：

若是有过不遮掩，
犹如日月之食般。
人皆见之又能改，
由过转慧人仰之。

【二二】卫公孙朝问于子贡曰："仲尼焉学？"子贡曰："文武之道，未坠于地，在人。贤者识其大者，不贤者识其小者，莫不有文武之道焉。夫子焉不学？而亦何常师之有？"

"卫国的公孙朝问于子贡曰：'仲尼焉学？'"尼，是孔子卒后的谥。孔子卒，鲁哀公诔之，称之曰尼父。但尼本是孔子的字，古人也有即字为谥号之礼也。《论语》唯此及下四章称仲尼，都是孔子卒后，故称其谥。焉，于何，也就是从哪里。意思是说："仲尼那样的境界，从哪里学来的呀？"

子贡说："文武之道，未坠于地，在人。"文武之道，就是文王、武王之道。过去如此，现在如此，未来如此，必然如此，也是孔子所说"朝闻道，夕死可矣"的"道"呀！文王武王所遗留的礼乐文章所指的就是那一个"道"，它是活生生存在当下。《大学》云："大学之道，在明明德，在亲民，在止于至善。"

文王武王就是这三纲伟大的践行者，他们真正做到了"内圣外王"，也就是真正做到了"格物致知，诚意正心，身修家齐，国治天下平"。这难道不是"未坠于地，在人"吗？这是子贡所描述的一个实相，可见子贡见地之深，也知道了"道"是什么。意思是说："文王武王的大道，并未随之丧失，至今仍活生生存在每个人身上。"这也是孟子云："人皆可以为尧舜。"《传习录》云："满街皆是圣人！"

子贡接着说："贤者识其大者，不贤者识其小者，莫不有文武之道焉。夫子焉不学？而亦何常师之有？”贤者，利根、上根器的人，也就是心灵品质相对高，内心的界线、条条框框、标准少的人。而不贤者则相反。识，认识、晓得。大者，根源，本也。小者，末也，枝枝叶叶。常师，是指固定的老师。

意思是：“上根的人晓得直截根源，下根之人只知道摘叶寻根，不论是上根还是下根之人，他们所晓得的或大者或小者，没有不是文武之道。我们的夫子，哪里不在学呢？而且又何尝非得有固定的老师呢？”这里也是子贡答复公孙朝的一番话，这不是孔子说的，是子贡描述孔子平日的学习。

当知道“道”是什么，“道也者，须臾不可离也，可离非道也。”所作所为所学没有不是扣住这生命核心，本末一也，头头是道，道遍一切处存在于当下，所以孔子自然是无常师。问礼老子，访乐长弘，问官郯子，学琴师襄。“三人行必有我师焉”，也就是其人苟有善言善行足取，皆为吾师。更重要是以大自然为师，向大自然学习思齐。子贡能说出此番惊人之语，足见他与孔子的心渐渐相印呀！

自作一偈：

道是须臾不可离，
贤者识大不贤小。
夫子闻道无常师，
头头是道焉不学？
赐出此番惊人语，
见与夫子心相印。

【二三】叔孙武叔语大夫于朝，曰：“子贡贤于仲尼。”子服景伯以告子贡。子贡曰：“譬之宫墙，赐之墙也及肩，窥见室家之好。夫子之墙数仞，不得其门而入，不见宗庙之美，百官之富。得其门者或寡矣。夫子之云，不亦宜乎？”

“叔孙武叔语大夫于朝。”叔孙武叔，鲁大夫，名州仇。这意思是：叔孙武叔在朝中告诉诸大夫。他说："子贡贤于仲尼。"意思是说："子贡比老师仲尼更贤呀！"子服景伯以告子贡。子服景伯是鲁国的大夫。意思是，子服景伯把武叔此语告诉子贡。

子贡说："譬之宫墙，赐之墙也及肩，窥见室家之好。"宫，房屋、住舍。宫墙，房屋周围的墙。意思是说："譬如人家的围墙吧！我的墙其高度只及人肩，人在墙外，便可窥见里面，室家之好。"

而夫子的墙有多高呢？像什么样的呢？子贡说："夫子之墙数仞，不得其门而入，不见宗庙之美，百官之富。得其门者或寡矣。"仞，七尺曰仞。美，言其光辉。富，言其充实。意思是说："我们夫子的墙高数仞，若不得其大门是进不去，那就看不到宗庙之美好，朝中百官的富足，能找到我们夫子的大门而入的人的确是太少了。"

子贡知道叔孙夫子未得其门而入，未见孔子之道，他说出这样的话，也是正常的呀！所以子贡说："夫子之云，不亦宜乎？"夫子，是指叔孙武叔。意思是说："叔孙武叔这么说，是很自然的，不要怪他呀。"

此章深意是子贡的这一番话，知道子贡是"得其门而入"的人，见到夫子有"宗庙之美，百官之富"，也就是知道了"道"是什么，也知道了"夫子之道"，也就是他的努力方向。他知道当下自己的境界，子贡自己说"赐之墙也及肩，窥见室家之好"。也就是子贡知道自己的境界会被与自己相当或更高的人一眼望穿，他只是普通人房屋的水平。而孔子的"宗庙之美，百官之富"这不是子贡的过誉，只是如实说而已。

子贡体会过夫子之心境，还不能很稳定，时有时无，在通往这至善之境的路上，这是"悟后起修方真修"。因为子贡得其门而入过，自然而然能知道"得其门者或寡矣"。当一个人体验过某事，就能知道谁有过体验，谁是没有此体验，真的是清清楚楚，亲证是如此重要，这是生命的本身，也是生命的核心呀！

自作一偈：

子贡深知仲尼贤，
墙高及肩一眼穿。
夫子数仞人面壁，
不能见其美与富。

若得其门而入明，
夫子之云是不宜。

【二四】叔孙武叔毁仲尼。子贡曰："无以为也。仲尼不可毁也。他人之贤者，丘陵也，犹可逾也。仲尼，日月也，无得而逾焉。人虽欲自绝，其何伤于日月乎？多见其不知量也。"

"叔孙武叔毁仲尼。"毁，毁谤。意思是，叔孙武叔谤毁仲尼，子贡说："无以为也，仲尼不可毁也。"意思是说："你不要做这样的事，是没有用的，仲尼是不可毁谤的。"

这里子贡又说了一句大实话。子贡是一位富可敌国的大商人、外交部长，还是鲁、卫两国的宰相，是当时国际风云人物，他为孔子守陵六年。还有孔门十哲、七十二贤、弟子三千，这么多的弟子是因为孔子有权、有势、有地位等外在一切吗？都不是，而是他找到了生命的归依处，知道生从哪里来，死往何处去，了悟生死大事，大安心、大自在呀！孔子周游列国，删述"六经"，都是利益天下苍生，发挥出生命意义而已！

这正是子贡所向往之，他知道仲尼的所作所为无人能企及，子贡为了让叔孙武叔更清楚，他说："他人之贤者，丘陵也，犹可逾也。仲尼，日月也，无得而逾焉。"丘为土高，陵为大阜。意思是说："他人之贤，高像丘陵般，别人还可以跨越过去。而孔子犹如虚空中的日月，哪个人能逾越日月呢？"

这里子贡如此描述，可见子贡是下了很深功夫，还未到像孔子一样的心灵品质，如日月般不觉其之高，但人又不可阶天而升。子贡是通过自己亲证到，如实描述无人能逾日月，孔子就是与道合一的人，与天地同寿，与日月同辉。

所以子贡很肯定说："人虽欲自绝，其何伤于日月乎？多见其不知量也。"见，表露。意思是："有人即使自己欲绝弃于日月，对日月又有何损害呢？只是表露他自己的不知高低，不自量力而已。"

此章的深意，子贡告诫叔孙武叔，毁仲尼其实等于自绝，但对于仲尼来讲并没有什么损伤，只是更显露了他自己的无知罢了！

自作一偈：

人贤犹丘陵，
可逾亦可毁。
仲尼日月也，
焉能毁能逾？
人欲毁仲尼，
自绝弃日月。
于日月何伤，
其不知量耳。

【二五】陈子禽谓子贡曰："子为恭也？仲尼岂贤于子乎？"子贡曰："君子一言以为知，一言以为不知，言不可不慎也。夫子之不可及也，犹天之不可阶而升也。夫子之得邦家者，所谓立之斯立，道之斯行，绥之斯来，动之斯和，其生也荣，其死也哀，如之何其可及也。"

陈子禽对子贡说："子为恭也？仲尼岂贤于子乎？"意思是说："你对仲尼只是表示恭敬吧？仲尼怎么能比你更贤呢？"子贡一听，就知道陈子禽不认识孔子，还只是停留在财富、官位、权力等外相。今天绝大多数人与陈子禽没有两样，从外在一切看，子贡是比仲尼成功太多了，像真实的佛陀、老子、孔子、颜回等这些大智慧者，能有几人能认识呢？

但子贡自己知道几斤几两，他尽自己本分引导子禽去认识孔子。子贡说："君子一言以为知，一言以为不知，言不可不慎也。"意思是："君子只听人一句话，就可以看出那人是知者，只听一句话，就能看出那人是不知者了，所以说话不可以不谨慎呀！"这里是子贡劝子禽说话要如实，不可妄言。

这是一句大实话，但做到太不容易。譬如你在王羲之、颜真卿面前点评他们的书法，你的知与不知，一眼看穿呀。唯有你的书法境界与王羲之、颜真卿一样又能归零，不添油加醋，清清净净地点评，才是如实说。在日常生活中，若有一样是你很有见地的事，你已经做出来了，这时候有人在你面前评判此事，你是不是一眼就看出他是知还是不知呀？所以言不可以不慎，若每一句都是描述自己的亲证、体会，而不是猜测、逻辑推理、想象等，才能做到如实说。

子贡分享他所认识的孔子是怎样的，他说：“夫子之不可及也，犹天之不可阶而升也。”天，这里是真实存在的虚空。意思是：“我们夫子的不可及，犹如虚空一般，没有阶梯给你升上去呀！”这里是子贡描述孔子的心灵品质之高，犹如虚空，广大无边，无穷无尽，无形无相，无路无阶可升上去。也看到子贡也体会到此种境界，只是还没有做到而已！但孔子所作所为是从这样的心灵品质流露。

子贡进一步分享，他说：“夫子之得邦家者，所谓立之斯立，道之斯行，绥之斯来，动之斯和，其生也荣，其死也哀，如之何其可及也。”道同导，引导。立，是“己欲立而立人”“民无信不立”之立。绥，安。

意思是：“我们夫子若得有一国一家之相位，那真是他所说的教民立，民就立。引导民往哪里，民就往哪里走。孔子安抚百姓，百姓从四方都来。经由鼓动，百姓都能和睦相处。他生时，百姓都感到荣耀；他死时，百姓都感到哀痛。像这样的人，如何可以达到呀！”

此章子贡说这么多是告诉子禽不应如此浅说，他自己知道仲尼贤于自己，而世间人都说“尼岂贤于子乎”，足见绝大多数世间人是无知者，真不是子贡好恭敬，像子贡这样的人，他是一位“吾爱吾师，吾更爱真理”的人。孔子就是真理，就是道，子贡是知道的，心知肚明。

自作一偈：

子禽一言知斤两，
井底之蛙焉知天。
夫子心量犹虚空，
应用遍及一切处。

论语今解

尧曰篇第二十

（凡三章）

【〇一】尧曰："咨！尔舜！天之历数在尔躬，允执其中。四海困穷，天禄永终。"舜亦以命禹。曰："予小子履，敢用玄牡，敢昭告于皇皇后帝。有罪不敢赦，帝臣不蔽，简在帝心。朕躬有罪，无以万方。万方有罪，罪在朕躬。"周有大赉（lài），善人是富。"虽有周亲，不如仁人。""百姓有过，在予一人。"谨权量，审法度，修废官，四方之政行焉。兴灭国，继绝世，举逸民，天下之民归心焉。所重：民、食、丧、祭。宽则得众，信则民任焉，敏则有功，公则说。

"尧曰：'咨！尔舜！天之历数在尔躬，允执其中。四海困穷，天禄永终。'"尧曰，是指这后面是尧禅让帝位给舜时说的话。咨，是嗟叹之声，表示赞誉。历数，是指帝王相继之次第，犹岁时节气之先后。尔躬，即你的身上。这里的"允执其中"，就是《尚书·大禹谟》里所记载十六字诀："人心惟危，道心惟微；惟精惟一，允执厥中。"允，真诚、真心、公允。这是从本心、道心流露出来的心灵品质。执，就守着。厥即其、它，代指万事万物。中，中道。

这整句话的意思："唉！舜呀！帝位相继之次序已传至你的身上。用纯净的本心拿捏好那个度即中道！要为四海之内的民众解除穷困之苦，愿天所赐予的禄位，长享终身。""舜亦以命禹。"这是舜让位给禹时，舜也用这番话来交代禹。

汤遇到大旱祷天求雨时说："予小子履，敢用玄牡，敢昭告于皇皇后帝。有罪不敢赦，帝臣不蔽，简在帝心。朕躬有罪，无以万方。万方有罪，罪在朕躬。"履，商汤名。玄，黑色。夏代祭祀用牲尚黑，殷朝尚白。汤在此时，仍用夏礼，以玄牡为牲。昭，明。皇皇，伟大之义。帝，天。帝臣，桀自称。简，选择。朕，《尔雅·释诂》："朕，我也。"在古代贵贱皆称朕，自秦朝开始，为天子尊称。

意思是说："我小子履，谨敢用黑色的公牛为祭品，谨敢明白告诉皇皇在上的天帝。只要有罪的人，我不敢擅自赦免。天帝的臣仆所犯的罪，我也不可掩蔽，天帝心里像明镜般呀！只要我自身有罪，天帝不要牵累到万方的百姓，若万方的百姓有罪，都该由我一人担当，请只降罪我一人吧！"

“周有大赉，善人是富。‘虽有周亲，不如仁人。’百姓有过，在予一人。”赉，赐予。周，至亲、近。意思是：“周家得上天大赐，一时善人特多。武王说：‘即便有至近亲戚，不如仁人呀！’又说：‘百姓有过，都在我一人身上。’”此处“百姓有过，在予一人”是武王袭用商汤语。

总说二帝三王所行之政就是此法，是由孔子总结的。若孔子得行王道于天下，将是如下所云：“谨权量，审法度，修废官，四方之政行焉。兴灭国，继绝世，举逸民，天下之民归心焉。所重：民、食、丧、祭。宽则得众，信则民任焉，敏则有功，公则说。”权，秤砣。量，斗斛。权量，度量衡。度，丈尺。法度，凡定制有限节者皆称法度。逸民，指才行超特不仕者。公，无偏私。说，同悦。

意思是：“严谨度量衡，周审制定礼法制度，务求统一而公平。该重新修立废弃的官制，四方之政那就易于推行了。灭亡的国家，该让其复兴；已绝的世族，该让其再有接续；隐逸在山野中的贤人，该提拔任用。那就天下所有人都归心了。所应该重视的，第一是百姓的饮食生活；第二是丧礼；第三是祭礼。在上位的人能心量宽广，便易获得众人的心，有自信，百姓就信任他。能够敏捷勤快从事，便有了事功。能做到无偏私，百姓自然就心悦诚服了。”

此章的深意，描述了儒家治国平天下之大道。历经了尧、舜、禹、汤、文武王，直至孔子代代相传之治国平天下心法。还有此章也流露“修己以敬”四字，这便是帝王道脉，历历可考。他们都是为己，也就是爱自己，做好自己，放出自己生命耀眼的光芒，利益天下苍生呀！这就是真正的内圣外王，无为而治呀！

自作一偈：

大学之道代代传，

修己以敬王道脉。

内圣外王真无为，

为己爱己耀光芒。

【〇二】子张问于孔子曰：“何如斯可以从政矣？”子曰：“尊五美，屏四恶，斯可以从政矣。”子张曰：“何谓五美？”子曰：“君子惠而不费，劳而不怨，欲而不贪，泰而不骄，威而不猛。”子张曰：“何谓惠而不费？”子曰：“因民之所利而利之，斯不亦惠而不费乎？择可劳而劳之，又谁怨？欲仁而得仁，又焉贪？君子无众寡，无小大，无敢慢，斯不亦泰而不骄乎？君子正其衣冠，尊其瞻视，俨然人望而畏之，斯不亦威而不猛乎？”子张曰：“何谓四恶？”子曰：“不教而杀谓之虐。不戒视成谓之暴。慢令致期谓之贼。犹之与人也，出纳之吝，谓之有司。”

子张问孔子道：“怎样做就可以从事政治了呢？”孔子说：“尊五美，屏四恶，斯可以从政矣。”尊，尊崇。屏，同摒，摒除。意思是：“要尊崇五种美德，摒除四种恶事，这就可以从事政治了。”

子张说：“何谓五美？”也就是“五种美德是什么呢？”孔子回答说：“君子惠而不费，劳而不怨，欲而不贪，泰而不骄，威而不猛。”意思是：“在位的君子，一是须懂得惠而不费；二是劳而不怨；三是欲而不贪；四是泰而不骄；五是威而不猛。”

子张听后还是觉得比较抽象，还未能真正明白，体悟不深，他就进一步问孔子说：“何谓惠而不费？”意思是：“怎样叫做惠而不费呢？”

孔子一听就明白子张体会的深度，就将五美全部给他做更深解读，孔子说：“因民之所利而利之，斯不亦惠而不费乎？择可劳而劳之，又谁怨？欲仁而得仁，又焉贪？君子无众寡，无小大，无敢慢，斯不亦泰而不骄乎？君子正其衣冠，尊其瞻视，俨然人望而畏之，斯不亦威而不猛乎？”

惠而不费。惠，利民，因民之利而利之，如王肃《注》云：“利民在政，无费于财。”就是用惠民政策来协助各行各业的百姓。使其安居乐业，各遂其生，这就是“惠而不费”。可劳，就是要“使民以时”，也就是不影响百姓的生产。“又焉贪”贪者，就是有欲望，也就是人欲，就会常感不足，而君子之欲，所欲在仁，常感满足、知足，自然常乐。这是孔颜之乐，也就是没有了贪。

意思是说：“观察百姓们在哪方面可以得利，就在那方面引导他们得利，难道不是施了恩惠给百姓又不破费钱财吗？只要选择使民以时，百姓自然愿意劳动帮忙，又有谁怨恨呢？自己所欲，只在推行仁政，就能欲行即仁，不是为个人私欲，难道不是有欲而无贪吗？一个有位的君子，不论对方是少是多，或大或小，总之，自己不敢怠慢，待人接物，虚心平等，那难道不是极舒泰又无骄慢自恃吗？一个有位的君子，只要衣冠端正整齐，瞻视尊严，见到他是很庄严，自然生敬畏之心，这难道不是威而不猛吗？”

子张又问：“何谓四恶？”意思是：“什么是四种恶呢？”孔子回答说：“不教而杀谓之虐。不戒视成谓之暴。慢令致期谓之贼。犹之与人也，出纳之吝，谓之有司。”有司，有关责任人。意思是：“为政者不事先教导百姓，百姓犯罪就用杀戮来制止，这就叫做虐呀！不事先告诫人，而立刻就要看到成果，这叫做暴。虽下了政令，有的人有些懈怠并不郑重叮咛，到了期限又不能通融，像这样是有意陷害人，这就叫做贼。同样要给予人，但在出纳的时候，却显得很吝啬，这叫小家子气，也就是‘有司’呀！”

此章是孔子比较系统全面给子张描述了为政之道。这里的“五美”“四恶”，正如佛教的“众善奉行”即五美奉行，“诸恶莫作”即四恶莫作，在上位的为政者即君子。回到自己身心上如实反观五美有奉行吗？四恶有莫作吗？自然而然会损之又损，自净其意，来到“政者正也”。内心清清净净，也就是贪嗔痴止息，这是真正的“己正”。己正一切正，自然无为无不为。为政最高之境，譬如北辰，众星拱之。

自作一偈：

奉行五美德，

莫作四恶事。

自净己之意，

己正自无为。

【〇三】子曰："不知命，无以为君子也。不知礼，无以立也。不知言，无以知人也。"

孔子说："不知命，无以为君子也。"命，活生生的生命，也是使命。每个人的生命唯一存在的就在当下，是众多因缘和合而生，是独一无二又神奇、神圣。每个生命在每个当下都是无常流动变化，谁也抓不住。生不是你我的事，死也不是你我的事，是法界大自然的事。道法自然，真空能生妙有，无限可能。

意思是："不知道何谓命，便不可能成为君子呀！"这里的深意，君子是知道何谓命，命是存在于当下，是每个人的清净本心造出来。当知道命是清净本心造出来，唯一要做的是"为道日损，损之又损""自净其意"，也就是净化自己的心灵。心清净，命自然清净、圆满、心安、祥和、自在，也就能随心所欲而不逾矩。

孔子又说："不知礼，无以立也。"礼，这里是讲礼的核心是"敬"，"敬"这核心没有了，礼的外壳就僵死的，伪装而不真实，形似神丧。每个人都有明镜似的心，真假一眼望穿呀！立，自立。也就是自己内心自然生起对生命敬畏之心，既对自己生命存有敬畏，也就会对除了自己之外的生命存有敬畏。对一切生命心存敬畏，这才是真正的"立"呀！意思是："不知何谓礼，就无法自己真正成长自立起来。"

孔子还说："不知言，无以知人也。"这里的"言"是指有字、无字、有声、无声的言。具体讲，是指身、口、意三妙行。每个人都有身、口、意三妙行，当能够静下心来，回到自己身心上，如实反观自己的身、口、意。有无善恶，还是清净，能够清清楚楚地觉知，这才叫"知言"。自己知言，推己及人，将心比心，也就自然知人，他人是从本心流露，还是从妄心、欲心出发考虑，就能够明明白白。意思是："不知何谓言，也就无了解人呀！将是无从下手协助他人呀！"

此章就是孔子分享三个非常重要的问题，一是"知天命"，就是要知道天人本合一，人与自然的关系。二就是要"知礼"，就自己与自己的关系，即自敬自立，身心本一体呀！三是"知言"，即是人与人之间关系，自知即知人，人我本一体。

其实，天就是大自然，人与大自然，人与人，人与心，三者关系本来也是一体的，好好地去求真求证，看夫子是不是在描述实相呀！

自作一偈：

论语二十篇，
约有五百章。
无不本心出，
句句暖人心。
人皆为尧舜，
学为万能钥。
只是人不知，
枉费此一遭。

/ 种茶人书院 /

种茶人书院由无生发起，数年来，书院坚持口诵心行《论语》《道德经》《金刚经》等国学经典，举办读书会，农禅并举、耕读合一，实修亲证，志于圣人之道，自度度人，自利利人。这是书院成立的初衷。

凡宇宙人生的真理实相，必是本来如此，普遍如此，必然如此，永远如此。古今圣贤，孔孟、老庄、佛陀、耶稣、苏格拉底，都是真理实相的亲证者，与道合一，示现着“道”无私、无我、无为、涅槃寂静的心灵品质。道本无名，孔子讲无极，老子讲道，耶稣讲上帝，佛陀讲空、法界，阳明先生讲良知。各家的经典，名相不同，所指向的实相是相同，都是宇宙人生真理实相。

经典只是得道者留下的路标、地图，是指月之指，协助人们读懂这部无字天书（即大自然、《大地风云经》）。但地图有了，路还需自己走呀！譬如饿了，饭还需自己吃。

解经，参禅，打坐，乃至日常行走、坐卧、语默、动静，皆是在修行，融入生活点滴之中。清醒明觉活在每一个当下，绵绵密密，过程即是目的，起点即是终点。八万四千法门的终极目标，来自老子道法自然之心法：“致虚极，守静笃”，心与空相应，如实现观宇宙人生真理实相，亲证“诸行无常，诸法无我，涅槃寂静”三法印，自然心融入虚空、大自然，融入一体世界，与道合一，生机勃勃，充满生命力、活力。也协助有缘人了悟宇宙人生真理实相，恢复清净本心、道心，让神圣生命的意义发挥出来，来到大安心大自在。

这是种茶人书院的发心。与君共勉。

/ 写在后面 /

在丁酉新春前夕，《论语心解》一书行将交稿，颇有“茶家有女初长成”的欢喜。

这是一本“无心插柳柳成荫”的书。二〇一四年九月中旬，于羊城种茶人的一场围茶论道，兴之所至，无生老师起了心解《论语》的念头。十余天后的九月二十八日，适逢圣人二五六五年诞辰，我们正式开始了每日心解《论语》一则的旅程，只为分享与经典往来中的喜悦。不想，这一日一则的前行，一走便是一年半。

是时，《论语》虽是老师日常诵读之经典，但作为事茶二十年的茶人，心解之路仍是蹒跚学步。犹记得，一开始是无生老师口述心得，风字辈同仁将录音转换打印成文，再交由无生校阅，文稿多词不达意，修改者众。到为政篇第二时，他开始书法誊写原文，复以铅笔手写心得，改动渐少。在一百章后，手稿已改为毛笔书写，日趋行云流水。再后来，每章末“自作一偈”，一气呵成。一切都是自然而然地从本心本性流露。而背后，是他无数个日出而思、夜深伏案的浸泡与生命注入。当全书初稿于二〇一六年四月八日下午二时二十八分完成时，距开始近五百天，每日约用六时，近三千小时，书法手稿四十册。

心解之发布亦成为生活的一部分。每天清晨，他将当日心解细阅，分享到朋友圈和微信群，与爱好者同修。如是一日一则，除春节返乡事茶与闭关禅修告假三月外，每日不怠。至二〇一六年五月十四日全书发布完毕，历时四九七天。同年九月二十八日，由张燕玉（大雁）老师友情吟诵、图文并茂的《论语心解》在订阅号“无生”开启新一轮的每日分享。

更难能可贵的是，他不仅将《论语》解读出来，也在生活中身体力行！

二〇一四年十月，无生将自家百亩无公害茶园改为自然农法种植，不使用任何化肥、有机肥，也不使用农药除草剂。他立愿“余生全力以赴保护天地父母，留给后代青山绿水、蓝天白云、空气清新，做一位称职的祖先！”一路走来，历经他人议论、嘲笑，家人不解，茶园减产、虫灾等重重考验，他始终不改初心。于他，这并不是艰苦的坚持，而是对大自然的全然信赖与感恩。而今，大自然馈赠以这片茶园郁郁葱葱、生机勃勃，当初嘲笑旁观的茶农也开始了解自然农法。

二〇一五年十二月，他倾力兴建读、耕、居一体的茶道院，以邀请志同道合的茶农、茶人学习国学及自然农法理念。二〇一七年茶道院落成使用，离他“把自然农法做好做透，再毫无保留、不求回报、无条件地协助农人去做好做透”的愿景又进一步。

他不仅是这般地说，更是这般地做出来了。“君子欲讷于言而敏于行。”如是哉！

以上是编者所见《论语心解》之创作点滴。今日读者手中之卷，较初稿又经半年修订，虽不敢不尽心尽力，然非专业，若有编校纰漏之处，还请读者不吝赐教。感恩一路陪伴协助、无私分享的所有人！

玄风丙申年冬月于羊城种茶人

/ 后记 /

《论语心解》是无生的原创体悟，以四九七天的每日一则分享为底本。它一日一日的成长，离不开众因缘的成就。值此书交付之际，感恩经典陶坊创始人李尉文先生的厚爱与支持！感恩无生的太太陈红佳女士在幕后默默地付出！感恩将一篇篇书法手稿整理编校的风字辈同仁：王旋凤（玄风）、格桑德吉（和风）、林钰玲（微风）、李菲萌（巽风）、李雯菁、李嘉慧（谧风）、柳晓纯（柳阳）。感恩所有《论语》爱好者的鼓励与支持！感恩孔夫子的协助！感恩天地父母的化育与支持！

/ 附：孔子年表 /

鲁襄公二十二年（公元前五五一年）孔子生。

鲁襄公二十四年孔子年三岁。父叔梁纥卒。

鲁昭公七年孔子年十七岁。母颜征在卒在前。

鲁昭公九年孔子年十九岁。娶宋开官氏。

鲁昭公十年孔子年二十岁。生子鲤，字伯鱼。

鲁昭公十七年孔子年二十七岁。郯子来朝，孔子见之，学古官名。其为鲁之委吏乘田当在前。

鲁昭公二十年孔子年三十岁。孔子初入鲁太庙当在前。琴张从游，当在此时，或稍前。孔子至是始授徒设教。颜无繇、仲由、曾点、冉伯牛、闵损、冉求、冉雍、颜回、高柴、公西赤诸人先后从学。

鲁昭公二十四年孔子年三十四岁。鲁孟僖子卒，遗命其二子孟懿子及南宫敬叔师事孔子学礼。时二子年十三，其正式从学当在后。

鲁昭公二十五年孔子年三十五岁。鲁三家共攻昭公，昭公奔于齐，孔子亦以是年适齐，在齐闻《韶》乐。齐景公问政于孔子。

鲁昭公二十六年孔子年三十六岁。当以是年反鲁。

鲁昭公二十七年孔子年三十七岁。吴季札适齐反，其长子卒，葬嬴、博间，孔子自鲁往观其葬礼。

鲁定公五年孔子年四十七岁。鲁阳货执季桓子。阳货欲见孔子，当在此后。

鲁定公八年孔子年五十岁。鲁三家攻阳货，阳货奔阳关。是年，公山弗扰召孔子。

鲁定公九年孔子年五十一岁。鲁阳货奔齐。孔子始出仕，为鲁“中都”宰。

鲁定公十年孔子年五十二岁。由“中都”宰为司空，又为大司寇。相定公与齐会夹谷。

鲁定公十二年孔子年五十四岁。鲁听孔子主张堕三都。堕郈，堕费，又堕成，弗克。孔子堕三都之主张遂陷停顿。

鲁定公十三年孔子年五十五岁。去鲁适卫。卫人端木赐从游。

鲁定公十四年孔子年五十六岁。去卫过匡。晋佛肸来召，孔子欲往，不果，重反卫。

鲁定公十五年孔子年五十七岁。始见卫灵公，出仕卫，见卫灵公夫人南子。

鲁哀公元年孔子年五十八岁。卫灵公问陈，当在今年或明年，孔子遂辞卫仕。其去卫，当在明年。

鲁哀公二年孔子年五十九岁。卫灵公卒，孔子当在其卒之前或后去卫。

鲁哀公三年孔子年六十岁。孔子由卫适曹又适宋，宋司马桓魋欲杀之，孔子微服去，适陈。遂仕于陈。

鲁哀公六年孔子年六十三岁。吴伐陈，孔子去陈。绝粮于陈、蔡之间，遂适蔡，见楚叶公。又自叶反陈，自陈反卫。

鲁哀公七年孔子年六十四岁。再仕于卫，时为卫出公之四年。

鲁哀公十一年孔子年六十八岁。鲁季康子召孔子，孔子反鲁。自其去鲁适卫，先后凡十四年而重反鲁。此下乃开始其晚年期的教育生活，有若、曾参、言偃、卜商、颛孙师诸人皆先后从学。

鲁哀公十二年孔子年六十九岁。子孔鲤卒。

鲁哀公十四年孔子年七十一岁。颜回卒。齐陈恒弑其君，孔子请讨之，鲁君臣不从。是年，鲁西狩获麟，孔子《春秋》绝笔。《春秋》始笔在何年，则不可考。

鲁哀公十五年孔子年七十二岁。仲由死于卫。

鲁哀公十六年（公历纪元前四七九年）孔子年七十三岁，卒。

【注：本孔子年表参照自钱穆《论语新解》（九州出版社）】